兵战 事典 ❷ 中国中古篇

[日] 来村多加史 等著　张咏翔 译

生活·讀書·新知三联书店

Simplified Chinese Copyright © 2020 by SDX Joint Publishing Company.
All Rights Reserved.
本作品简体中文版权由生活·读书·新知三联书店所有。
未经许可，不得翻印。

Senryaku Senjyutsu Heiki Jiten 7 Chugokuchusei·Kindaihen
© Gakken 1999
First publishing in Japan 1999 by Gakken Co., Ltd, Tokyo

图书在版编目（CIP）数据

兵战事典. 2，中国中古篇 /（日）来村加多史等著；张咏翔译. —北京：生活·读书·新知三联书店，2020.11
ISBN 978-7-108-06864-4

Ⅰ.①兵… Ⅱ.①来…②张… Ⅲ.①战争史－中国－古代－通俗读物 Ⅳ.① E19-49

中国版本图书馆 CIP 数据核字（2020）第 073593 号

责任编辑	曹明明
装帧设计	康　健
责任校对	曹秋月
责任印制	徐　方

出版发行　生活·讀書·新知 三联书店
　　　　　（北京市东城区美术馆东街 22 号 100010）
网　址　www.sdxjpc.com
图　字　01-2018-7727
经　销　新华书店
印　刷　天津图文方嘉印刷有限公司
版　次　2020 年 11 月北京第 1 版
　　　　2020 年 11 月北京第 1 次印刷
开　本　787 毫米×1092 毫米　1/16　印张 12.5
字　数　200 千字　图 186 幅
印　数　0,001－6,000 册
定　价　78.00 元

（印装查询：01064002715；邮购查询：01084010542）

目录

装备
兵器・军船・军装・城池・兵书　　　　　　　　监修・文／来村多加史

【兵器】冷兵器	刀・长柄刀・枪	002
	戟・多刃武器	004
	弓箭	006
	特殊武器	007
火器	枪	008
	炮	010
【军船】大型・中型船		013
中型・小型船		015
【军装】魏晋南北朝		016
唐		018
元		020
明		022
【城池】门的构造	[唐]长安春明门	024
	[宋]桂州静江府城	026
	[元]大都和义门	028
	[明]登州蓬莱水城	030
	[明]南京聚宝门	032
万里长城	变迁	034
	空心敌台	036
	山海关	039
【兵书】《武经总要》《武备志》		040

战阵
阵法与战法的变迁　　　　　　　　监修／村山吉广　文／岛村亨

- 重骑兵时代的阵法与战法　　042
- 轻骑兵时代的阵法与战法　　048
- 火器时代的阵法与战法　　054
- 水军的阵法与战法　　060

兵制　军事组织的变迁　文／李天鸣

隋 066
唐 068
宋 070
元 072
明 074
清 076

首都　剖析防御据点　文／来村多加史

首都的变迁与类型 080
攻城术与守城术 090

战役　中国七大激战

第一次高句丽远征 .... 文／有坂纯 098
金、南宋大战 .... 文／李天鸣 102
襄樊之战 .... 文／有坂纯 108
土木之变及北京保卫战 .... 文／李天鸣 112
萨尔浒之役 .... 文／周维强 118
李自成起义 .... 文／李天鸣 124
南京之战 .... 文／芦边拓 130

实践　战争与中国

《孙子兵法》的影响力 .... 文／竹田健二 132
观天望气与战略 .... 文／不二龙彦 138
宗教起义与民众起义 .... 文／泽章敏 144

兵家 名将的智慧   监修／村山吉广

李世民 …………………………………………………………… 文／岛村亨 148
李靖 …………………………………………………………… 文／岛村亨 150
郭子仪、李光弼 ……………………………………………… 文／岛村亨 152
岳飞 …………………………………………………………… 文／岛村亨 154
忽必烈 ………………………………………………………… 文／田中邦博 156
朱元璋 ………………………………………………………… 文／川田健 158
秦良玉 ………………………………………………………… 文／川田健 160
戚继光 ………………………………………………………… 文／川田健 162
努尔哈赤 ……………………………………………………… 文／田中邦博 164
郑成功 ………………………………………………………… 文／川田健 166

历代皇朝 中国历代兴亡史   监修／坂田新

魏、晋 ……………………………………………………………………… 170
南北朝 …………………………………………………………………… 172
隋 ………………………………………………………………………… 174
唐 ………………………………………………………………………… 176
五代十国 ………………………………………………………………… 178
北宋 ……………………………………………………………………… 180
金、南宋 ………………………………………………………………… 182
元 ………………………………………………………………………… 184
明 ………………………………………………………………………… 186
清 ………………………………………………………………………… 188

装备

兵器
军船
军装
城池
兵书

兵器▶冷兵器

冷兵器是未使用火与火药的武器之总称。刀剑、斧钺等短兵武器，枪与戟等长柄武器，弓弩等远射武器，以及用于攻、守城作战中的大型兵器，全部都算在冷兵器的范畴内。从汉朝一直到明清时期，冷兵器的刀刃部位都是主要以铁作为材料。钢铁制刃器的制造技术从东汉时期开始飞跃性发展，经过无数次实战考验，不仅变得越来越纯熟，也衍生出各式各样不同种类的武器。从各方面技术都获得革新的宋朝开始，在刀、枪、弩弓这种传统组合上，进一步加入了形状更为复杂的崭新铁刃武器，充分说明冷兵器的制造技术已经达到了炉火纯青的地步。即便此时火器已经发明出来，并被当成制敌的首要战略兵器，不过冷兵器还是处于带领战斗迈向最后胜利的重要装备之地位。不过，这种长期并用冷兵器与火器的情况，使中国的近代化军队发展迟缓，且成为列强侵略得逞的主要原因。

手上握着刀的士兵（南宋）

刀

从青铜剑进入铁刀时代
腰间的斩刀威力增强

西汉时代，铁刀取代青铜剑成为最普遍的短柄武器；进入东汉之后，因为锻造技术的跃进而能打造出更为锋利的钢刀。汉朝的铁刀属于环首直刀，刀柄与刀身之间并没有明确的区分。而在南北朝到唐代，因为受到波斯的影响，流行在刀鞘上装有两个耳的骑马用大刀，不过这种也是跟之前一样的直刀。进入宋朝之后，较宽的曲刀成为主流，明朝时因为倭寇所拿的日本刀颇具威力，中国也开始制作装有锷的细刀身曲刀。

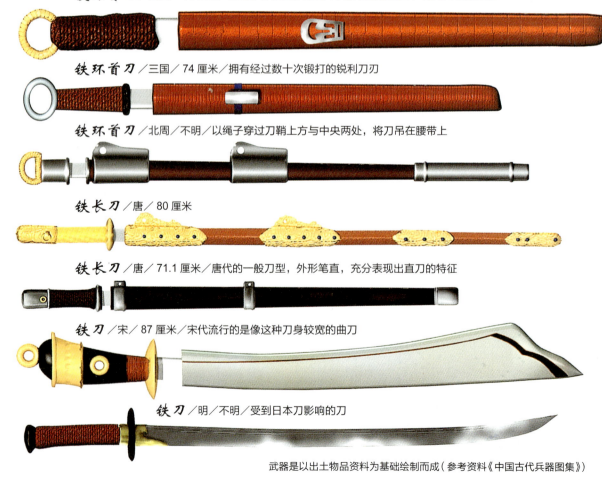

铁环首刀／西汉／90厘米／以绳子穿过位于刀鞘中央部位的金属环，将刀吊在腰带上

铁环首刀／三国／74厘米／拥有经过数十次锻打的锐利刀刃

铁环首刀／北周／不明／以绳子穿过刀鞘上方与中央两处，将刀吊在腰带上

铁长刀／唐／80厘米

铁长刀／唐／71.1厘米／唐代的一般刀型，外形笔直，充分表现出直刀的特征

铁刀／宋／87厘米／宋代流行的是像这种刀身较宽的曲刀

铁刀／明／不明／受到日本刀影响的刀

武器是以出土物品资料为基础绘制而成（参考资料《中国古代兵器图集》）

长柄刀

以偃月刀为首的代表性步兵武器，因为外形优美，最后遂成为将领的象征

铁刀／东晋／46.5厘米

屈刀／宋／不明／刀刃更往后弯的就是偃月刀

钩镰刀／明／不明／刀刃后方带钩的曲刀

◆偃月刀（出自许昌市关帝庙的壁画）

　　长柄刀出现于新石器时代，最初是把中式菜刀形状的石刃装在柄的末端，到了商周时期则换用青铜制作相同造型的刀刃。之后，长柄刀曾随着戈与戟的普及而从战场上消失，不过到了东晋时代又改变形状重新复活。进入唐朝之后，长柄两刃的"陌刀"已经成为步兵的必备武器。宋朝以后，装有大型曲刀的偃月刀开始流行，外形也加入了各式各样的巧思。虽然到明清时期依然继续制造，不过此时它已变成将领与卫兵专用的武器。

枪

　　广义的枪一般是指在长柄末端装有刺杀用刀刃的兵器，而狭义的枪则专指形状是将枪头与柄对接的部分塞进柄里面去的武器，用来跟这部位呈中空状且包住柄的矛做区别。青铜制的枪几乎都属于矛，而把短剑装在长柄上的武器则称为铍，是属于特例的青铜枪。从南北朝时期到唐朝，供骑兵专用的是拥有尖锐铁刃、长约一丈八尺（约4米）的矛。到了宋朝，枪的种类越来越丰富，还发展出供守城专用的枪。

不靠横扫，而采突刺。以单纯的动作杀伤敌人，供采取密集队形的步兵集团所使用的刺杀兵器

铁矛／南北朝／30厘米

铁矛／唐／16.5厘米／以切口夹紧的方式固定于柄上

鸦项枪／宋／不明／步兵一般用枪的一种

兵器▶冷兵器

戟

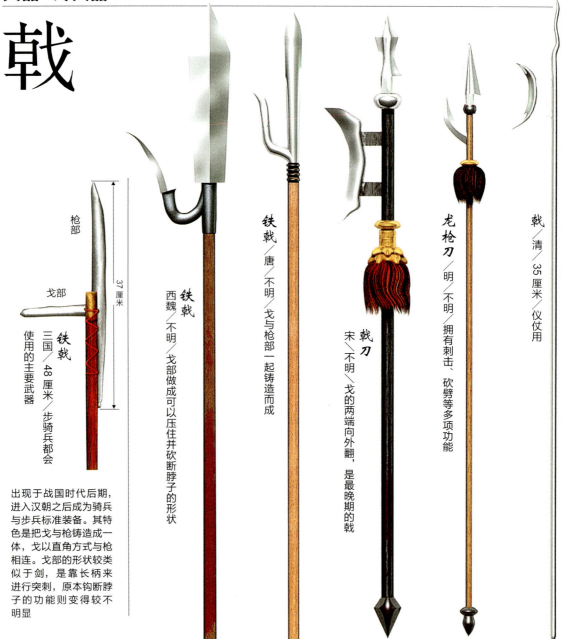

枪部

戈部

铁戟／三国／48厘米／步骑兵都会使用的主要武器

铁戟／西魏／不明／戈部做成可以压住并砍断脖子的形状

铁戟／唐／不明／戈与枪部一起铸造而成

戟刀／宋／不明／戈的两端向外翻，是最晚期的戟

龙枪刀／明／不明／拥有刺击、砍劈等多项功能

戟／清／35厘米／仪仗用

出现于战国时代后期，进入汉朝之后成为骑兵与步兵标准装备。其特色是把戈与枪铸造成一体，戈以直角方式与枪相连。戈部的形状较类似于剑，是靠长柄来进行突刺，原本钩断脖子的功能则变得较不明显

从在车战中使用的主要兵器发展而来的步兵武器
它那特殊的外形同时具有戈与矛的功能

戟是将扣住脖子砍下脑袋用的戈与刺杀用的矛合为一体的长柄武器，原本用于车战，不过从战国时代开始发展成供步兵持用的多功能武器。汉朝流行的是把枪与戈连接成卜字形的铁戟。南北朝时期演变成将戈部外翻，类似刺叉的形状。进入唐朝之后，戟变成仪仗用的装饰武器，不再于实战中使用。出现于宋朝拥有偃月形刀刃的特殊枪，则是戟的最后形态。

多刃武器

因金属冶炼技术的成熟得以具有复杂外形
考虑到攻守兼备而设计出的强力兵器

具有多刃且备有数种功能的冷兵器，不论古今中外都可看到，西洋的斧枪（halberd）与中国的戟都是个中代表。随着金属冶炼技术的成熟，外形更为夸张复杂的多刃武器也陆续出现。宋朝研发了作为攻、守城用的武器枪，上面装有大量看起来跟蜈蚣脚一样的利刃；而明朝时在与倭寇激战中孕育而生的攻守兼备用枪，为了抵挡日本刀的刀刃，装有数根像耙子一样凸出去的穗尖。

铜三戈戟
战国／不明

春秋时代后期一度流行于南方的楚国与蔡国的多刃青铜戟。戟是用以在双方战车错身而过的瞬间砍下对手脑袋的武器。如果装上很多把戈的话，除了可以在实战中提高杀伤率，也具有十足的威吓效果。柄的长度约为3米。

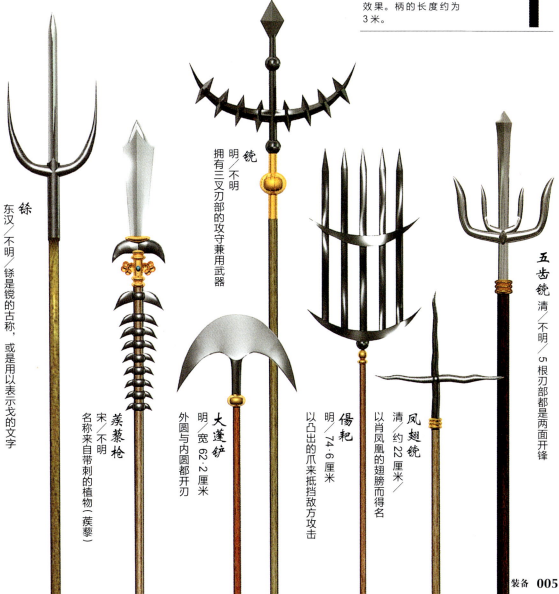

铩
东汉／不明／铩是镜的古称，或是用以表示戈的文字

蒺藜枪
宋／不明／名称来自带刺的植物（蒺藜）

镜
明／不明／拥有三叉刃部的攻守兼用武器

大蓬铲
明／宽62.2厘米／外圆与内圆都开刃

伤耙
明／74.6厘米／以凸出的爪来抵挡敌方攻击

凤翅镜
清／约22厘米／以肖凤凰的翅膀而得名

五齿镜
清／不明／5根刃部都是两面开锋

兵器▶冷兵器

弓箭
因便于携带，所以取代弩而广为普及
步骑兵最常用的远射兵器

从战国时代到汉朝都被应用于各类作战中的弩，到了南北朝时期却被弓箭所取代，渐渐不再广为使用。其原因在于北朝的鲜卑族主要是以骑射打猎为生的民族，而骑在马上朝后方放箭的安息式射箭法在游击战中也能发挥很好的效果。属于深受北朝影响的唐朝也较重弓箭，弩与床弩则被当成国防军的主要兵器。在弓方面使用的是适合骑射的短型合成弓，箭依据用途有多种镞可选。

铁镞 魏晋南北朝时期 约4~17厘米（菱形镞／平头镞／鸣镝）

铁镞 隋唐时期 约4.5~17厘米（菱形镞／鸣镝／鸣镝（宋代））

↑南北朝的骑射图

弓／元
弓囊／元
箭箙／元

这三件装备是骑兵所携带的弓箭套组。弓是近距离使用的简便型短弓，长度在1米左右，装在像鱼肚一样的弓囊中并挂于左腰。箭则是装在筒形的箭箙中，挂在右腰上。箭箙的别名为胡禄，从尺寸来看应可装30支箭。附带一提，清朝的箭箙特色跟日本人用的一样，深度比较浅。

兵器▶冷兵器

特殊武器

能够在受局限的战斗状况中发挥威力
具有特殊机能的攻、守城用兵器

在战场上并不一定每次都重复着单纯的战斗。

举例来说，在针对城池的攻防战中，就需要在城墙的垂直面上或是狭窄的地道内进行搏斗。碰到这种状况，为了让战斗更为有利，古人打造出了各种具有特殊形状与功能的武器。可以轻易击碎坚固甲胄的大斧、适合用来击退登城士兵的锉手斧与铁链夹棒、在混战中很好用的杵棒与狼牙棒、明朝的戚继光为了对付倭寇而造出的狼筅、捕捉敌人用的飞挝等，都属于特殊武器。

↑使用狼筅的步兵（明）

狼筅
明／整体约4.67米
只有末端是铁制的枪头

大斧／宋／不明／也称为开山、静燕、日华、无敌

锉手斧／宋／不明／守城士兵用来对付攀上城墙的敌兵

飞挝／明／不明

杵棒／宋／各45厘米／两端粗大部分的凸起尖刺可以对敌造成致命伤害

狼牙棒／宋／约45厘米／尖刺就算是锻打在铠甲上面依然很有威力

铁链夹棒／宋／约40厘米

飞挝的机械原理

↑在长长的绳索两端绑上状似鹰爪的器械所构成的守城用武器。只要拉动系在内部零件上的另外一条绳子就能牵动爪子，用以抓住敌人的衣服，相当精巧，可以用来抓住靠梯子爬上城墙的敌兵并将之杀死

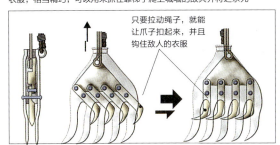

只要拉动绳子，就能让爪子扣起来，并且钩住敌人的衣服

兵器▶火器

混合硝石、硫黄、木炭的黑色火药，于唐朝的元和年间(806～820)发明，在宋朝被用于军事上。早期的火器并不具有太强的爆炸威力，主要靠火药在敌阵中散布火焰与毒物而已。元朝发明了以火药喷射出铁制霰弹的筒形铜枪，震天雷等炸裂弹也大量生产。到了明朝，除了有改良铜枪之外，可以发射实体弹的铁炮也铸造成功，且于战场上大显神威。当时西洋在火器制造方面也开始突飞猛进，并在15世纪完全超越中国的技术。明朝政府后来认可了西洋火器性能，在正德年间(1506～1521)进口了葡萄牙制的佛郎机，1618年进口荷兰制的红夷炮，并于国内大量制造。另外，明朝在制造火绳枪方面也特别注入心力，并在军队中广为配备。清朝虽然在很早的时候就采用火器，不过技术革新程度却无法跟西洋并驾齐驱，因而在鸦片战争中惨败。

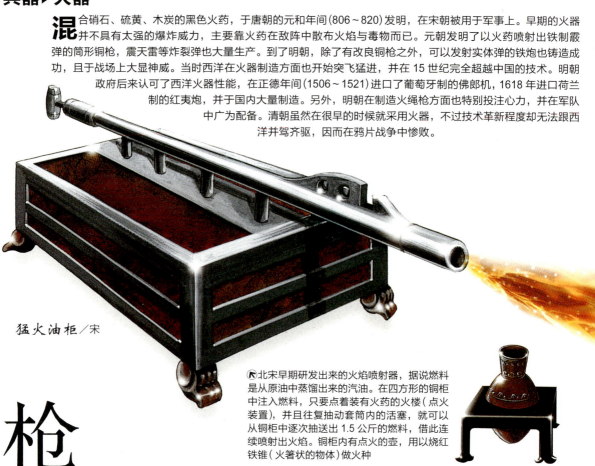

猛火油柜／宋

➤北宋早期研发出来的火焰喷射器，据说燃料是从原油中蒸馏出来的汽油。在四方形的铜柜中注入燃料，只要点着装有火药的火楼（点火装置），并且往复抽动套筒内的活塞，就可以从铜柜中逐次抽送出1.5公斤的燃料，借此连续喷射出火焰。铜柜内有点火的壶，用以烧红铁锥（火箸状的物体）做火种

枪

使用火药发射霰弹的火枪发明于元朝，目前所知最古老的枪，是在元朝至顺三年(1332)铸造而成。由于早期的枪在火药的爆发力上相当有限，因此飞散出的弹丸并没有太大杀伤力。不过它的爆炸声对于震慑士兵与军马却具有十足效果，可以达到让敌人陷入混乱的目的。明朝改良元式铜手枪为三眼枪，后来因为鸟枪的普及而消失，而鸟枪在之后则成为使用最普遍的兵器。

铜碗口枪／元

➤开口像海碗一样大的火枪。长35.3厘米，口径10.5厘米，重6.94公斤。是制造于元朝至顺三年的最古老枪械。枪尾有两个穿孔，应该是可以穿过轴来调整发射角度。枪壁很薄，较大的开口构造使燃烧的气体容易漏出

8～11页插画／
大冢洋一郎

铜手枪/元

前膛　铁弹丸　木马子　火药

← 装在长柄上的手持铜枪。在呈椭圆形鼓起的药室前方接有圆筒形的前膛，柄则插入后方的枪尾中使用。药室的火门上装有防止雨水渗入的火盖。将药室装满火药之后，要先盖上一片称为木马子的圆盘状木栓，然后再于前方装填小颗粒的铁弹丸

铁三眼枪/明

↑ 三连发式铁手枪。每根铁管各自装有火门，可以分三次连续射击。这是明朝嘉靖年间(1522～1566)为了弥补手枪装填不易的缺点所研发出来的。不过它跟单管枪相比威力较弱，也不容易瞄准，因此在很短的时间内便消失无踪

火器是发明火药后出现的划时代新兵器
其影响更是遍及全世界

鸟枪/明

↑ 据说是在明朝嘉靖二十七年(1548)从倭寇那边缴获而传入的武器。跟手枪相比，其射击性能高了好几个段位，在嘉靖三十七年时国内就已经生产了1万多把，且快速普及。进入清朝之后，有六成士兵都已配备此种武器

放迅雷枪/明

← 16世纪末，由明朝的赵士祯依据三眼枪等多管枪研发出来的五连发枪。将五根枪管整合在一把长柄上，可以一边旋转枪管，一边连续点火射击。前面装有圆盾牌用以抵挡敌弹攻击，下方则立有斧头当作枪架。赵士祯还利用佛郎机的构造开发出一种称为掣雷枪的新型鸟枪

装备　**009**

←制造于明初洪武十年(1377)的大口径铁炮，装有两对搬运用的炮耳。由于炮弹滑道直径上下无变化，因此燃烧的气体不易泄漏，威力得以增强。不过破裂的危险性却也相对增加，所以炮管做得比较厚。这是拥有炮耳的最古老的铁炮

铁炮／明

红夷型铁炮／明

↑明末崇祯六年(1633)于国内仿制的红夷大炮，特色是炮管的厚度向炮尾方向逐渐增加。在中央装有一对炮耳，可以当作轴心固定于炮架或炮车上，调节角度较为容易。炮管很长，能够承受较大的爆发力，因此射程距离与命中率都比以往高上许多

兵器▶火器

炮

继大口径大炮之后接连开发出的各种火药兵器
包括世界最早的子母弹火箭及手榴弹，威力都相当惊人

大口径炮出现于元朝中期且急速进化，到了元末就已出现重达300公斤的铁炮了。明朝的军器局每年可以生产1000余门大炮，配备于各地要塞中担负防守任务。不过国内生产的大炮在发射程序上比较烦琐，命中率也不是很高，因此明朝中期进口了采用替换式药室的葡萄牙制佛郎机，后期则购入荷兰制红夷炮，旧式大炮因此消失无踪。除此之外，明朝也发明出其他各式各样的火器，并于实战中使用。

大将军铁炮／明

→由于炮管过长的直筒型铁炮很容易因过高的膛压破裂，因此在铸造时炮管外面加上好几圈环状构造来强化炮管。这种构造的铁炮在红夷炮传入之前使用最为广泛。由于威力相当强大，被冠以大将军之名。在西方英法百年战争时也使用此种火炮

火龙出水／明

➲ 明代的两段式火箭。将孟宗竹的竹节打通削薄之后制成本体，并且于前后绑上两对火箭，再装上龙头与龙尾当作装饰。在本体内设置火箭，等到外侧的四根火箭燃烧完毕之后，就会点燃并从龙的口中射出。在水战时贴着水面飞行，并朝向敌舰放火

神火飞鸦／明

➲ 状似乌鸦的有翼飞弹。用竹条与芦苇制作成骨架，然后糊上棉纸。以装在腹部的4根火箭提供推进力，可以飞行300米远。落地之后会爆炸，并散布易于燃爆的火药。主要是当作攻城兵器

枪规／明

➲ 在装有量角器的铜制曲尺上悬吊一颗小垂球的测量工具，把它靠在炮口就可以测量发射角度。发射距离与仰角的关系会因为火药的药量与炮弹的质量而改变，因此需要炮兵靠经验掌控角度。枪规是明末由德国传教士汤若望传到中国的

陶弹／明

➲ 以坚固的陶壶填充火药制成的投掷式炸裂弹。大小刚好适合单手投掷，点燃导火线之后，就往聚集于城墙底下的敌兵投掷并爆炸，外观上的凸起棘刺能增强杀伤力。由于制造简单，因此在明朝即大量生产。类似的武器还有木盒中装入的炸弹，爆炸后发射的火焰与毒气可谓"万人敌"

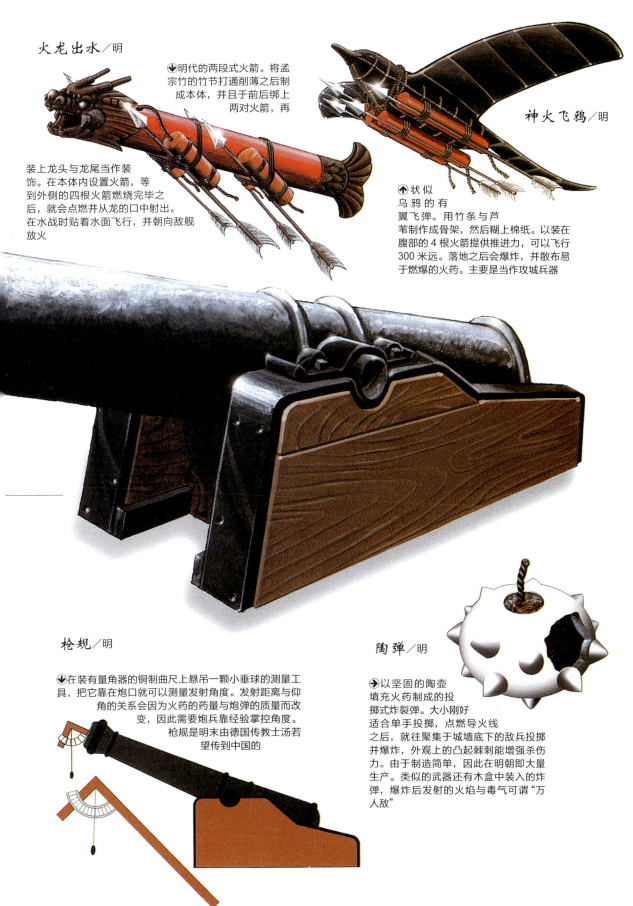

中国军船的基本造型，在春秋战国时代就已经确立了。位于长江中下游流域的吴国和位于杭州湾以南滨海地区的越国，曾制造出以战斗与运输士兵为目的的各种军船。

以构造来说，不管是中国船还是日本船，都不像西欧船只使用龙骨与肋骨构造，而是使用厚板制成。与为了扩大内部容积、只在外侧使用厚板的日本船不一样，中国船在船只内部用隔板区隔出许多狭窄的隔舱，以发挥防水功能，在坚固程度上比较适合作为军船。具有各式各样不同装备的军船陆续研发，且大多会冠上"赤龙""白龙""火龙"之类的勇猛名称，其中似乎还制造出如水中船、子母船等在实际使用上难度相当高的船只。

插图中的楼船、斗舰等全都是明朝的军船，如果丰臣秀吉当时真的对明朝发动侵略的话，脆弱的日本船恐怕根本不是对手吧！

挡箭用的盾牌

牙旗

战斗指挥官

弓箭手

袖垣

斗舰内部

斗舰
满载剽悍的战士，成为船队的核心

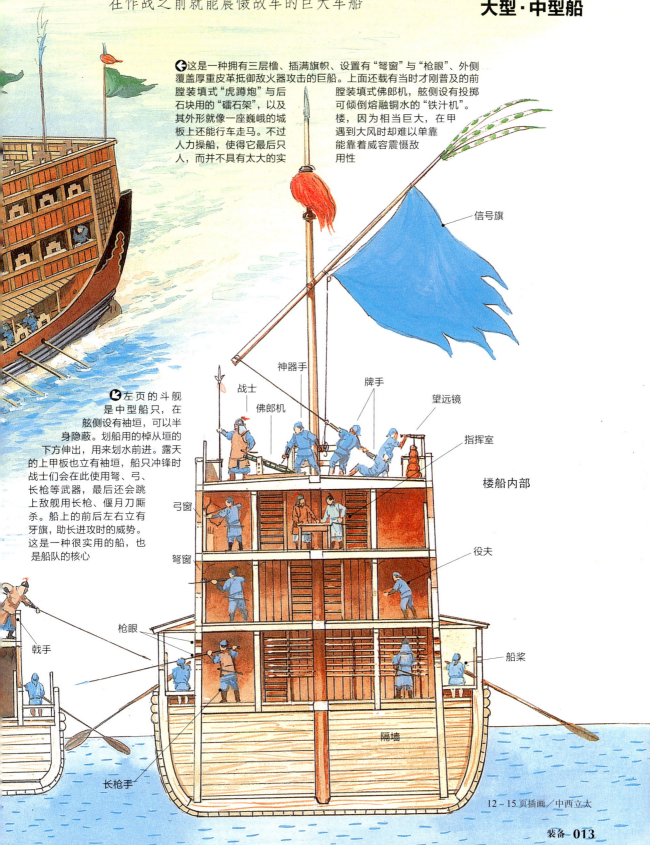

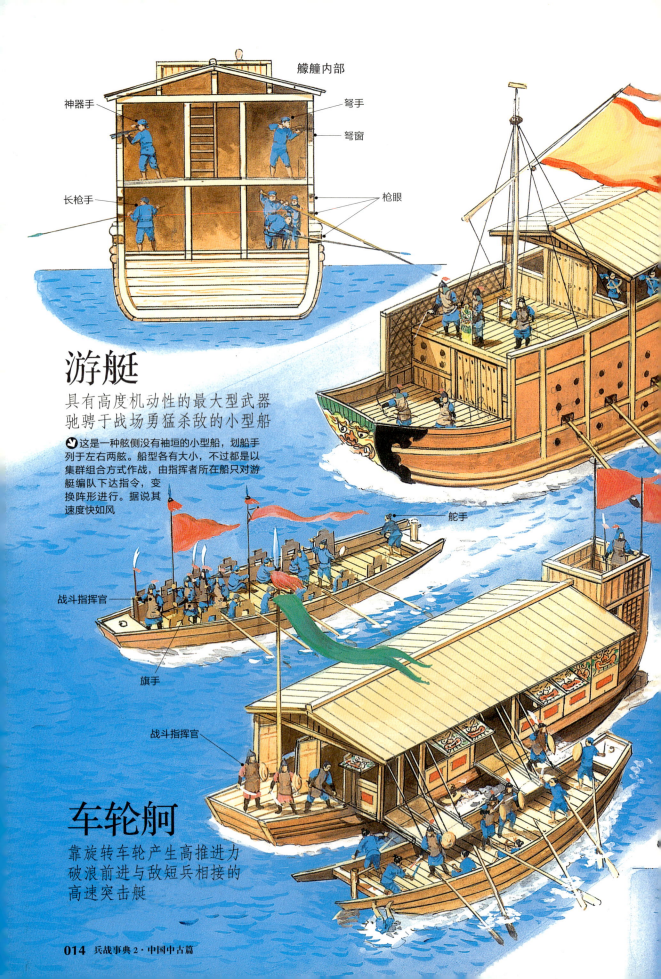

艨艟内部

神器手 — 弩手 — 弩窗

长枪手 — 枪眼

游艇
具有高度机动性的最大型武器
驰骋于战场勇猛杀敌的小型船

这是一种舷侧没有袖垣的小型船，划船手列于左右两舷。船型各有大小，不过都是以集群组合方式作战，由指挥者所在船只对游艇编队下达指令，变换阵形进行。据说其速度快如风

舵手

战斗指挥官

旗手

战斗指挥官

车轮舸
靠旋转车轮产生高推进力
破浪前进与敌短兵相接的
高速突击艇

军装
魏晋南北朝

曹操送给儿子曹植的铠甲包括黑光铠、明光铠、裲裆铠、环锁铠、马铠等。黑光铠与明光铠上装有反射阳光的铁板,裲裆铠是重点保护腹、背的铠甲,环锁铠也称为锁帷子,马铠是披在马身上的铠甲。这些在当时都是珍贵的高级品,不过到了南北朝时期则已经普及到一般士兵身上。其中裲裆铠与马铠都是骑兵的标准装备,因而大量制造。对于由游牧民族统治的北方王朝来说,骑兵已成为军队的主力,因此骑兵用的铠甲制造特别发达。

⬆ 西魏重装骑兵与步兵战斗图,描绘出轻装步兵挺身对抗重装骑兵的情景。为了将没有穿着厚重甲胄的优点发挥至极限,步兵会散开队形进行战斗

轻装步兵

- 头巾
- 战袍
- 弓或弩

重装步兵

- 盾牌
- 铁兜鍪
- 胸甲
- 搭后
- 下摆

配有坚固甲胄与马铠的多是作为军队核心的骑兵,至于身处从属地位的步兵,就只能配发极为简单的装备。特别是弩箭手与弓箭手,他们仅穿戴战袍与头巾等装备,靠机动力来与重装骑兵对抗。在南朝的军队中,步兵所占的比例较大,因此是军队主力,不过铠甲的配发率却很低,几乎所有士兵都只穿战袍去跟北朝的重装骑兵作战。对于散开步兵以包围骑兵的战斗形式来说,让步兵着重装其实并没有太大的必要。

图中的铠甲是流行于南北朝时期的裲裆铠,以肩膀与腰部的皮带紧紧将甲片缀成的胸甲与背甲系在身上,腰部则垂有短短的下摆。下身是很厚的裤子,没有穿膝裙。头上虽然戴铁兜鍪(即铁胄或铁头盔),但肩部与颈部没有铠甲包覆,而是直接露出战袍。以铠甲的形式来说,这是最为简易的一种,但是士兵的四肢也能够灵活伸展。刀用两根皮绳垂挂在左腰际,这种佩戴法从南北朝时期开始采用。

骑兵

人与马匹
都被厚重的铠甲包覆
重装骑兵的破坏力
与轻装步兵机动力
在此时代激烈冲突

北朝的骑兵是重装骑兵，连人带马都用坚固铠甲包裹。图中士兵所穿的明光铠，在容易中箭的腹背之处用厚实的皮革保护，胸部还嵌有形似凸面镜的金属圆护。为了不对骑乘造成妨碍，下摆会缀得比较短，膝裙反而会垂得比较长，用以保护双腿。马铠分成面帘（保护颜面）、鸡颈（保护颈部）、当胸（保护胸部）、马身甲（保护腹部）、搭后（保护臀部）、寄生（士兵身后的扫帚状装具）等，马全身上下除了马脚之外几乎全被包住。其总重量超过40公斤，沉重的马铠会使马的机动能力明显下降。

16～23页插画／伊藤展安

甲胄的变迁

下图是说明甲胄随着时代的变迁而扩大保护范围的过程。从 A 到 H 分别表示：A= 身甲，B= 下摆，C= 披膊，D= 膝裙，E= 臂护，F= 吊腿，H= 胄，H+G= 兜鍪。这不仅要保护身处危险环境的步兵，同时也要考虑动作上的轻便性。甲胄的变迁历史，同时也是一连串摸索、试验的历史（转载自杨泓著《中国古兵器论丛》）

装备 **017**

骑兵

为了恢复马匹的灵活性，流行于南北朝时期的马铠已不再使用，不过骑兵还是会穿着厚重的甲胄。明光铠是一种形制更为洗练、胸前嵌有圆护（圆形的板子）的大型坚固铠甲。圆护之间有纵束甲襻，在心窝处与胸带连接。这是为了固定明光铠而发展出的新式着铠法，出现于南北朝后期，是唐代甲胄的重要特征。

皮胄
圆护
甲襻
长刀

为了让骑在马上的士兵在对战时保持身体稳定，镫的构造越来越牢靠。

镫

**军装
唐**

**骑兵重新恢复轻快特点！
美丽的甲胄也反映出时代特色**

唐 太宗李世民是名有为的武将，在平定天下的战斗中，他尝试了新的作战方法。他舍弃会让马匹机动力减半的马铠，使骑兵得以恢复原本的轻快机敏特性。南北朝以来主宰战场的重装骑兵，到了唐朝，由轻装骑兵取而代之。（重装骑兵并没有从战场上消失。宋、辽、金、西夏、元等依然有重装骑兵。）在甲胄方面，自北周开始成为主流的明光铠变得相当流行，成为骑兵和步兵的标准防具。甲胄的制作技术跟前朝相比，不仅致密性有所增加，形式也变得多样化。另外，在将军的铠甲上有很多装饰，反映出当时崇尚华丽的时代特征

↑《张议潮统军出行图》。画中的骑马士兵穿着的是比较轻巧的装备，可以让身体动作更为灵活。这幅图是敦煌石窟"出行图"系列中年代最古远的画作之一

唐代步兵的携带物品

左图为唐代步兵（主要是轻装步兵）的一般从军携带物品。这些装备会由部队出借、供应，由士兵各自带在身上。如果是重装步兵的话，就要再加上甲胄、大斧等沉重的武器装备，其重量想必相当惊人
（参考资料《新唐书·兵志》）

武器类（各1）
- 箭 ×30
- 箭箙
- 弓囊+弓
- 横刀

衣物类（各1）
- 毡帽（毛织物制成的帽子）
- 毡装（毛织服装）
- 行缠（缠腿布）

※此外，还有米2斗、麦饭9斗
- 砺石（研磨刃器的工具）
- 大觽（用来解开甲胄上绳结用的角质拨子）

（出自《唐李贤墓壁画》）　*1 斗 =2 升

重装步兵

明光铠到唐代时已经普及至步兵，将军的铠甲又做得特别华丽，应该会当成仪仗装备使用。兜鍪的侧面往上翻，用来保护耳朵，胸部与腹部则用圆护挡住。腰上系的皮带会用两个金属扣固定，下面垂有保护重要部位的鹘尾及保护大腿的膝裙，在小腿上则卷有吊腿。这种甲胄的形制，在日本奈良时代的护法神像中也相当常见。除了明光铠之外，还有一种唐代发展出来的步兵专用甲胄，用长椭圆形的甲片缀成，下摆垂到脚踝。

轻装步兵

北朝军队善于骑射；到了唐代，骑射则成为主要的战法。在战场上不但常常使用弓箭，且已普及至步兵部队，因而出现了携带弓箭用的专用器具。佩挂于士兵左腰际的鱼腹形袋子是插弓用的装具，称为弓囊。垂挂在右腰际的箭筒称为箭箙，或胡禄。标准形制的箭箙可以收纳30支箭。弓囊与箭箙都是用皮革制成，而弓囊上还会以绚烂的花纹装饰。

军装 元

骑兵军团的进击速度快如疾风！
重装、轻装步兵根本不堪一击

- 兜鍪
- 眉庇
- 下摆是分开的膝裙
- 长靴

甲胄至唐代各种类型已出现齐全，样式则在宋代定型，且完成度更高。元代军队的甲胄制作技术与唐宋时期相同，添加了新式设计，式样与前代不同。元代甲胄的特征包括高耸的铁兜鍪、铠甲为环锁铠、上面打满铆钉的战袍等，这些特色一直延续到了清代，将官穿着的甲胄上面还饰以金银。当元朝军队进攻日本时，镰仓武士曾经抢到甲胄当作战利品，且当作宝物收藏，使得当时的军服实物流传至今日。

宋代甲胄的重量比较

下面的图表是南宋绍兴四年（1134）规定全装甲与乾道四年（1168）王琪进献的弩手、弓箭手、枪手的甲胄在甲片数量与重量上的比较图。就部位来讲是甲身最重，从兵种角度比较是枪兵用盔甲最重。虽然随着时代的演进，甲片越变越小，所以每一片的重量会比较轻，但由于使用的片数增多，总重量反而增加

（参考资料《宋史·兵志》《宋会要辑稿·舆服六》）

骑兵

炮弹形的头盔上装有眉庇，盔顶还有一个半球形的装饰物，脸颊到脖子用打满铆钉的织物围起来盖住。铠甲的形式很简单，以一片平滑的胸甲加上用鱼鳞甲缀成的长条状披膊构成。为了让穿在腰上的膝裙不妨碍骑乘，前方的襟会左右分开。马匹并不会穿着铠甲，只配最低限度的马具，不过其中鞍与镫则特别讲究，真不愧是骑马民族。

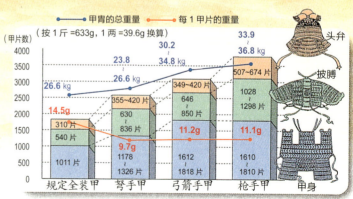

- 甲胄的总重量
- 每1甲片的重量
- 头弁
- 披膊
- 甲身

头盔跟骑兵头盔一样，大多呈炮弹形，有些在前方突出的眉庇下面还装有保护眉心的铁板。密集打上铜制铆钉的战袍是元代颇具特色的军装，这种长度及膝的战袍不仅可以完整覆盖住士兵的身体，也不会对动作造成妨碍，因此成为元军的标准防具。拿在士兵左手上的盾牌称作团牌，是出现于唐代的手持盾，与长柄兵器组合使用。

元代虽然在战场上使用火器，但弓依旧是主要的远射兵器。弓箭手穿着轻装战袍在沙场上来回穿梭，为骑兵提供掩护。士兵头上戴着围有一圈帽檐的软质头盔，这是流行于元代的战斗帽。缠在小腿上的行缠是步兵专用的装备，最适合用于行军及各种作业。至于那些操作火器与大型攻城兵器的工兵，应该也会穿着这样的装备。

重装步兵

- 大斧
- 保护眉心的铁板
- 团牌
- 打满铆钉的长战袍

轻装步兵

- 软质头盔
- 战袍
- 弓
- 行缠

➲描绘忽必烈的祖父成吉思汗统一漠北蒙古诸部的国画。蒙古人原本就是游牧民族，擅长骑兵战斗，不仅统一中国，甚至曾经横扫欧洲（出自中国军事博物馆编《中国军事博物馆》）

军装 明

由于火器的登场，甲胄迈入最终形态
各兵种士兵都须全身防护

战国时代开始的铁铠历史，随着明王朝的灭亡几乎迈向终结。枪炮的发展与普及，使得甲胄失去功效，成为只会导致士兵行动迟缓的装备。但为了与火器对抗，甲胄直到最后都还在加强防御性能。在它消失之前的最后一段时期，甲胄的制作技术已达到了巅峰。明代的甲胄不论是在编缀的致密性，抑或是在形态的完成度上，都远远超越了前朝的水准，可说是中国甲胄的集大成者。

钩镰刀

护耳

龟甲形的甲片

圆护

三眼枪

打满铆钉的铠甲

枪兵

明代的远射兵器从弓弩转变为火枪，使枪兵成为军队的主力。枪兵着用的铠甲表面盖有棉布，而且还打上铆钉，内层则缀有甲片，防御性能相当强。这种形制的甲胄出现于元代，到了明清时代已经成为最普遍的铠甲。枪兵因为必须抱着火枪，所以除了脸部与手腕之外全身都会被甲胄包覆，并在毫无其他防护的情况下冒着矢石箭雨在战场上冲杀。另外，枪兵以右手持枪，左手拿着大型的藤牌（藤制的圆形盾）展开突击。

重装步兵

明代的重装步兵身着进化自唐代明光铠的铠甲。前胸与后背穿的是以细小甲片缀成的胸背甲，在腹部则装有凸面铁板来加强防御。流行于明代的山字甲是把外形呈三方放射状的甲片以毫无缝隙的方式紧密编缀而成的，具有一定的冲击吸收能力。保护肩部与上臂的披膊以外凸的龟甲形甲片缀成，这也是研制于明代的新型铠甲。头盔上装有外翻的护耳，虽然形制与唐代头盔类似，但材质已变更为钢铁。

骑兵

- 兜鍪
- 环锁铠
- 锁链鞋

环锁铠（锁子甲）从元代开始即被骑兵采用，这种铠甲是把细铁链纵横交错缝制成像布片一样，此技术到了明代即告成熟。以坚硬铁板制成的铠甲虽然可以抵御刃器，却容易被弩箭及枪弹贯穿，而能够吸收冲击的环锁铠就是要弥补这个缺点。钢铁制的头盔下部也垂有锁链，用以保护颈部。围在腰间的膝裙与长度直至脚踝的裤子也都用锁链缀成。有时候甚至连鞋子都会以锁链制作，直到脚尖为止通通都着环锁铠。

重视火力的明军

明代的军队，即使在步、骑兵最基层一级的队，也相当重视火力。作为最高一级建制单位的营（5600人，下图省略了预备骑兵800名），实际则会装备大小 2248 具（包括预备骑兵的装备在内）火器
（下表依据《中国军事史》等书绘制）

明军的编制与兵器装备

〈1营〉
1 冲 ×4 单位
（步128队+骑64队）
- =3200 人
- =1600 骑
- =256 挺
- =1408 挺
- =256 门

〈1冲〉
1 衡 ×2 单位
（步32队+骑16队）
- =800 人
- =400 骑
- =64 挺
- =352 挺
- =64 门

〈1衡〉
1 乘 ×4 单位
（步16队+骑8队）
- =400 人
- =200 骑
- =32 挺
- =176 挺
- =32 门

〈1乘〉
（步4队+骑2队）
- =100 人
- =50 骑
- =8 挺
- =44 挺
- =8 门

〈步兵1队〉
- =25 人
- =2 挺
- =6 挺
- =2 门

〈骑兵1队〉
- =25 骑
- =10 挺

〈图例〉
- 步兵
- 骑兵
- 鸟枪
- 三眼枪
- 大炮

城池 [唐]
长安 春明门

被两重城墙完全保护的唐代帝王权力中心

虽然由刘邦所筑的长安城在汉朝灭亡之后，还是被后世朝代修复维护，不过隋文帝杨坚则认为重新统一的王朝应该要建设新都，因此便舍弃了古老的长安城，在旁边另建一座大兴城。都城的面积达到 84 平方公里，规模空前。隋朝灭亡进入唐朝之后，大兴城改名为长安。太宗李世民在城内东北角增设大明宫，到了高宗永徽五年(654)，又动员了四万民众，将郭城与城门大幅改建。唐朝的长安城至此便告建成。

唐·长安平面图
① 大明宫　④ 兴庆宫
② 宫城　　⑤ 夹城
③ 皇城　　⑥ 芙蓉园

兴庆宫

内侧的城墙

夹城

插图／黑泽达矢

外侧的城墙

城池［宋］
桂州静江府城

林立的奇岩怪石与环绕于城外的大河是击退攻城之敌的天然险阻

连接长江与广东西江的灵渠是秦始皇为了统治南越地区开凿的运河，而控制灵渠其中一头的桂林自古以来就是交通要冲，相当受重视。静江府城是构筑于桂林的宋朝城堡，名称来自唐朝的静江军节度使。它以唐朝的桂州城作为基础，经过数次增建而日渐扩展成一座大城，宋末甚至还升级为阻遏蒙古南下的军事据点。南宋咸淳八年（1272），为了纪念城郭竣工，在城北的鹦鹉山南崖刻制了一幅《静江府城图》，为该城当时的样貌留下图面记录，成为传承宋朝城郭构造的重要资料。

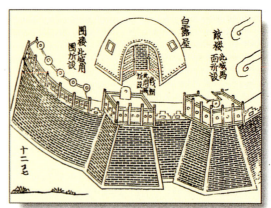

⇧ 城墙的角落与转折点是守城的死角，原因是城墙上的空间在这些地方会缩减，进而对士兵的行动形成阻碍，导致远射与投掷的方向被分散，而使守备的扇形范围因此产生空隙。团楼（右图❶）就是为了弥补这个缺陷而建造的楼台，它将城墙的角落改成圆形，以消除死角，并于上面设置战棚。战棚是一种突出于城墙外侧的棚状房间，可以从地板上的孔洞投下石块等，用以击退城墙下方的敌人。静江府城几乎在所有转折点上都建有团楼

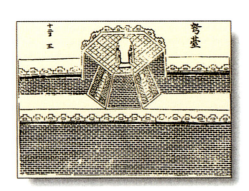

⇦ 在城墙外侧以特定间隔距离设置的方形平台，是为了对聚集在城墙下的敌军进行攻击，称作马面。盖于其上的建筑物称为敌楼，而《静江府城图》则将之注记为"硬楼"（右图❷）。另外还有一种平台也属于马面，专门用于部署床弩，称作弩台。床弩是一种用多把强弓组合而成的大型弩，可用来威吓布阵于城外的敌军。而静江府城的硬楼，同时也具有弩台的功能

⇨ 包围住城门的半圆形或方形小城称作瓮城（右图❸），在宋朝之后，大多数的城池都具有这种构造。静江府城在主要城门周围都建有四方形瓮城，另外在架设的通往门外的桥梁内外也建有弧形的城墙，防守相当严密。建于护城河外侧的半圆形城墙称为月城（右图❹），这在宋朝也已经普及。在《静江府城图》与《武经总要》中，可看到沿着护城河内侧建构有一圈城垣，称为羊马城（右图❺），北京的紫禁城（故宫）至今依然留存有这种城垣

插图／收录于《武经总要》

静江府城图

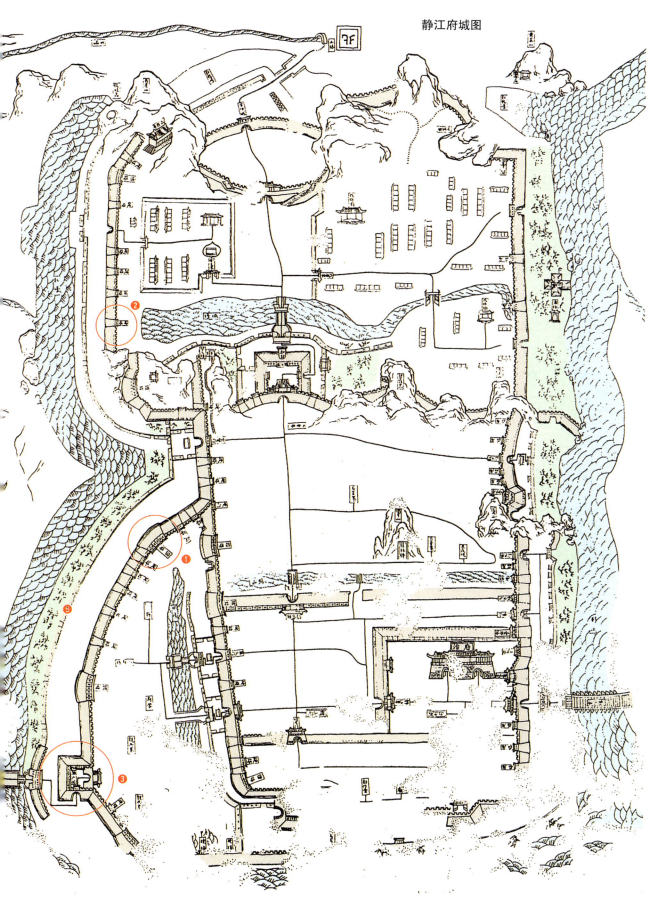

装备 027

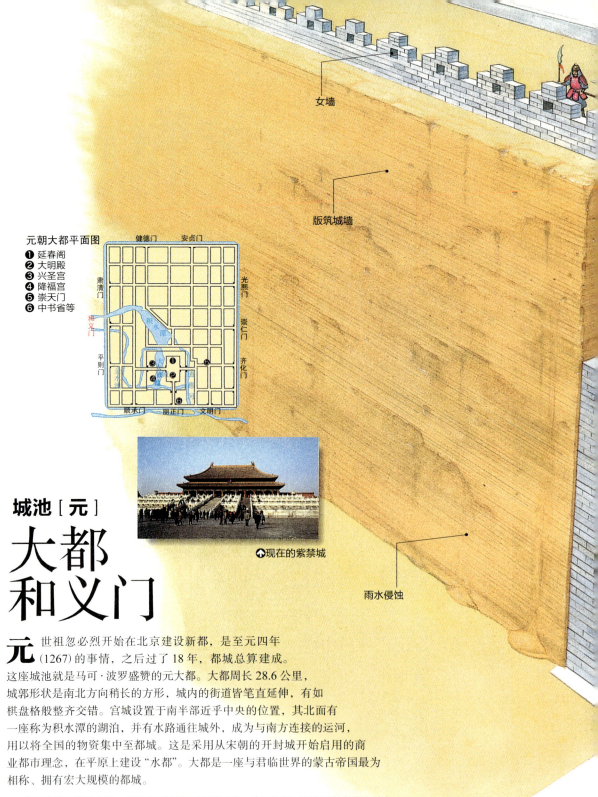

元朝大都平面图
① 延春阁
② 大明殿
③ 兴圣宫
④ 降福宫
⑤ 崇天门
⑥ 中书省等

⇧ 现在的紫禁城

女墙

版筑城墙

雨水侵蚀

城池 [元]
大都和义门

元世祖忽必烈开始在北京建设新都,是至元四年(1267)的事情,之后过了18年,都城总算建成。这座城池就是马可·波罗盛赞的元大都。大都周长28.6公里,城郭形状是南北方向稍长的方形,城内的街道皆笔直延伸,有如棋盘格般整齐交错。宫城设置于南半部近乎中央的位置,其北面有一座称为积水潭的湖泊,并有水路通往城外,成为与南方连接的运河,用以将全国的物资集中至都城。这是采用从宋朝的开封城开始启用的商业都市理念,在平原上建设"水都"。大都是一座与君临世界的蒙古帝国最为相称、拥有宏大规模的都城。

以繁华著称的元大都,在经历百年变迁之后被攻陷。为了抵御元末农民起义军猛烈攻击,至正十八年(1358)在所有的城门上都构筑了瓮城,用以强化守备。大都的城墙虽然在明朝建设北京城的时候大部分遭到拆除,不过开于西城墙中央的和义门瓮城则被北京城西直门外的箭楼(突出于瓮城的楼阁)沿用,被包围在基座中保留了下来。瓮城的门在左右两侧以厚实的砖墙加固,长9.92米、宽4.62米的门道上有着拱形的顶部构造。这跟以往使用木质梁柱支撑的门道相比,具有抗火灾能力。城门高度为22米,上面建有以砖砌墙壁围成的门楼,并附设通往城墙的边间与石阶。特别值得一提的是,在其室内的地板下方设有砖砌的蓄水槽,水槽连接水道通往门道。水道在门扉上方设有开口,推测应该是城门的防火设施

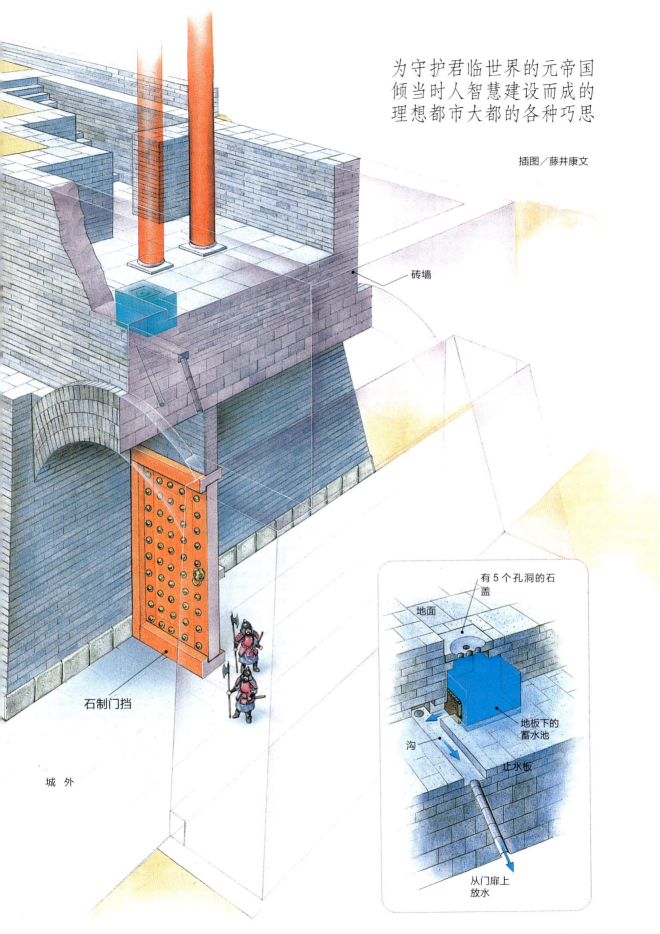

城池［明］
南京聚宝门

号称中国历史上最坚固牢靠的"铁壁"之城

由明太祖朱元璋建构的应天府，是南京在明朝前期的名称，号称中国历史上最坚固的城池。城墙周长为33公里，沿着长江东岸丘陵与低湿地建造。此城汲取了从宋朝开始急速发展的砖石构筑技术精华，不仅工期费时21年，还斥巨资修建。它使用硬质砖块特别烧制而成，敲起来会有金属声，全城用上的砖块数量多达3.5亿块，简直是铜墙铁壁。城门具备坚实的防御作用。其中作为正门的聚宝门内设有规模极大的瓮城，能够有效阻止敌军入侵。为建设南京城而发展出的筑城技术，在之后则孕育了万里长城。

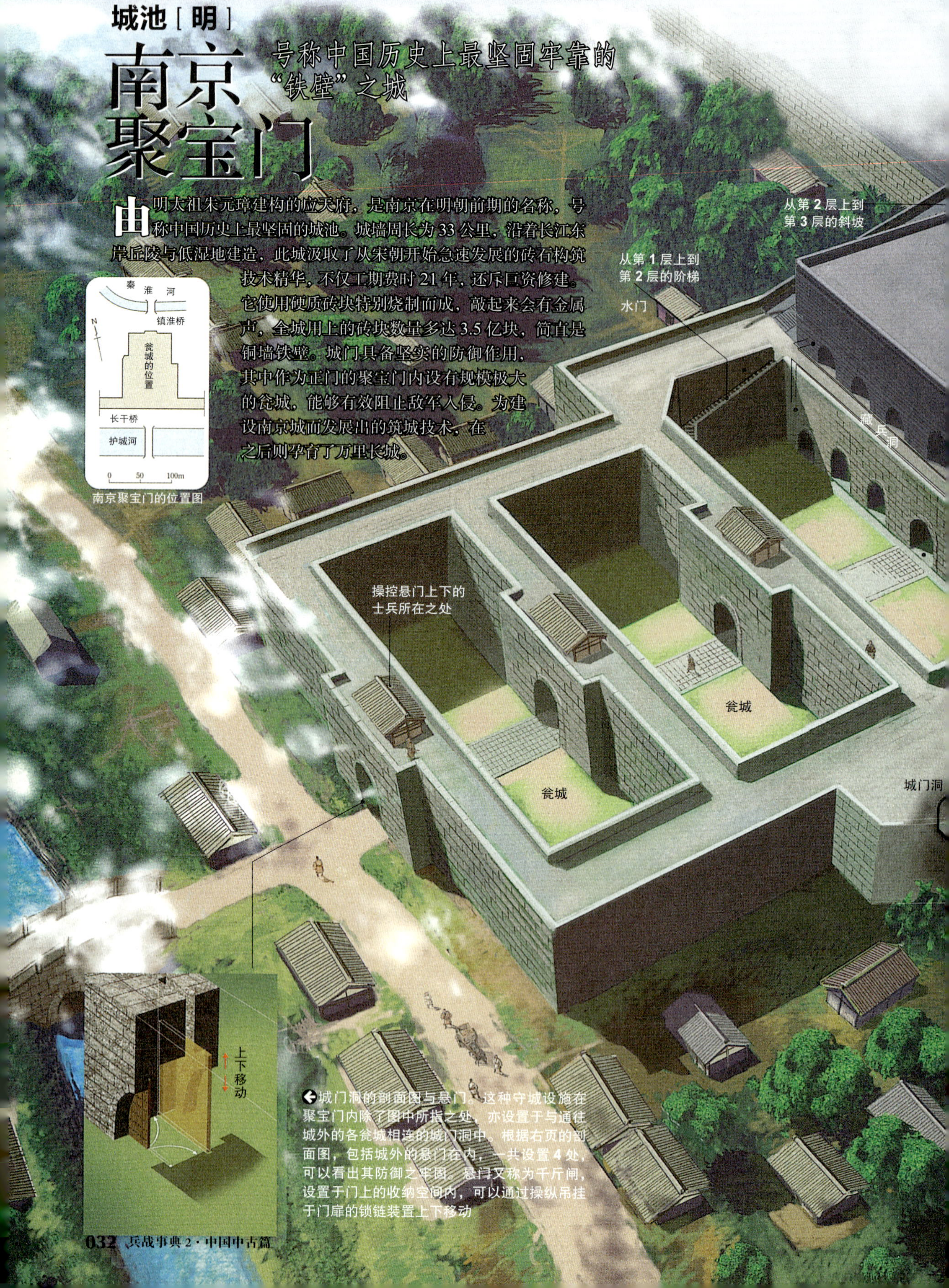

南京聚宝门的位置图

从第2层上到第3层的斜坡

从第1层上到第2层的阶梯

水门

藏兵洞

操控悬门上下的士兵所在之处

瓮城

瓮城

城门洞

上下移动

← 城门洞的剖面图与悬门。这种守城设施在聚宝门内除了图中所指之处，亦设置于与通往城外的各瓮城相连的城门洞中。根据右页的剖面图，包括城外的悬门在内，一共设置4处，可以看出其防御之牢固。悬门又称为千斤闸，设置于门上的收纳空间内，可以通过操纵吊挂于门扉的锁链装置上下移动。

插图／板垣真诚

护城河

门楼

城外

长干桥

砖

切石

藏兵洞

↓聚宝门的平面图与剖面图 黄色部分为第 **1** 层、蓝色部分为第 **2** 层、绿色部分则为第 **3** 层的地板部分。另外，红色部分则代表悬门的所在之处（在第 **2** 层的平面图中省略掉最靠城外的悬门）

聚宝门的构造

城门洞　藏兵洞

1层平面　　2层平面

正面图

南京城的 13 座城门中，数聚宝、三山、通济这三座南面的城门防守最为坚牢，而其中只有聚宝门留存下来，现在称作中华门。构筑于城门内侧的瓮城具有多层构造，平面呈"且"字形。大小为东西 90 米，南北 130 米，规模可说是现存瓮城中最大的。它构筑于与城墙相连的两层砖石基座上，在台城上建有门楼，台的各层则开有隧道状的房间，这些房间是士兵住宿与存放兵器的地方，称为藏兵洞。在上层有 7 间，下层的中央部位 6 间，左右则各有 7 间，总共 27 间，据说可以容纳 3000 人。城门总共有 4 座，各门都在外侧设有铁板城门，内侧则装上悬门。悬门又称为千斤闸，是一种吊挂在上下贯通门洞顶部的窄穴中的沉重挡板。瓮城上方的宽广通道与斜坡是特别设置，便利战时骑兵奔上城墙应战。

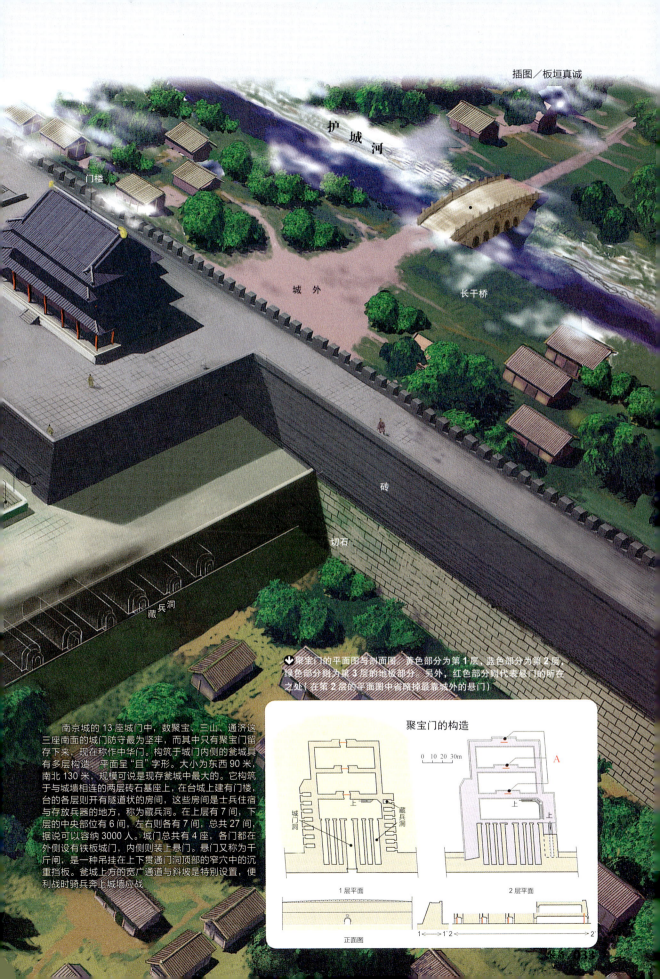

万里长城
变迁

➲长城的样貌宛若一条"龙"

在春秋时代中期，楚国在其领土的北边建筑了一道长达数百公里、称为方城的城墙，而列国见状也起而效之，开始在国境建构长城。秦始皇时代，更投入30万军民建设西起甘肃、东至辽东的万里长城，用来防备匈奴与东胡入侵。在汉朝时还把这座长城扩大，借此防御匈奴，不过之后的朝代则没有继续积极把守长城。

到了宋朝之后，由于先后被女真人与蒙古人蹂躏，汉民族又重新开始重视边境防卫，明朝遂以国家力量重新构筑起坚固的长城。明长城东起鸭绿江、西至嘉峪关，全长约6300公里，可说是将整个中国变成了一座城塞。

（照片全部出自河北美术出版社的《万里长城》）

嘉峪关。位于明朝长城最西端的要塞，至今依然巍峨耸立

➲玉门关。抵御匈奴的西方据点，也是丝路古道的入口

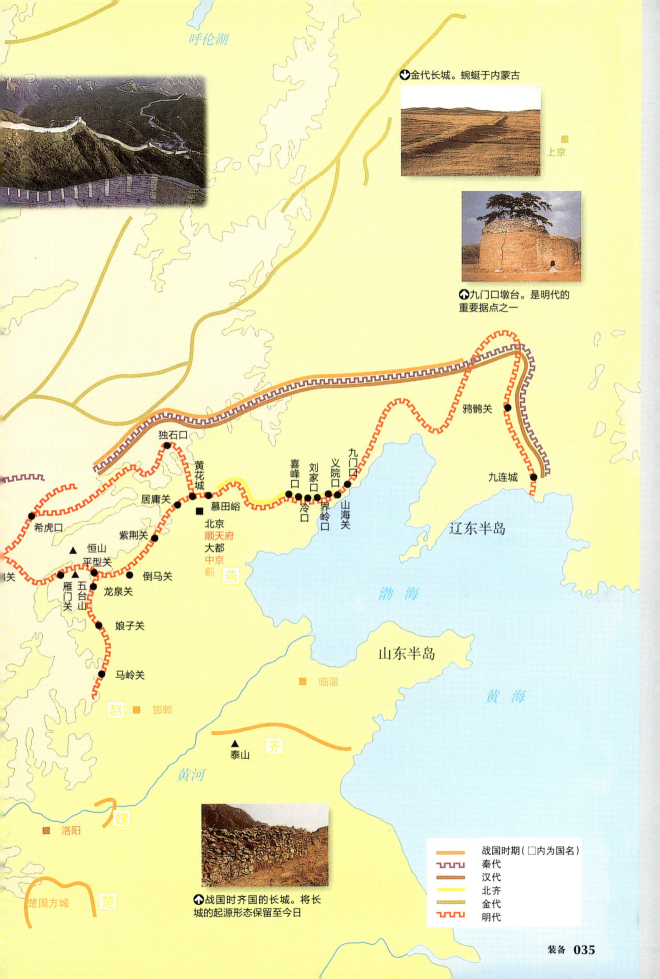

金代长城。蜿蜒于内蒙古

九门口墩台。是明代的重要据点之一

战国时齐国的长城。将长城的起源形态保留至今日

────	战国时期（□内为国名）
⊓⊔⊓⊔	秦代
────	汉代
────	北齐
────	金代
⊓⊔⊓⊔	明代

万里长城
空心敌台

构筑于敌台上的望楼与用砖石砌成的下部构造（出自《练兵实纪》）

长城的建筑方法因地理条件不同而有所差异。在甘肃、陕西等地的沙漠地带中以版筑与日晒炼瓦来筑城，而在山西与河北的山岳地带则把石头当作建材。在北京的八达岭可看到典型的明代长城，以切削过的石块为基座，在上面堆砌砖头，城墙是砖石并用的。构筑于要地的敌台常驻有士兵，在战时会成为守城的重要据点。在长城之外设置有烽火台，可以尽早察觉威胁国境的敌军动向，并将情报传送至城内。在塞内的要冲会建造支援敌台守备的堡城，街道的交叉点上则会设置关城。

靠着国境守备兵常驻于此
绵延的防卫线具备了灵活机动的防御能力
是万里长城的重要据点

设置于长城要地的敌台，除了是防卫设施，也是供士兵日常起居的营舍。由于长城大部分都是绵延于杳无人烟的山上，因此负责日常警备的士兵们就必须有个能够安全休息的场所。敌台原本只是一种突出于城墙上的平台，从明朝开始建造一种里面设置房间的"空心敌台"，这可说是一种为了能让长城守备持久化而产生的设计。由于砖城的构筑技术日益进步，较薄的壁面也能维持一定的强度，这也是"空心敌台"出现的原因之一。敌台的高度接近城墙的两倍，分为上下两层。上层有露天的平台，在中央建有监视外敌入侵的木造望楼。下层则是用砖砌成的房间，在小小的空间中塞有士兵的卧铺、各式各样的生活用具，以及守城兵器等物件。开于四面的窗户并不只是单纯的采光设施，同时也具有向敌人放箭与开火射击的枪眼功能

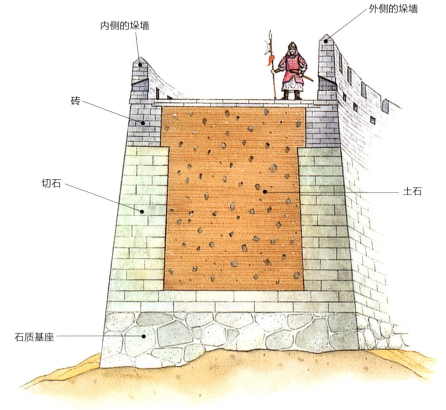

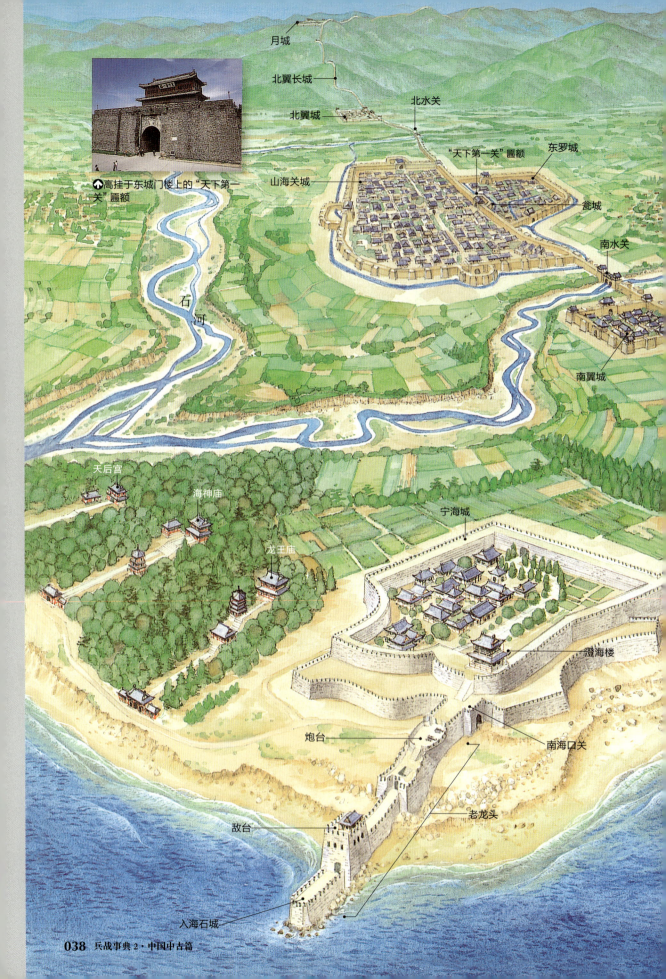

孟姜女庙
边墙子烽火台
威远城
插图／藤井康文

潮河

这幅插画所绘制的长城从最远端的山上绵延到最前端的渤海，距离大约是7公里。在中间的地方设置关门，门楼上挂有写着"天下第一关"的匾额。门内筑有山海关城，门外则设置了瓮城与包围在其外侧的东罗城，将关门层层围住。山海关城在南北两侧都隔着河流建有翼城，看起来就像是保护关城的两只手臂，拱卫在城池左右。在河上架有像城墙一样的桥梁，水门还设置了铁制闸门。长城到了海边则设有一座守护海岸的宁海城，从该处向海中突出的城墙，被称为长城这条巨龙的"老龙头"。老龙头上设有炮台，末端延伸进入海中。由于它是将石头沉在海底当作地基，因此又称为入海石城，可以防止敌军兵马沿着海岸入侵。当然，在战时也会有战舰航行于海面，将防卫线扩大至海上

南翼长城

围城

敌台

滨海城墙

渤海湾

万里长城 山海关

备有新型大炮的"天下第一关"坚城
盘踞中国大陆的"龙"由此起头

山海关是设置于明朝经营东北大动脉的渤海沿岸与连接辽西走廊长城之处的要塞。明朝政府在全国设置了五个都督府（军事统率机关），其下则有329卫（驻军基地）。而山海关也是其中一卫，不过因为地处要冲，所以驻扎在此的士兵要比其他地方多上一倍。人数为3万人，由1100余名士兵担任日常警戒。在关城与长城各处都配有新型大炮，炮口朝向塞外。在明朝灭亡的1644年，明朝将领吴三桂在山海关城被李自成所率领的农民军包围，最后他接受了驻屯在附近的清军救援。进入清朝之后，山海关作为一个重要的军事要塞，依旧维持着坚稳牢固的面貌。

装备 **039**

兵书
《武经总要》《武备志》

- 网罗各种兵器、战法
- 惊人的兵器全书

中国的兵书，将现存、佚失的著作都统计在内，数量据说高达1500余种，而其中大部分的内容都偏向于军事理论。这是因为阐述完备军事思想的《孙子兵法》（后简称《孙子》）首开先河成为后世的兵学典范，使得中国兵书整体倾向以战略为先。而侧重具体战术的兵书相对地位较低，发展也一直处于停滞状态。不过在进入宋朝之后，因为火器在战场上出现，使得战术产生了变革。另外，在与拥有强大军事力量的游牧民族接触之下，统治阶层受到刺激，使兵学研究吹起一股新风，重新检视兵书存在意义的趋势越来越强。除此之外，宋朝也在进行各种具有体系的研究，并积极编纂百科全书。在这样的风潮之下孕育而生的，就是《武经总要》。

北宋仁宗庆历四年(1044)时，为了军事训练及边防的需要，曾公亮与丁度奉旨编纂《武经总要》——一部前集20卷、后集20卷的大部头著作。它除了将过去的兵书集大成，还加入了新的军事情报，内容包括军事组织、制度、训练、行军、宿营、布阵、作战，甚至攻城、守城法与武器装备等，全部都有详细描述。最重要的是里面还附有插图，这除了可帮助理解之外，对于复原古代兵器也是很重要的参考资料。

另外，明末(17世纪中叶)时，军事理论家茅元仪耗费了15年写成了《武备志》240卷，这不仅是一部超越《武经总要》的军事巨著，包含其中的丰富插图也弥足珍贵。插图中绘有战场上多有使用的火器，可说是反映出时代性，相当有趣。上述两书都是研究中国兵器的必备著作。

神行破阵猛火刀牌（收录于《武备志》）。下半部的36个孔洞里面塞有装满火药的筒子，等到敌人接近时就会喷射火焰

（下）马甲（收录于《武经总要》），宋朝重装骑兵用马的装甲。（右上）连强弩都无法射穿的步人甲（收录于同书中）。底图《武经总要》文字的一部分

【阵法与战法的变迁】

战阵

重骑兵时代的阵法与战法
轻骑兵时代的阵法与战法
火器时代的阵法与战法
水军的阵法与战法

战斗的方法会依据战场的地势与装备之进步而产生很大的变化。
本章要把中国军事史区分成三个时代以及水军部分，
并详细解说各个时代的阵战特征

重骑兵时代的阵法与战法

为了打赢轻骑兵而出现了"铁骑"
这支部队不论兵、马都施以重装备，能运用突击力驰骋于战场
不过只有以贵族为核心的社会可以维持

■重装甲骑兵的诞生与编制

《孙子》中写道，"无邀正正之旗，无击堂堂之阵"，其中"正正之旗""堂堂之阵"都是军队的队列整齐划一、部队配置相当有秩序的意思。孙子认为，在战场上应该避免跟采取适当阵形的敌人交战，因此自古以来人们一直在研究阵法。春秋战国时代，兵家们完成了很多种阵形，就像"孙吴六十四阵"所展示的那样，阵法可说是相当多。不过这其中大多数都只有名称与大致上的形状流传下来而已，各兵种的具体配置并没有详细记载。就连三国时代蜀国诸葛亮著名的"八阵"也一样，只留下由后世兵家绘制出的各种想象图而已，这种倾向一直到唐代都没有改变。

伴随支撑军队的社会变化与技术的进步，在中国战场上扮演主角的兵种当然也在不断改变。举例来说，以3人搭乘的游击战用战车为核心的中国古代军队阵法，自然就不会直接流传至后世，最多也只有"精神"传承下来。

在此先不谈古代的突击部队战车，改为探讨重装甲骑兵的变迁过程。

中国的骑兵史，是由战国七雄之一的赵国采行"胡服骑射"所开启的。当时赵国决定采用威胁自己的北方三胡与匈奴等骑马民族所使用的装备及战术，身穿较厚的短衣与皮靴等装备，战斗则是以骑在马上用弓进行攻击后就撤退的扰乱战术为主，属于轻骑兵的装备与战术。

秦汉时代，特别是在西汉时期汉军与匈奴的作战中，双方都是以大规模骑兵集团在长城以北的广大沙漠与草原上摆开阵势作战。这种现象表明汉朝军队的主要兵种不得不从步兵转变为骑兵，而实际上在那些成功击败匈奴的战役，大多数都是依靠骑兵部队取胜，率领步兵5000人却吃了败仗的李陵，可说是骑兵重要性的最佳反面佐证。

骑兵可以发挥高度机动性与强烈突击能力，如果想要掌握战场主导权，且针对敌方空虚之处加以攻击，就一定得用上骑兵才行。再加上与匈奴的作战几乎都属于大规模正面交战或歼灭战，这要求部队要能迅速进行长距离前进与后退，而能够胜任此种作战的兵种则非骑兵莫属。长距离袭击、迂回、包围、奇袭、诱击与伏击等战法，对于骑兵来说，都是毫无争议的看家本领。反过来说，骑兵只有在攻城战与据点防卫战等特殊类型作战中，才会显得无用武之地。

汉代时就已经有轻骑兵、重骑兵之分，装备与匈奴骑兵几乎相同。防具只以盾牌为主的是轻骑兵，身穿铠甲、手持长柄武器进行近身战斗的则是重骑兵。部队的主体是轻骑兵，所以就算是重武装骑兵，跟魏晋南北朝的重装甲骑兵比起来，适用装备依然显得相当不足。特别是在马匹方面，并没有充分配备防护用具。

西汉骑兵部队的详细编制并没有流传下来，不过大致可知，基本单位是以30骑构成的屯，以及凑上3~4个屯之后集合成100骑左右的曲。数曲组成部，并由校尉指挥。若干部集合至1万~2万骑后就会编成1军。

将这时代阵法流传下来的，是从陕西省西汉汉文帝时期的墓葬中出土的骑兵俑。这些骑兵俑是以

◯ 东汉时代的马俑，组成依然有战车与骑兵混合编组的"突击部队"。重骑兵在此时尚未成熟，三国、魏晋之后，其突击能力才被加以特化，形成与轻骑兵截然不同的部队，凸显其存在感

前后左右10~11骑的数量组成1个方阵，而这个方阵应就是曲的基本队形。将这种方阵加以排列，就能构成以部或军为单位的横队或直队，想必也可以组合出雁行阵、锥形阵等阵形。

骑兵在汉代成为主要军种，随着时代的演进，其装备也越来越充足。以布或皮革构成的"胡服"被青铜与铁制铠甲所取代，最后连马匹也都穿上称为"具装"的马铠。在主战兵器方面，除了马戟那种棒状突刺兵器之外，随着制钢技术的进步，供骑兵用的优秀长刀也开始生产。

在五胡十六国时代，骑兵的重装备几乎宣告完成。加上在5世纪之后马镫开始普及，让重装备骑乘得以获得较佳的稳定性，使来自马上的攻击力有飞跃性增强。人与马同时施以装甲的重骑兵，即出现于战场上。重装甲骑兵在历史上被称为"甲骑"或是"铁骑"，为战场带来了很大的变化。

骑兵的任务可大致分为索敌（轻凌）、突击（奔冲、突冲）、奇袭（奇伏）、扰乱（游弋、威却）、追击（踵军）。重装甲骑兵则是在这些任务中，将战场突击能力（冲击行动）加以特化的骑兵。重装甲骑兵各自都具有充分防护能力，形成集团之后则能形成强大的突击能力，从正面突击无装甲的轻骑兵与步兵，可以发挥出相当大的威力。重装甲骑兵从南北朝一直到隋朝，在战场上扮演了决定性的角色。

之所以将这种重装甲骑兵大量编入军队，并让其成为军队的核心战力，主要是受到当时的社会制度变化影响。

西晋采用的是将宗族分封为各地之王的"宗王出镇制"，同时也承认各地豪族的统治，依此确立了东汉以来的贵族社会制度。这样即表示，中国已经变成一个由超过500位封建领主所割据的国家，同时意味着各贵族皆拥有独自的兵力。

每个贵族各自拥有大量私民，其私民武装化之后则是被称为"部曲"的私兵，而部曲私兵的装备就是把人、马完全用装甲覆盖起来。

这些都使得重装甲骑兵日益成长。所谓重装甲骑兵时代的各王朝军队，就是这些部曲私兵的集合体。这又跟在三国时代作为魏国军事力量移入华北的游牧民族氏族军事制度相结合。

永嘉之乱以后，趁着西晋混乱之时大举进入华北意图作乱的匈奴、鲜卑等骑马民族的骑兵，也受到这些部曲私兵的影响。他们在进入中原之前，仍保持以传统轻骑兵为主体的军事制度，不过在进入中原之后，也开始仿效汉人望族的私兵，改为采用重装甲骑兵的装备。

其中最为著名的就是灭掉西晋的匈奴贵族刘曜的亲卫部队"亲御郎"。《晋书·刘曜载记》写道："召公卿已下子弟有勇干者为亲御郎，被甲乘铠马，动止自随，以充折冲之任。"可见中国北方的新统治者们，也都竞相让骑兵重装化。

至于重装甲骑兵的编制，大业七年（611）隋炀帝征讨高句丽时所用的制度可说是最好的例子。根据《隋书·礼仪志》，隋军把骑兵100骑设为1队，10队则构成团，团由副将指挥。1军是以骑兵4团和步兵80队的8团所编成，由主将与副将各1名指挥。附带一提，挺进高句丽的隋军，其陆路部队有左右各12军，再加上炀帝亲率的6军，共有30军的兵力。

骑兵的主力是重装甲骑兵，而步兵与骑兵的比例则是2比1。除了汉朝的某个时期之外，中国统一王朝的骑兵比例并没有特别高。而隋朝比较接近贵族的联合政权，所以这段时间可说是重装甲骑兵的鼎盛时期。之后隋朝崩毁，社会制度与用兵思想再度产生变化，重装甲骑兵逐渐凋零。

重装甲骑兵时代的阵法

综观东晋至隋朝的战例，可知在主要的战役中都密集投入重装甲骑兵，不过上述时期的阵法却很少流传至今，不仅没有留下阵图，就连从每场战争中所获得的信息都只是凤毛麟角。

重装甲骑兵因为采用重装备，所以突击力道很强，不过马匹的负担也相对较重，进而使得突击动作比较缓慢。相形之下，轻骑兵就较具机动性与弹性，队形变换较为容易，因此重装甲骑兵在一开始布阵时，就必须组成可以直接进行突击的队形。但这时若排成较深的纵队，会容易使攻击正面变窄，因此一定会采用横队。

到了北宋时期，许洞所著《虎钤经》中绘制的阵图里，可以找到重装甲骑兵时代阵法的一点蛛丝马迹。根据书中记载的阵形，步兵会排成3层横队，接着在步兵部队的前面与侧面会配置"冲骑"。所谓的"冲骑"指重装甲骑兵，这样的阵图之所以没有把骑兵部队并列在一起，应是想要借此发挥其突击能力，或者也可以说它是西洋步骑混合阵形的中国版。

◆ 战法——让重装甲骑兵先上

重装甲骑兵在战场上的主要任务，首先是打垮敌方的重装甲骑兵。在华北战场上，敌对双方都拥有重装甲骑兵，双方军队曾冲突不断。在轻骑兵先行以游击、施放箭矢的方式将敌军限制住之后，接着就换成重装甲骑兵相互拼斗。

双方的重装甲骑兵都会排成横队，然后并列前进冲向敌方的骑兵阵列。这个横队与敌军接触过一轮之后，就会散开变成单骑战斗。因此，重装甲骑兵之间的战斗最后就会以单纯的白刃战收场。在骑兵战中取胜的一方，就能游刃有余地对完全失去保护的敌军步兵发动攻击取得战场优势。

在对敌阵进行攻击时，主要是希望能以密集队形前进，然后针对敌阵的某一点集中攻击，让敌军的队列因此溃散。换句话说，重装甲骑兵所扮演的角色有如攻城锤一样，等到敌阵出现破口，步兵与轻骑兵就会往那里冲去。

◆ 战术运用的发展——部队的分进与合击

在北朝时期，军队编制以骑兵为主体，因此在战术上活用骑兵的机动力，既有前进时先将部队分散至宽广范围，再于决战地集结的外线作战，又有各个击破分散敌军的内线作战。前者以拓跋珪建立北魏时的各场战役为实例，后者则有西魏宇文泰击败东魏军的例子。

拓跋珪集结了鲜卑系的拓跋部，编成以骑兵为主体的军队，并进入华北大平原深处。在与后燕的战斗中，他们先从平城退到很远的西边，让后燕军队向东撤退；接着，让骑兵集团组成几支纵队分别进行长距离搜寻，等找到撤退中的后燕军队，再让

◎ 五胡十六国时代的重骑兵像，沉重的马铠令人印象深刻

重霞阵图

各支部队集结，将敌军一举歼灭。在此后的统一北方战争中，他也常使用这种战法，并获得了成功。

北魏分裂成东、西魏之后，双方依然把骑兵当作军队主力，并不断交战。曾是北魏主力的鲜卑系骑兵被东魏的高欢暗中继承，并恃其优势兵力积极向西魏大举进军。西魏宇文泰虽然身处劣势，不过仍然采用内线作战将高欢军各个击破，彻底粉碎其意图。

◆ 对阵地与据点的攻击

接着，就让我们来看看重装甲骑兵如何进行据点攻击。

【强行突破】意图在中原扩大势力的大小王朝，常会在各个地处战略要地、具有坚固防守的城池碰钉子。为了对付这些城池，最初都会使用包围与强攻两种战法。其中最常采用的是强攻法，意指先搜寻、斩杀当地百姓，然后把尸体堆到跟城墙一样高后，再伺机让骑兵冲进去。

【面压制】灭掉西晋的匈奴系王朝北汉，选择避开坚固的城墙，利用骑兵的机动力在华北大地上纵横奔袭，采用压制面以孤立点的战略，借此破坏西晋的经济基础，让它步向灭亡。

【压迫据点】统一北方的北魏拓跋氏采用了崔浩的计

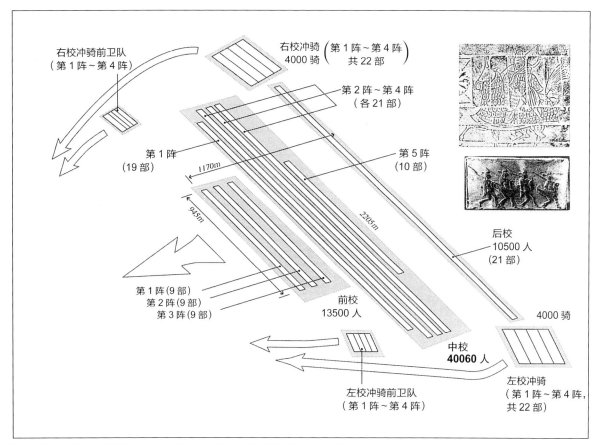

《虎钤经》中的"长虹之阵"模式图。步兵横队在前进时有"冲队"（重装骑兵）左右援助。左页插图则是《虎钤经》中的"重霞阵图"

谋，决定迂回通过坚固的阵地，深入袭击南朝。他们长驱直入江淮地区，对南方政权形成压迫。换句话说，这是一种选择无视较小的零散据点、一鼓作气直捣黄龙的作战方法。这种战法虽然可充分发挥骑兵机动力的优点，不过却无法建立起补给线，导致作战难以持久。

◆ **重装甲骑兵的特殊战法**

在廉台之战（352）中，前燕将军慕容恪即采用了将重装骑兵用铁链连起来组成方阵的战法。

率领鲜卑骑兵的慕容恪所要面对的敌人，是建立冉魏的冉闵所拥有的步兵部队。由于他们都是善于对付骑兵的老手，因此以骑兵为主体的慕容恪部队原本对于步兵的优势无法施展，屡次吃了败仗。因此慕容恪特别挑选鲜卑骑兵当中善于使弓的士兵5000骑作为中军，在廉台地区组成方阵。此时，他把铠马用链子系在一起，让方阵在部队前进时绝对不会乱了阵形。骑兵部队因此完全丧失骑兵应有的机动力，转而变成让铁甲覆盖的人、马形成铜墙铁壁以迎战冉闵军。

冉闵采用与一般游击战相同的正面突击法，欲使方阵崩溃，不过却无法突破。即使人、马被砍伤，慕容恪中军部队阵形也没有溃散。最后，停滞于方阵之前的冉闵部队被埋伏于左右的慕容恪骑兵部队包围歼灭。

这是一种仅利用重装甲骑兵的装甲防御力的战术。

南方政权的重装甲骑兵对策

一直被北方骑兵蹂躏的南方政权在面对骑兵时又是如何呢？

南方政权的国势较弱、军备也较差，特别是他们一直无法组建能与北方政权对抗的大规模骑兵部队。因此，南方政权的战略基本上完全是着重在领土防卫上。

自东晋以来，南方政权一直都是借着江淮之水防卫固守，如果形势稍微有利的话，就渡过淮水、泗水推进至黄河沿线，以阻止北方政权军队南下。如果形势不利，就在据点集结士兵囤积粮食，进行

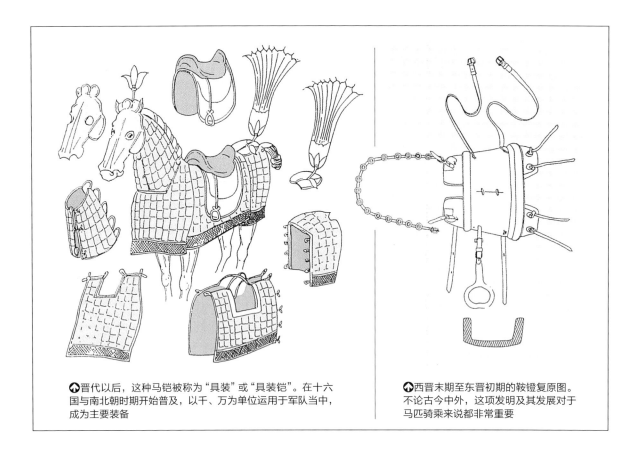

↑晋代以后，这种马铠被称为"具装"或"具装铠"。在十六国与南北朝时期开始普及，以千、万为单位运用于军队当中，成为主要装备

↑西晋末期至东晋初期的鞍镫复原图。不论古今中外，这项发明及其发展对于马匹骑乘来说都非常重要

长期围城作战。

因为北方出身的骑兵大多难以忍受南方高温、多湿的夏季，所以在对付重装甲骑兵时特别会利用这一点。在中国南方地区，重装甲骑兵几乎只局限在冬季活动。南方政权被围城的部队只要能撑到春天来临，北方的骑兵就会自行散去。

话虽如此，南方政权还是托军事天才之福，举兵进行了几次北伐。这时就必须拿出对付重装甲骑兵的策略才行。举例来说，可以用东晋刘裕灭南燕时的临朐之战来做说明。

刘裕在面对具有优势的南燕骑兵集团时，将"车"4000乘配置在部队左右来应付。这里的"车"跟战国时代的战车不一样，比较类似于西汉卫青用在对匈奴战役中的武刚车。这种车装有能抵挡弓箭的盖子，也能构成阻碍骑兵突击用的障碍物。领导南燕的慕容超虽然派出1万铁骑进行夹击，不过刘裕部队却没有溃退，反而攻陷了防御度减弱的临朐城，使南燕败北。

这场战役可说是个巧妙封住骑兵突击能力的例子。

卷土重来的轻骑兵时代与之后的重装甲骑兵

在隋末大乱中，以穿戴过多装备的重装甲骑兵为核心的隋朝军队，被具有优势机动力的起义军击垮。在唐朝统一中原的战争中，骑兵的敏捷性对于唐军的获胜做出了很大的贡献，其轻快、越野能力所展现出的重要性已超越了装甲防护力与突击能力。在战乱中，轻骑兵使仍靠重装甲骑兵的贵族社会动摇，部曲私兵制度崩坏。至此，轻骑兵再度成为骑兵战力的核心，活跃于历史舞台上，当然阵形与战法也随着轻骑兵时代的来临产生了变化。

重装甲骑兵虽在之后仍占有骑兵军力的一角，不过在宋明朝时，已不再担任军队的主力了。继承这种装备且在战法上加以变化的，则是意图逐鹿中原的周边各民族。兴起于北边的辽、西边的西夏，皆拥有重装甲的骑兵部队。至于灭辽之后南下而来的金，其骑兵部队的装甲防御力更是相当高，几乎已达到无人不晓的传说境界！

兴起于中国东北地区的金，是由女真族建立的政权，军队核心就是重装甲骑兵。金的铁骑不论人

→ 西魏的重装骑兵与步兵部队战斗图

员、马匹，除了眼睛之外全都有铠甲包覆，听说甚至还会穿上两层铠甲。

这些中原周围的民族所采用的战术如下。

辽 以骑兵500～700骑组成1队，每队依序向敌阵发动突击。以队为单位反复进行突击，直到敌阵产生动摇为止。一旦敌阵崩解，就让全军展开攻击以取得最后胜利。如果敌阵牢而不破，则利用骑兵的机动力迅速撤退，以待来日再战。

西夏 前军以重装甲骑兵构成，于全军正面向敌阵突击。一旦敌阵瓦解，就让轻骑兵与步兵接替。由于西夏骑兵把身体固定在马鞍上，因此即使在马上阵亡，还是能吸引敌人的注意力。

金 以50骑为1队，前排20骑为手持突击兵器的重装甲骑兵，后排30骑则是装备弓箭的轻骑兵。与敌军交手时，首先寻找其阵形上的弱点，然后针对该处集中兵力。轻骑兵以弓箭齐射，重装甲骑兵则向该处突击以求单点击破。等敌阵溃散后，就转而进行总攻击。

金朝曾采用过一种著名的拐子马重装甲骑兵战术。拐子马是以三骑重装甲骑兵用皮带系成一横排所构成。战斗时，在拐子马的后面会有步兵手持拒马跟随，当拐子马前进时，步兵也会连同拒马一起推进，使拐子马无法向后退。这种以三骑为一伍的重装甲骑兵战列，是种能让敌阵崩解的战术。

若是让拐子马去进行突击，冲击力也会随之增加，不过其机动力非常差。在战场上，拐子马几乎就等同于没有车的战车一样。在战术运用上，它既能保持骑兵在面对各种地形时的应变能力，也能发挥战车的压制能力。

依据战史，可知拐子马是配置在步兵部队的两翼来运用的。当然，它应该也会被摆在前锋，从正面对敌阵进行压制。

这种依靠拐子马的突击，在一开始曾让宋军毫无招架之力，不断吃败仗。不过拐子马的三匹马中只要其中一匹受伤，就会整体陷入动弹不得的境地。南宋的岳飞与刘锜则专门锁定马脚攻击，并用大斧砍倒马匹，终于大破拐子马。

以上是对重装骑兵的介绍，最后要来简要概述一下"骑兵"。

战车在秦汉时代被骑兵取代，而骑兵则因为魏晋的贵族社会嗜好、技术等级进步等因素迈向了重装甲化。在隋唐的革命中，又给这种倾向画下休止符。到了最后演变成只着用简便装备的轻骑兵，让能够发挥骑兵原本机动力的时代终于到来。

进入明朝之后，火器装备开始成为主力兵器，使得骑兵慢慢开始退出战争舞台，不过满族的重骑兵却又压倒了尚未发达的火器，让骑兵死灰复燃。这也意味着中国已经走上了必须要等到经历与西方的痛苦接触与碰撞之后，军队才会再度演进的道路。

轻骑兵时代的阵法与战法

重骑兵的突击力在与外族交战时曾被重新审视
机动力较佳的轻骑兵再度受到重视
本节以唐朝为核心来探讨其真实样貌

北方骑马民族，为中原的战法带来莫大影响

▣ 轻骑兵时代再度来临

控制住隋末大乱的唐朝，并非依赖骑兵在决战中的冲击力，而是讲求大范围野外作战能力、灵活的迂回战法与奇袭战法，彻底执行追击战术。

这意味着依靠重骑兵装甲防御力与突击力的战场决战战法自此开始衰落，轻骑兵再度活跃。因此，轻骑兵取代重骑兵成为军队核心。在唐初的一系列战例中，能巧妙运用轻骑兵的战术陆续出现。

▣ 军制编成——骑兵占全军的三分之一

在唐朝杜佑的《通典》中，引用《大唐卫公李靖兵法》，记录了唐代的军制编成与阵法、战法。《大唐卫公李靖兵法》据说是在面对东突厥、吐谷浑等骑马民族时靠着骑兵果敢战斗，并立下累累战功的卫国公李靖的著作。在此书中，可以了解轻骑兵时代的阵法与战法。

唐军出征时，1名大将大约会率领2万名士兵。而这2万名士兵会编为7个"军"，分别是主帅直接指挥的中军，以及前、后、左、右四军（或由右厢军与左厢军各两军编成四军），另外还要加上左虞候军与右虞候军。这样的部队总称为"七军"，在这七军之中，有明确规范出行军或战斗时的配置与任务。在大将出征时所率领的2万人当中，战斗兵力有1.4万人，其中骑兵有4000骑，约占全体的三分之一左右。就比例来说，虽然与以重骑兵为中心的隋朝差别不大，不过纵观中国历史，这种编制在骑兵比例上可说是非常高。据说李靖在进攻东突厥时，亲自率领的骑兵战力是精挑细选的轻骑兵3000骑。从这个数量来看，由李靖直接指挥的兵力所拥有的骑兵数，真的和这种编制一样多。

值得留意的一点是，这种部队的整体主要是以轻快型、远距离攻击能力强的兵力所构成。跳荡兵是用来对付敌军突击的部队，奇兵则由作为预备兵力的步兵（应与骑兵混合编组）构成，这两种部队都是采用轻装备，各自为2900人编制，占总兵力的4成。另外配备虽然发射速度较慢，但是攻击距离较长的弩手2000人及弓手2200人，人数约占三分之一。他们可从远距离阻止敌军的攻击，强化军队战力。

▣ 阵法——以活用机动力为基础

◆ "队"的战斗队形

在重骑兵时代，骑兵会组成独立的部队于正面或两翼列阵，浩浩荡荡地展开突击。

李靖的战法则是把突击能力较差的轻骑兵配置于步兵部队的两侧，而不让他们正面战斗。这是为了活用其轻快的机动力，将之以最有效的方式投入战场。因此，步兵的"队"就会排成近似楔状的队形向前迈进，以取代重骑兵的冲击力。

轻骑兵的时代，也可以看作火器时代前的步兵复兴时代。原本中国的军队就是以步兵为主体，但

唐军出征时，大将所辖七军编制

军别 \ 兵种		士兵					辎重兵	合 计
		弩手	弓手	马军	跳荡	奇兵		
中军	队数	8	8	20	10	10	24	80
	人数	400	400	1000	500	500	1200	4000
前、后左、右各军	队数	每军:5 四军共:20	6 (24)	10 (40)	8 (32)	8 (32)	15 (60)	52 (208)
	人数	每军:250 四军共:1000	300 (1200)	500 (2000)	400 (1600)	400 (1600)	750 (3000)	2600 (10400)
左、右两虞候军	队数	每军:6 四军共:12	6 (12)	10 (20)	8 (16)	8 (16)	18 (36)	56 (112)
	人数	每军:300 四军共:600	300 (1200)	500 (1000)	400 (800)	400 (800)	900 (1800)	2800 (5600)
七军总计	队数	40	44	80	58	58	120	400
	人数	2000	2200	4000	2900	2900	6900	20000

这却无法抵挡古代游牧民行动轻快的骑兵的机动力，而且在重骑兵时代，步兵面对重骑兵的突击显得不堪一击。不过等到轻骑兵时代再度来临之后，便可借此让步兵维持稳定的防御阵形。

步兵以50人编成一队，作为基本单位。一队步兵会在前后20步（约30米）的空间中组成5列横队。队长立于最前方引领部队，在他身后则立有旗手，跟着旗手的是傔旗，即护旗兵。

其他士兵会在傔旗后方以左右等距散开的方式排成5列。第1列有7人，第2列为8人，第3列有9人，第4列是10人，第5列则有11人。跟在最后面的是负责处斩脱离队列士兵的副队长，会持陌刀（长刀）监视士兵。

这种楔状队形称为"锥形阵"。此类队形基本上是用来向前突破敌阵用的，不过以小队单位采用比较少见，这就是唐军的基本攻击队形。

◆ **各军的战斗队形**

7个军各自将战斗队形集结完毕，以下以总兵力4000人的中军为例介绍其队形及具体配置。

中军的战斗正面为200～300步（大约300～450米），最前面部署弓弩部队展开，排成雁形阵。他们也是以50人为一队，进入近身战斗就会向后退，并且重新配置于后方的3层布阵中。

基本队形为3层的步兵阵。最前列有3队步兵形成一个"大队"。大队就像三足鼎立一般坚固，组成较大的楔形阵形，而中军便是由5个大队构成1线。大队最前方的队伍有特别的称呼——"战锋队"，后面两队称作"战队"。

第2列就像要补满出现于各大队之间的空隙一般，以11个"驻队"配置成一横列。各队会维持20步正面，纵深则为5列步兵，属于薄长形的横队。在驻队左右两边各有骑兵，以下马状态配置。最后面则会部署作为预备队用的10个"奇兵"队。

其他6个军会参照这样的结构，编制成较小规模的相同队形，并展开各自的战斗正面。

◆ **各军的基本战斗模式（战法）**

按照以上方法布阵完毕的军队，作战情形如下。

首先，在敌兵到达距离150步（约220米）的位置后，弩手开始放箭。每位弩手准备50支箭，不过当然不会在一轮箭战中就射光。

等到敌兵进入60步（约90米）的位置时，就换弓手开始放箭。弩手、弓手在敌兵进入20步（约30米）距离时会停止射击且退至后方。弓手会重新配置于驻队的行列中，弩手则会弃弩持刀或持棍棒跟在战锋队后方。

接着，战锋队、战队（大队）会向前挺进与敌兵展开对战。等到第1列大队显露出疲态，部署于驻队两侧的骑兵与驻队后方的奇兵就会向前与大队人员替换，而此时大队则会退至驻队后方整队休息。

待骑兵、奇兵体力透支后，再度换大队顶上去，代替骑兵、奇兵作战。

驻队会以弓箭为正面战斗提供支援，应也会穿过第一线的空隙与敌军交战，但是在战斗中绝对不会改换位置。他们会在部队阵列中保持固定位置，以遂行确保后方受伤人员重新休整的任务。在向着敌阵前进攻击时，每隔50步就会停下来重整阵形。

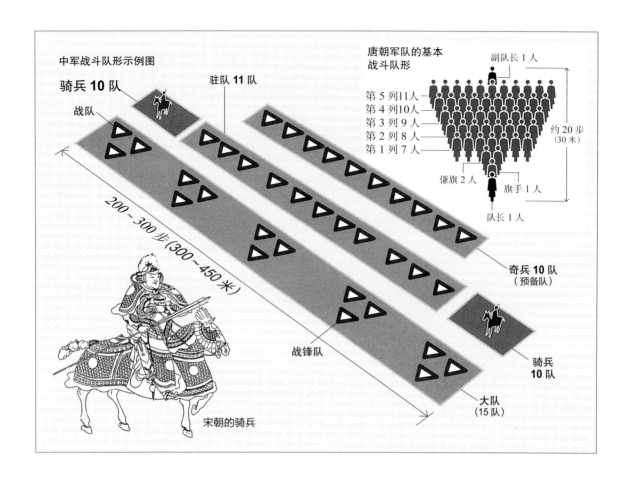

以上就是当时两军对战时的基本战法，通过投入骑兵与奇兵，可以保持弹性应变。这是一种以3层步兵横阵中的第2层阵列为主轴，让士兵得以循环轮替上阵的战法。

大将所辖七军的战法

以上是各队、各军的战法，接下来看看七军所用的战法。

◆七军构成的横队

就七军而言，如果战场条件允许，就会采取横队布阵。这种阵形是各军方阵以横向并列的方式排列，其战斗正面宽达1700步（约2600米）。《通典》中所引用的描述为"有贼，将出战布阵，先从右虞候军引出，即次右军，即次前军，即次中军，即次后军，即次左军，即次左虞候军"。这是按照行军时的序列，直接令方阵横向散开的阵形。

◆圆阵"六花阵"

为了防御来自四面八方的攻击，还可以排成圆阵。

《通典》原文："诸逢平原广泽，无险可恃，即作方营。……中军在中央，六军总管在四畔，象（像）六出花。"这就是李靖阵法中最具特色的"六花阵"。由于部队分成7个军，因此会把6个军配置成圆形，围住中军形成全方位防御。虽然各军依然组成方阵，不过整体看起来像圆阵。

此外，各军还会再分成3个"营"级单位，而保护中军的6个军有时也会另外组成更小型的方阵。

这种六花阵还有以下几种变化。

1. 六花方阵：
6个军配置成前后2阵、左右1阵，形成完整方阵。

2. 六花圆阵：
6个军沿着圆周组成方阵，形成完整圆阵。

3. 雁行阵（曲阵）：
让7个军排成雁行（前后配置成阶梯状的八字或倒八字）。

若直接采用横队作为布阵时的序列，那么当排成一列雁行阵时，就应会如上图所示进行配置。

《武备志》中所记载的"李靖六花曲阵图"是把组成方阵的6个军配置为两段倒八字，显示出具有纵深的防御用雁行阵。这应是在中军处于预备状态

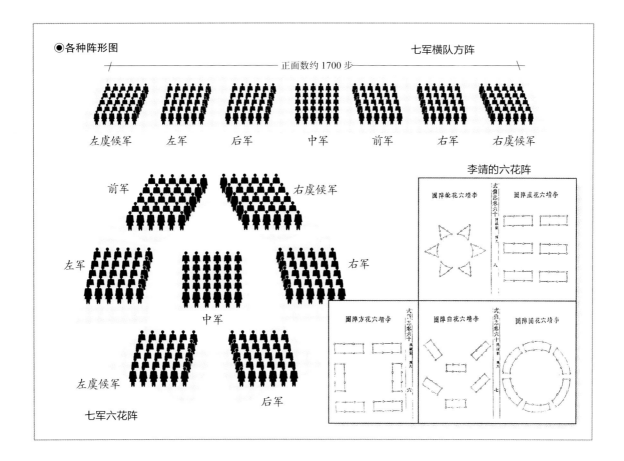

时所采取的阵形。

◆ 竖阵（直阵）

在《通典》的引文中提道："诸贼徒恃险固，阻山布阵，不得横列，兵士分立，宜为竖阵。其阵法：弩手、弓手与战锋队相间引前，两驻队两边相翊。……闻鼓声发，诸军弩手、弓手及战锋队，各令人捉马，一时笼枪，大叫齐入。"

这说明了在险阻地形中，军队无法以横队应战时，就要列成纵队（竖阵）来对付敌军。在《武备志》的"六花圆阵图"中，也画出以军为单位形成的直阵，这是以组成方阵的6个军排列成2列3层所构成的阵形。

行军与宿营

◆ 行军

七军的行军序列，是让全军跟随右虞候军，按照右军、前军、中军、后军、左军、左虞候军的顺序来行军。各军会区分骑兵与步兵队列，并由骑兵带头，而骑兵与步兵之间会保持1~2里（1里为500~560米）的间隔距离。

在向高地前进时，会从骑兵派出4~5骑前往高地眺望，负责警戒四周。这些先行出发的侦察斥候会等己方步兵通过之后从高地撤回，跟随在后方的各军也会自行派遣骑兵进行相同的警戒。以这点来说，各军的独立性很强。

右虞候军通常担任全军的先锋部队，负责侦察、道路修理、架桥、确保渡口等战前任务。相对地，左虞候军则是担任后卫任务，负责收容落后者与回收被丢弃的装备器材。在背向敌军行军时，这个顺序就会反过来，改由右虞候军殿后。

◆ 统行法

各军在通过狭窄道路时，会让战锋队充任前锋，依照右战队、左战队、右驻队、左驻队的顺序前进。如果道路较宽，可以让"队"平行排列的话，就会采用一种称为"统行法"的行军模式。

"统行法"就是把各"统"的战锋队置于前方，后面接上并列的左右两战队，接着是并列的左右两驻队。如果道路够宽的话，就能让5支部队平行前进。

"统"由6队300人构成。第1队是战锋队，第

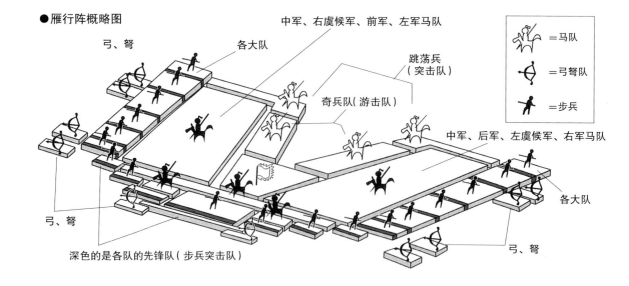

●雁行阵概略图

2、3队是战队,第4、5队为驻队,第6队则是辎重队。这是"大队"再增配2个驻队与辎重队之后组建成的,是军队生活的基本单位,各军在行进时会依据人数编成若干"统"。

《通典》中引述文字为:"诸军讨伐,例有数营,发引逢贼,首尾难救。行引之时,须先为方阵。"

唐军在行军时的警戒,除有左右虞候军担任的前卫、后卫之外,各军通常也会派出骑兵在前方1～2里处行进,负责侦察与警戒,另外还有两人一组的骑兵担任侧面警戒。负责警戒的骑兵各自保持5里的间隔距离,也会前往较高的地方巡逻。

前后骑兵的巡逻点与主力部队必须在相互视线所及范围之内,并使用旗帜等信号进行联系。

◆宿营

古云"营阵同制",军队在宿营时也会基于游击战时所布的"阵"来部署部队。如此一来,即使遭受敌人攻击,也能直接进行有效防御。一般来说,会让部队配列成圆形、构成环状的防御阵式,这跟之前提到的圆阵是一样的。

中国军队的野营,早期会让战车与辎重车以环状方式配置于营的外圈,形成"车城"防御。随着时代演进,这圈防御又会加上木栅、土垒、壕沟等障碍物,建构出类似罗马军队所建的那种坚固宿营地。

◆月营

《通典》引述文字中提道:"诸地带半险,须作月营:其营单列,面平背险,两翅向险,如月初生。"(请参看次页插图)

月营是一种利用河川或峭壁等阻碍通行的天然屏障来扎营的方法。

◆宿营时的警戒

宿营时的警戒通常会设在营帐外20步(约30米)之处,战斗时则会列于战阵的既定位置上。在营阵前100步(约150米)外,白天会派遣侦察斥候立于高处担任卫哨,夜间则以两人一更的方式(把夜晚分成五等份,一更约2小时)换班,靠听觉进行警戒,称为"听子"。

在离营所3～5里处,会设置称为"外铺"的哨点。在此会备有旗子和大鼓,在遭到敌人袭击之前会发出警报。而为了在敌军来袭时能从敌人背后发动攻击,还会在距离营所10里之处让骑兵来回巡逻以备战况危急之时。

如果前方遭受敌军攻击,受攻击的兵营就会打响大鼓,其他营也会以大鼓传递警报。对于正遭到攻击的兵营,会由担任主帅的大将亲自率领中军士兵前往救援,而其他各营(军)若没有命令,是绝对不能独自行动的。

轻骑兵的单独运用

以上就是会战中步、骑一体的阵法与战法。

唐朝的战术思想发展中最为独特的一点,就是靠骑兵进行长距离疾速奔袭与彻底追击战。同时很重视在战场上的迂回夹击。从唐朝至五代的战例来看,骑兵(轻骑兵)会被集中运用在急袭、追击、夹击上。

以下就个别战斗实例来验证。

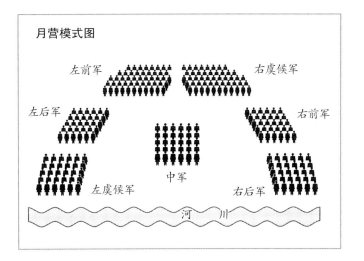

月营模式图

魏晋时代的驻军图。在居中的营帐周围有许多士兵卫护,手持戟与盾并排站立。

◆ **轻骑兵的长距离疾速奔袭战法**

长距离疾速奔袭属于奇袭的一种。这是针对因敌我距离所产生的轻忽,对毫无迎战准备的敌人进行打击。

贞观四年(630),李靖率领清一色由骑兵组成的部队3000人对定襄进行夜袭,大破突厥军。接着他又挑选出1万骑,同样以长距离疾速奔袭的方式对突厥发动攻击,因为速度快,加上浓雾的掩护,奇袭获得空前成功。

像这种能出乎敌军意料取得胜利的长距离急袭战法,从唐朝至五代一直持续应用在战场上。

这种战术并非纯粹使用骑兵,有时也会调遣步兵或水军辅助作战。

◆ **追击战**

部队会因在分出胜负之后继续进行的追击战中加重人员伤亡,一直到第一次世界大战为止,追击战的主角一直都是轻骑兵。不过这并不只是前去追逐逃走的敌军,而是以骑兵部队截断敌人逃跑路线,使敌军无法重建或再度集结。

最为著名的战例是唐太宗李世民在浅水原之战后展开的追击战。在浅水原之战中,李世民击溃敌军10万余人,不过留在战场上的敌军尸体却只有数千具,如果让他们顺利撤退的话,敌人就有办法重建部队。于是,李世民率领轻骑兵2000骑,迂回包抄,将败退敌军甩在身后,一口气奔袭至敌军大本营所在的城池,最后在城池前布阵,使敌军败兵无法入城。

◆ **迂回夹击**

这是让步兵与骑兵协同作战,利用他们各自的优势,进而发挥出综合战斗能力的战法。在步兵组成阵形从正面与敌军交战的这段时间,骑兵部队会迂回至战场背面冲刺且进行夹击。

在安史之乱中,郭子仪收复长安与洛阳的两场战役,便是以步兵为主力与敌军正面交战,再派遣回纥骑兵绕到敌军侧背方进行攻击,最后取得了胜利。由于轻骑兵可以采取完全脱离战场的迂回路径,因此在这几场作战中能发挥出奇袭效果,使敌军溃灭。

◆ **切断补给线**

因为骑兵可以靠机动力打了就跑,所以也会采用游击袭击延伸于敌军背后补给线的战法。

把这种战法运用最为透彻的例子,就是史思明击破包围邺城唐军的战例。

在包括郭子仪在内的九节度使的部队,对安庆绪所藏身的邺城进行包围攻击时,史思明让部将各自扎营于距离邺城50里处,并派驻自各营精挑细选出的骑兵500骑。

这些骑兵在围城部队的背后劫掠袭扰,攻击辎重部队。唐军的补给线因而被切断,导致粮草不足、士气一蹶不振,史思明所率领的主力军便趁此机会击破围城唐军。

火器时代的阵法与战法

虽然中国很早即在战争中使用火药
不过加入火器编组的战法却到明朝才出现

▓ 火器的登场

中国很早以前就开始在战场上使用广义的火器，即用到火药的兵器。特别是在元朝，根据日本镰仓武士在面对元军时的苦战记录，可得知元军在游击战中使用了火器。在当时描写与元军战斗的绘卷中，可看到一种会在空中炸裂开来的炸弹。这应属手榴弹或是火箭的一种，而在元朝的时候就已有以火药将弹体发射出去、现今我们称为"炮"的火器存在了。不过，在中国充分利用这种火器构成的阵法与战法，要等到16世纪中叶才出现。

▓ 由戚继光发明与改良的小队战术

明朝的戚继光（1528~1587）在嘉靖三十四年（1555）时被派遣至荒废的浙江去对抗倭寇。他在该地自行募集新兵并加以训练，建构出一支叫作戚家军的精锐部队。当时有倭寇作乱的中国南方沿岸与水路沿线的内陆，都是属于草木茂密的地区，连接河川与沼泽的水路纵横交错。因此，在这种地区就不适合部署大部队或进行机动战。戚继光重新研究适合这种地形的步兵战术，并想出了结合火器运用的小队编组与阵形。

◆ 戚家军的编制

戚家军的小队是由12人组成，称作"队"。虽然队是由伍长率领的伍所构成，但队不论在行军还是战斗时都是戚家军的基本单位。

小队中有队长1名、长牌手（牌就是盾牌）1名、藤牌手1名、狼筅手2名、长枪手4名、短兵手2名、火兵（炊事员）1名。

其中短兵手的装备就有火箭。这种火箭类似于现在的冲天炮，在纸制的筒子中塞入火药，然后装进箭身筒状发射机内。点燃导火线之后，箭就会靠着火药燃烧产生的推进力来飞行，短兵手每人自会装备6支这种火箭。不过以小队为单位使用的火器就只有火箭而已，还没有配备"鸟枪"（前装式火绳枪）之类的装备。

这种"队"在战斗时所构成的阵形，有"三才阵"与"鸳鸯阵"两种。这些阵形皆在与倭寇的贴身近战中使用。

◆ 鸳鸯阵

"鸳鸯"在中国是有名的鸟类，象征着形影不离的伴侣。这种阵形就形如其名，是由2块盾牌构成正面的两列纵队。

首先，要以最适合抵挡弓箭的长型大盾"长牌"和较为轻巧的"藤牌"挡住来自正面的攻击。如果敌兵已接近盾牌处，就要由第2层士兵使用以竹枝去掉叶子之后加上枪头制成的"狼筅"驱逐，用狼筅挥扫、敲击敌兵的身体，使对手的战斗力逐渐减弱，最后再让第3、4层的士兵刺出长枪。

操作火箭的短兵手配置在第5层，对接近的敌兵射击火箭，靠着这样的攻击来阻滞敌军有组织的前进。另外，短兵手也会持用一种符合其名的武器——镗钯。镗钯是一种尖端分成三股大叉的枪，装在中央柄上的是刺杀用枪头，左右会加上棘刺，适合殴打。短兵手在火箭射完之后就会拿起镗钯，与长枪手一起与接近的敌兵搏斗。

◆ 三才阵

所谓"三才"，指的是天、地、人。这种阵法是由队长、长牌手、藤牌手3名形成正面，在左右则有狼筅兵、长枪手展开成横队。

这种横队的战斗方法如以下所述。首先以火箭打乱敌军队伍，接着靠队长左右两侧的狼筅手阻挡攻过来的敌兵，还要靠由盾牌保护的长枪手进行攻击。因为这样的模式很像人被夹在天地之间，所以称为"三才阵"。在这种阵形中，短兵手配置于后方进行掩护。

还有一种叫作"小三才"的横队，这是一种以两列横队、前后5人构成的队形。

戚继光让农民出身的士兵彻底练熟了鸳鸯阵与

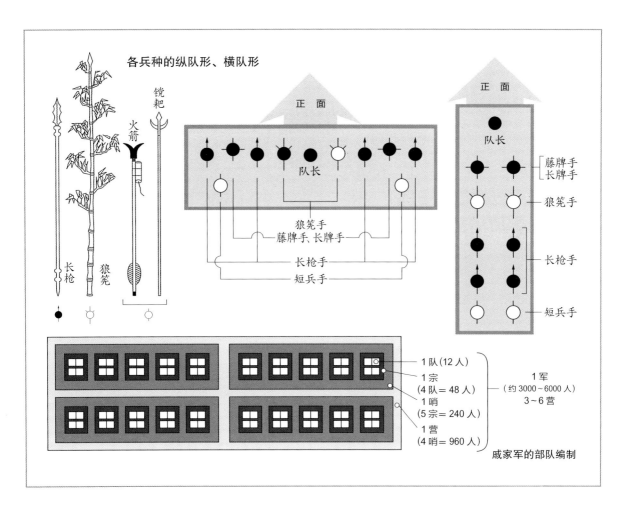

三才阵,构成一支对倭寇作战的最强军团。此时,每个哨(约250人)会配备3把火枪,比哨规模更大的编组则会配备鸟枪。鸟枪基本上分发给护卫兵,也无定数。

在部队编组上,4个队为1宗,5宗为1哨,4哨为1营,3~6个营为1军。由于1队是以12人编组而成,因此1营约由1000人构成,戚家军的规模则从3000人到最多时的6000人。

◆ **小队火力的强化**

在对抗倭寇战役中形成的小队战,也直接套用在北方的边境防卫上。不过由于装备的更新,便出现了名副其实的火器时代小队。原本在南方只处于辅助功能的枪,变成每队都会配备,另外还有一种称为"长柄快枪"——在棍棒末端装上火药发射式火枪的武器也配发至部队中。

在北方,两名伍长装备鸟枪,各队因此得以拥有两挺精准度较高的火器。由于长柄快枪在把末端弹体发射出去之后,就会直接转变为长棍用于近身战,因此由两名长枪兵持用。

在战斗时依然会摆出鸳鸯阵或三才阵,因为配备了火器,所以基本配置会以鸳鸯阵构成多层阵形,在发射完火器之后,各队会对齐脚步展开突击。

北方的队伍编制,第1层是藤牌手与长牌手,第2层则配置狼筅手,到这里都跟对倭寇作战时相同。而第3层配置的是镋钯手,对接近的敌兵,特别是针对敌方骑兵进行殴打、突刺。第4层鸟枪手在发射完鸟枪之后,会改持双手持用的长刀与敌搏斗。第5层的长柄快枪手在快枪发射完后,会拿着变成打击用武器的长柄快枪攻击敌兵。

◆ **小队编组在骑兵上的应用**

于南方的步兵战斗中形成的小队编组,在北方也被用在骑兵的装备与编组上。队依然是12人,队长1名、伍长2名持用鸟枪与双手长刀,2名快枪手则使用与长柄快枪一样、由火器与棍棒组合而成的快枪。2名镋钯手除了会以镋钯进行近身战斗外,还装备了远距离战斗用的火箭。刀棍手2名会

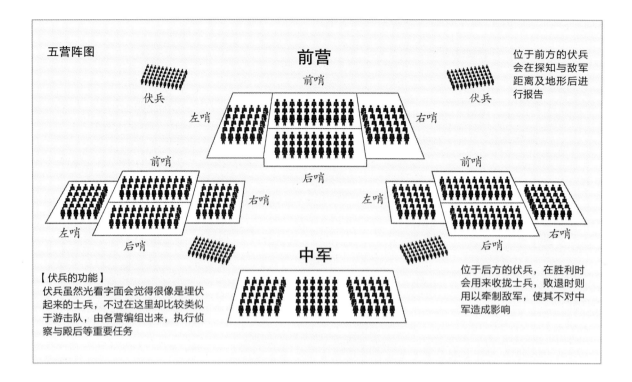

以弓弩进行远距离战斗，并在近距离改持棍棒与刀剑作战，属于传统骑兵。2名"大棒手"同样也靠传统装备，以弓制远，长形棍"大棒"制近。再加上1名火兵（炊事人员）。

在火器时代有着飞跃性提升的，就是远距离攻击能力。虽然在前面都是以步兵为主来探讨，不过在采用火器之后效果最为显著的，却是在传统上进行"打带跑战法"与追击战的骑兵部队。

前"车营"时代的阵法与战法

火器时代最具特色的阵法就是后来出现的"车营"，而其他阵法非常单纯。

戚继光在南方采用的阵法，包括由5个营展开成方形，进行全方位防御用的方阵，以及向左右散开，用于正面战斗的五营阵。

◆ 方阵

方阵可分成由全军组成单一正方形的形式；以及由各营组成方阵，以主要指挥直属部队的中军作为中心，将各营方阵配置于其前后左右这两种。由于后者各营的独立性较高，因此也会在行军时用来当作集合各营时的阵形。

营由4个哨构成。前方与左右的3个哨会形成一面墙，后哨与鸟枪部队对其进行掩护。由于在南方的战斗中，火器并不十分充足，因此会改成以下配置：每个营的方阵由4个哨构成四面，鸟枪兵则处于中心位置进行掩护射击。

◆ 五营阵

这是把方阵左右的营横向展开的阵形，不过后营有一半会充当伏兵，剩下的进行阵地防御。虽然这阵形很像张开双翼的大鸟——"鹤翼"，但必须注意的是，戚继光的阵形以队为基础，使各级部队在运用上非常具有弹性。在全体形成一个包围战队形的同时，各营也会将前哨置于正面，左右哨配置为厚实的侧面，就算是在营级单位，也会将部队排布成可以包住敌人的阵式。

◆ 伏兵攻击

在伏兵中，也使用装备鸟枪的部队。

鸟枪兵会以巧妙的配置避开相互射击，采取可以从3个方向压制敌人的战法。使用此战法可以只用少数精锐便让敌阵陷入混乱，如此一来，只要准备足够的精兵，就能将敌军压制住。

车营的登场

在中国，只要是装有车轮的战斗武具就统一称作"战车"，或简称"车"。魏晋南北朝以前，靠着机动性发挥战场压制能力的四马牵引战车之外，还有一种当作移动防壁使用的"车"。

在西汉武帝时代，率军攻击匈奴的大将军卫青，在荒漠原野中让大军扎营之际，会以一种称为武刚车（车体装有顶篷）的战车组成圆阵构成行营，以防备匈奴突如其来的袭击。

时过境迁，人们研发出在行军时也能运用的防壁专用车。而对火器时代的车带来影响的，则是晋军将领马隆。马隆在西域战斗中，制作出只在其中一个侧面与背面装有壁面的车，称为"偏箱车"，靠这种偏箱车组成方阵来阻挡敌军袭击的新战法，也就跟着发展起来。

出现于明朝的车，是这种偏箱车的改良版。相对于偏箱车只在车体背面装有称为"鹿角"的简易拒马器，明朝的车装有两门野战炮"佛郎机"，这可说是联结古代战车与现代坦克的战车。以这种战车组成的车营防止敌军攻击的战法，就是"车营战法"。

◆ "车兵"的编组

配置于车的士兵称为"车兵"。明朝戚继光的车兵编制以1辆车为单位，称作"宗"。每宗配置20名士兵，由称为"车正"的队长指挥，靠操作火炮与火枪等武器进行攻击。

一辆车上配置朝向同一侧面的两门佛郎机。每一门佛郎机的操作需要3名士兵。操作佛郎机时，分别需要搬运子炮（药室）、火炮装填、子炮装药人员各1名，另外还配备有4挺鸟枪与火箭，用以防止敌军靠近。

车兵的部队单位是以4个宗组成的局，4个局为司，4个司为部，不管哪一级规模，在编组上都刚好可以组成正方形方阵。最大的部队单位是由两个部组成的营，备有128辆车（佛郎机256门）。

◆ 车营战法的作战

车营本身只能进行基本防御战斗，不过如果用来跟步兵、骑兵协同作战的话，就能发展出创下战果的战法。在面对北方骑马民族敌人的袭击时，车兵会尽快组成方形阵，然后让骑兵进入方阵中。先让车兵靠着火力粉碎敌方骑兵，而步兵则会准备好拒马器，将其并排在以车形成的壁面前方，阻止敌方骑兵接近。接着，对于靠太近的骑兵，就用长柄武器从拒马器的空隙间进行攻击。等到敌军放弃攻击转为撤退时，车营就会打开一处放出骑兵，前去追击敌军。

借此，靠着三个兵种相互协同的车营战法理论得以成立。

孙承宗的"车营"——步骑车混编

戚继光死后四十年，在明朝天启年间(1621~

⬆ 1619年萨尔浒之战时的明军战车

1627)，北方出现了新的威胁，也就是女真族建立的"后金"。率领明兵对后金进行防卫战的是孙承宗，在他的指挥下，装备火器部队编组获得改良与强化。

◆ 部队编组

孙承宗将步兵、骑兵、车兵三者编组成一个部队单位。因此，作为基础的部队规模同时也变得比较大。在对倭寇作战中，戚继光除了创设车兵外，还把他们视为与步兵部队、骑兵部队同一地位的兵种在战场上使用。而孙承宗的部队则是将步兵、车兵、骑兵重新混合编组成称为"车营"的部队单位，改头换面，成为一种能够以优势火器在北方旷野上对付强悍骑马民族的编制。

◆ "乘"的编组

由步、骑、车三个兵种人员组合成的最小单位称为"乘"，这是部队运用的基本单位。1乘是由4队步兵与2队骑兵构成。1队步兵或骑兵的编制是25人，1乘便有150人。

1队步兵配备搭载佛郎机的车辆，使步兵与车兵的小队一体化。虽然"乘"这个部队单位在公元前的战车部队中也使用过，但在此时期，性质却截然不同。

步骑合成车营的编组

单位	营	冲	衡	乘
指挥官	主将 骑将 步将	冲总 （千总）	衡总 （把总）	乘总 （百总）
所辖单位	4冲	2衡	4乘	6队 （步4队 骑2队）
所辖兵力 步兵	3200人	800人	400人	100人
所辖兵力 骑兵	1600骑	400骑	200骑	50骑
装备火器 枪类	1664挺	416挺	208挺	52挺
装备火器 炮	256门	64门	32门	8门

除了此表所列兵力，还有预备队的骑兵800骑（32队，枪类320挺），因此整个营的兵力就有骑兵2400骑，步兵3200人，总共5600人

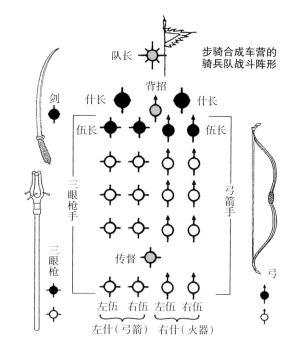

◆步兵的战斗阵形

在步兵1队中配有2门佛郎机、2挺鸟枪、6挺三眼枪，另外还有枪炮类发射完毕之后使用的火弩与火箭，呈现出全火器时代的小队样貌。而这样的小队会排列成纵长形的直阵，构成步兵"队"的基本队形。在直阵中，2门佛郎机与鸟枪会摆在最前面，后方则有三眼枪等其他火器依序进行攻击。靠着这样具有压倒性优势火器的集中运用，才有办法抵挡满族骑兵。所谓三眼枪，是在柄的末端装有开着3个枪口的火器。它可以依序发射3次，射完之后还能像快枪一样当作长柄武器用于近身战中。因此当敌人靠近时，他们也会加入战斗。

◆骑兵的战斗阵形

至于骑兵部队的火器，每队会拥有10挺三眼枪。

骑兵主要分成三眼枪手与弓箭手，由配备火器的右什与配备弓的左什组成两列纵队。靠着射速与命中率较佳的弓箭，可以在三眼枪手进行火器攻击之后，依然让小队保持远距离战斗能力。

让步兵、骑兵同时向直阵的左右两边展开，就能组成横阵或锐阵（三角阵形）。

◆预备部队编组

在战争当中，预备队具有相当的重要性，孙承宗除了步骑合混编车营部队之外，还组建了直属于指挥部的预备队——前锋营和后劲营。他们都是骑兵部队，装备与车营部队中的骑兵相同，兵力约为3000骑。其中有支称为"畸旅"的部队，有5局

500人。这支部队装备有旌旗鼓钟，是担任辎重部队护卫的指挥部部队，而其中1局是重火器部队，配备有32门"大灭虏炮"，光是这一营便拥有100门以上的大小火炮。

在战斗主力方面，以部队单位来说为车营，不过主要以骑兵构成的前锋营与后劲营也会活用其机动力，让各车营在战斗中可以充分进行灵活的统合协调。这种编组具有强大的火力支援，除了机动战之外，也有办法进行攻城战。

■孙承宗的车营方阵

车营方阵是以一个车营部队组成的方形阵。这跟戚继光用车组成的方阵有点类似，各乘会构成一整片壁面，并且让步骑兵火力充分展开击退敌军。在这强大的壁面背后，会配置称为"权勇"的800名骑兵。这是属于预备部队，前锋营、后劲营的角色分别由个别车营充任。在方阵的一部分对敌进行集中攻击之时，会由这支权勇部队提供增援，但从构成方阵的其他地方抽调兵力的做法则是严格禁止的。

◆曲阵

虽然车营的基本阵形是方形阵，不过为了配合地形的起伏曲折，也会组成称为"曲阵"的横队。

◆直阵、锐阵

在行军时，会配合当时的状况组成直阵或锐阵

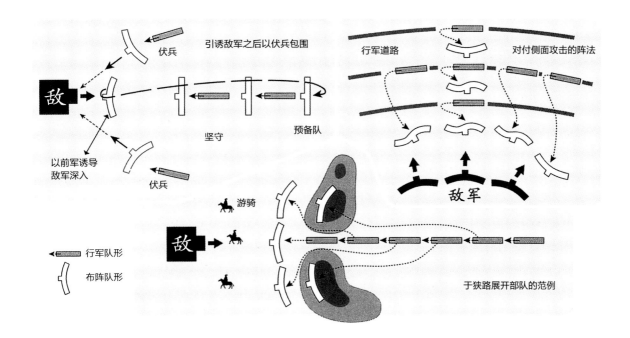

来行军。

车营的战法

◆ **行军中的遭遇战**

虽然车营是一个可以遂行独立作战任务的部队单位，不过孙承宗将12个车营搭配前锋营、后劲营，并部署一支称为"火营"的炮兵部队，这些作战单位组成一个战斗集群执行作战任务。

行军时要派出许多称为"探骑"的侦察军进行大范围索敌，发现敌踪之后则派出游骑去牵制敌军行动。

靠着游骑争取得来的时间，车营就能在适切的场所布阵，以面对来袭的敌人。

这种行军时的战斗模式，跟戚继光的车营完全不同。孙承宗会让位于敌军正面的车营挡住敌方，并让其他车营进行包围敌军的运动，使车营战法发展得更具攻击性。

车营行军时的战斗模式如下文所述。

◆ **靠骑兵进行诱引，伏兵进行包围攻击**

让预备队（骑兵）把敌军引诱至组好阵形的车营前方。在敌军攻击正面车营时，埋伏于左右的车营就会将敌人包围。

◆ **狭路中的战斗**

当敌军从前方或后方来时，要坚持住战斗正面车营的防御，让其他车营向左右展开冲向敌军侧面。

◆ **敌军冲着侧面而来时的战斗**

如在行军时侧面被突袭，就要直接把行军时的直阵变换为横阵接敌。

对于军队来说，行军时侧背遭受攻击是相当致命的，不过以车的火力与防御力来说，却有办法应付敌军的突袭。

以上不管是哪一种，主要都是靠着车的强大防御能力挡住敌军攻击，好让没有遭受敌军攻击的车营能够发起包围作战。

◆ **攻城战**

车营在攻城战当中也能发挥威力。在敌方城池之前排布车阵，便能防止敌军突然出城或增援，维持住稳定的包围阵地。如此一来，要进行长期包围战也会变得比较容易。

在强攻之时，则要有效活用比敌方更具优势的火炮。以构筑土堆、搭建楼台的方式，用火炮扫荡城墙上的敌兵。

拿下敌方城墙之后，要把炮吊至城墙上，继续对城内与内城的城墙进行炮击。

由于城墙都非常厚实，用炮击破坏相当困难，所以在攻取被后金占据的城池时，就是采用了这种方法。

水军的阵法与战法

从棹船到帆船，至火炮的登场——确实在进化
但是在很长的时间内，水战模式都是沿袭陆上战斗，属于"克难"的发展

■ 舰船的发展与战术变化

水军大多只能称之为"河川海军"，水上战斗大多是在大河或湖面进行。宋朝以后，造船技术有飞跃性进步，使得拥有外海航行能力的船舶得以大量建造，因此正规的战斗就开始扩及海上。当然，这并不代表要在茫茫大海上打仗，主要战场还是在河湖沿岸和岛屿上。除了在明朝永乐年间（1403～1424）由宦官提督郑和率领大规模船队出使西洋，以及元朝忽必烈派水军征伐亚洲各地的军事行动之外，水军基本上只是在沿岸活动。

以水上战斗来说，依船舰变化可以分为棹船时代与帆船时代，若以战术变化划分，则可分成火炮出现前后两个阶段。

棹船是靠着一至数人摇动棹或橹来航行的船只，拥有一定的规模，在河川战斗中发挥着相当大的作用。不过若是船只较大，不直接参与战斗的划船手数量需求就会大增，因此在仰赖人力这点上，便存在不适合长时间作战的缺点。

在春秋时期已建造出大小不同的各种棹船战舰，在南北朝时期，相对于北方重装甲骑兵的发达，南朝则在棹船的发展方面有所进步。

到了宋朝，大量建造出以人力推动车轮的棹船，也就是船体外部装有轮子的车船，投入水上战斗。车船于战场上登场的最古老记录，见于唐德宗在位期间（779～805），设计制造者是李皋。其战舰被描述为"挟二轮蹈之，翔风鼓浪，疾若挂帆席"。车船经过不断改良之后，便可在水上战斗中发挥出相当的威力。

到了宋朝，出现了把外轮数量增多，并加以改装设于船体内部的"飞虎战舰"，据说最大等级的舰只拥有外轮23～24具。不过到了宋末，船只又改回外轮与棹并用的形式，纯粹车船逐渐失去了踪影。

帆船有着在船只运行上可以节省人员的优势，而且在负载方面亦有优势。不过它跟棹船不一样，最大的缺点是在行动上受到水流、风力的制约。帆船在水上战斗中大展身手，是由在宋朝登场的"沙船"开启的。

沙船是一种适合在河湖之中沿岸水域航行的低吃水平底船，拥有优秀的船帆航行能力，就算碰到逆风也能以斜切的方式前进。另外，有一种具备龙骨、外海航行能力优良的"福船"也随之出现，使帆船在元朝之后成为水军的主要船舰。

原本以近身战为主的水上战斗样貌的改变，肇始于火炮的出现。在这之前，火药的效果就已被重视，且用于宋朝的水上战斗。不过，一直要到我们称之为一般火器的火炮被搬上船之后，水战的主体才真的转移为炮火战斗。

火炮成为船舰的正规装备是在明朝。后面的明朝水军战法，完全就是火器时代的流程。

附带一提，从棹船转变至帆船的这个过程，在西洋跟火炮大量装载上舰船有着不可分离的关系。虽然跟西洋帆船相比，中国船舰的火炮一直都比较弱，不过就火器时代的明朝出现以帆船为主体的水军这点来说，从现象上来看是与西方相同的。

■ 以船构筑成水上城塞

水军阵法最具特色的一点，就在于它是把陆战中的阵形直接复制到水上。因为指挥水军的并不是专精于水战的将官，而是在陆上立有显赫成功的将领。在中国，虽然很早以前就已有水军，不过却没有专精于水战的将帅们。因此，在战史上可以发现因为没有充分利用帆船优势而导致败北的战例。

最早在水上战斗中采用阵法的，是春秋时代的伍子胥。他在亡命吴国之后，将北方诸侯所使用的车战阵法直接移用至吴国水军，把大小各种船只模拟为士兵与车辆来进行布阵。当时，吴国拥有"大翼"与"小翼"等大小不同的棹船。在伍子胥的操练下，这些棹船可以整齐列阵，组成了一支水师。这支水师与长江上游的楚国水军交战，取得了胜利。

虽然具体的阵形已经失传，不过以"鱼丽""锥形"等阵形来执行突破，及靠着"鹤翼"实施包围等，

应该都与陆上阵形有着相同的效果。

附带一提，吴国靠海，也是最早实施海上登陆作战的国家。根据《春秋左氏传·哀公十年》（前485）的记载，吴国曾派遣军船搭载士兵，渡海至齐国登陆作战。

虽然记载关于水上阵形的资料相当稀少，不过在明末编纂的《武备志》中，可以找到以全方位防御为目的排布出的船舰"方阵"插图。此图以"诸家水军营图"为题。"营"虽然是部队扎营用的队形，不过跟"营阵同制"所表达的意思相似，"营"也是依据战备用的"阵"形建构出来的。

这种方阵按所述方式排布：

首先，要让麾下的大型船舰舳舻相接，构成城墙般的四个面后，各船下锚将船只位置固定。如果在海上的话，就会用一种称为"木碇"的浮锚维持船舰位置。

在四个面的中央开设"门"，配置一艘处于可以马上移动状态的大型船舰充当门扉，旗舰与快速船居于这些大型船组成的方阵中央。

在战斗时，要靠四面大型船上的装备与士兵抵挡敌军攻击。快速船上则搭乘熟谙水性的士兵，对敌军集中攻击的侧面进行掩护。另外，他们也会从门向外出击，对敌军进行侧背攻击与追击。这幅水营图，可说是将陆上营阵直接移用于水战的最典型范例。

一直到火器出现飞跃性进展为止，水上战斗都是在接近敌船之后由每艘舰艇各自接舷进行对战，最后大都以混战收场。从这种像是在水上构筑城墙的阵法，可看出兵家的思考方式，即使在水上战斗，也想维持跟陆战一样的秩序。

这种水营的极端形态，是把船舰密集地用铁链连接起来的"连环计"，就是"赤壁之战"中曹操所采用的阵法。而在导致南宋灭亡的"崖山之战"中，据说南宋军也用过这种阵法。

因为"连环"的关系，每艘舰艇的机动力受到限制，却可给不善于水战的陆兵提供稳定的平台，专心攻击。不过，采用这种阵法的水军却找不到打胜仗的例子。或许因为这毕竟是种被动的阵法，战术的选择权终究落在攻击方的手上。

水军装备与攻击法的推移

水上战斗的目的在于破坏敌方船只，或是派兵登船控制。当然，随着时代的推移，各种水上战斗用船舰与装备陆续登场，而战法也因此产生变化。

水面上的战斗，是从士兵搭民间船舶开始的，到了春秋时代，水上战斗专用的船舰与船具才陆续出现。

《墨子》中提到，公输班曾发明一种称为"钩强"

↑描绘水军宿营之图。水师旗舰被层层包围在中央

的器具，配备于楚国的水军中。这是一种装有钩爪的棒状器具，可以把敌船钩近或推远，借此掌握接舷战斗的主导权。

至此，中国春秋时代的长江流域中，水军的装备与人员在形式上已经形成了独立军种。以下，就要来探讨水军的战法。

基本战法——接舷之后的近身战

水军的攻击方法，距离远会使用飞行武器，接舷之后则改为近身战。根据船舰上的大型装备，让战斗出现各种不同的变化。

搭载于船舰上的远距离装备，包括大型弩与投石器。弩要靠数人甚至上百人操作卷扬机才能拉动弦，可以让枪一般的弩箭飞至200～300米外。投石器以人力拉动数十根麻绳，利用杠杆原理把石弹或火球投射至100米远之处。

在近距离战斗中可以发挥威力的兵器之一则是拍竿（撞竿）。这是种近似巨大棍棒的兵器，棒子的末端装有石头等重物，利用其重量砸向敌船，以破坏船体或船具。这种武器在东晋称作"桔槔"，南朝梁的徐世谱制作出一种称为"拍舰"的战斗舰。从此之后，拍竿就成为大型楼船的主要装备。

靠士兵个人装备的弓弩与刀枪所进行的战斗，跟陆战没什么两样。接舷之后的战斗由步兵担任主角，步兵会跳上敌船作战，然后将敌船破坏或抢夺过来。这种接舷之后登船作战的方式，在火炮威力增强之前，一直是主要的战斗形态。另外，伴随着造船技术的进步，在拥有多数隔舱的大型船舰出现

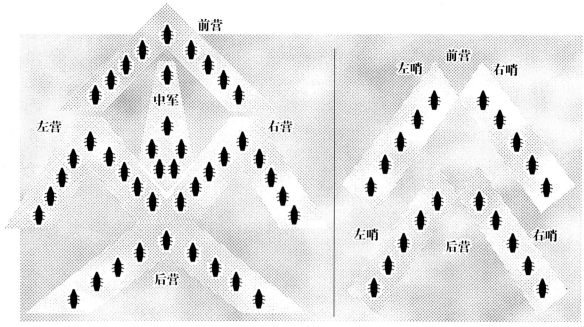

《纪效新书》水军阵形图的模式图："安摆船式之图"（左）与"分关二营摆图"

之后，就算是火炮也没有办法轻易击沉船舰。

为了防止敌兵入侵，大型舰从很早之前就会装上女墙（注：类似隔起来的板子），小型舰也会以张开旧渔网的方式来应对。

■ 火攻——最具效果的战法

在军舰依然是木造的时代，不论东西方，对船舰最有效的破坏方法，就是采取火攻了。像这种用火的方式，会使用火船（放火用的船）、火箭、火球、火枪等。

火船是在小型船只上搭载大量可燃物，然后冲向敌船或浮桥。在火药的使用普及之后，甚至还出现了放火专用的"连环船"。这船在设计上可以从舰体中间把前后分开，在舰首装有钩子，一旦冲至敌舰，钩子便会牢牢钩住，堆满炸弹的前半段船身会被切离，本船则向后退。

放火用船除了单独使用之外，也会充任舰队的前锋。

对付这种放火船，可以采用以长竿把它推回去，或是在船身涂上土以防止火势蔓延等方法。

另外，在543年东、西魏的邙山之战中，东魏张亮为了对付从黄河水道顺流而来的火船，在100艘船之间拉起铁链，抵挡住了这轮攻击。

火箭可以指点火的箭，或是以火药作为推进动力的箭。用火箭攻击是一种在火炮登场之后依然相当有效的攻击法，特别是能点燃帆船的帆桁这一点，能够破坏受攻击船只航行能力。因此在训练火箭兵时，会要求他们瞄准船帆中央以上的部位。

火球于宋朝的水上战斗中登场。这是一种装满可燃物的炮弹，或是塞满火药的炸裂弹，用投石器往敌船投掷，可以一边喷火一边坠落。另外还有以碎片或毒药杀伤敌兵的各种炮弹，而这种火球有时也被称为火箭。

火枪则是在竹竿等物的末端装上塞入火药的筒子，火花会从筒中喷出，将火喷向敌船。

在宋朝还出现了火焰放射器，如猛火油柜。这是种能将可燃性很高的挥发油用泵喷射出去的兵器，火焰可以喷至100米远的敌船上。

■ 封锁——让敌船动弹不得

直接妨碍船舰的航行，或是使其丧失战斗力，让战斗朝有利于己方的方向发展，对水上战斗来说是很有效的手段。因此，在长江与黄河等河川中的战斗，就会使用铁链或木桩来阻滞船只航行。

将铁链沉入水中或是横拉于水面上，就能阻滞敌船航行。有时还会在铁链上装设钩子，积极破坏敌船船底。而应用这种方式的战役，可以以南宋初期韩世忠的"黄天荡之战"当例子。他让帆船拖曳着装有大型钩子的铁链，把敌船船底钩使之沉没。

而元朝李鞍在长木桩的顶端装上铁钩（铁锥）后打入水面之下，让敌人看不出来，使顺流而下前来袭击的敌船动弹不得。

还有一种利用船舶的方法，是将多艘河船的舷侧相互用铁链连接在一起，横跨于河流两岸，也可

● 水战的实际案例（鄱阳湖之战，1363）

	陈友谅军	朱元璋军
战前阶段	建造巨舰、走舸、舻（数十）	为了救援友军而赶赴鄱阳湖。兵力 20 万
七月十九日	出击鄱阳湖。兵力号称 60 万	因为巨船被连接，因此判断敌方不利
七月二十日		船队分成 11 队，排成鳞状队形。依火器、弓箭的顺序开始攻击，接着进入短兵相接
	（不分胜负）	
七月二十一日	前军被破，1500 人死亡，损失巨舰 1 艘，火炮攻击造成 20 余艘战船起火，大量人员溺死。开始反击	先发制人 在激战之后有数名将领阵亡
七月二十二日	连接巨舰的战法发挥效果	数名将领阵亡。眼看战况不利，派遣突击队 10 余人欲打破围局，但没有效果。派走舸 7 艘装载火药，以草束穿上铠甲伪装成士兵。后面跟着载有敢死队的船，突破敌方水寨。另外加强攻击
	因为回风的关系使得数百艘战船着火，死者众多	
七月二十三日	发现敌方旗舰船是白色，因此看准了打	入夜，将全部战船都改成白色
七月二十四日	巨舰的移动变困难，死者众多 开始往河上游撤退	以环状包围敌军，再度展开攻击 想要追击，但因河道狭窄船只无法齐头并进
	（各自确保河川两岸的据点）	
七月二十七日	兵力越来越少	水陆军共同攻击敌方据点
八月二十六日	因无法承受攻击而往上游逃脱 陈友谅中箭阵亡 ※ 出自《中国历代战争史》	在追击之后击毙敌方主帅。降兵 5 万

以直接当作浮桥使用。

至于比较有趣的战例，可举南宋岳飞讨伐湖贼一战。岳飞在洞庭湖中与车船对战时，曾利用流木与浮草使其无法航行，这是一种针对车船构造弱点的战法。

组织进步的明代水军

明朝水兵以船作为基本单位。5～10 艘构成 1 宗（或称哨），由 1 名哨官指挥。2 哨为 1 司，由 1 名分总指挥。2 司或 3 司组成 1 部，部的主要指挥者则是千总。哨官相当于陆兵的百总，分总则相当于把总。

水军在各地设置水寨当作根据地。水寨的规模基本上是一个部，部的指挥官千总则会担任水寨的主将，兼任舰队指挥与基地运营。如果水寨中只有 1 哨或是 1 司兵力的话，各自的指挥官、哨官或分总就会充当主将。

各船的人员编制如下：

捕盗	船长	1 名
舵工	负责掌舵	2 名
斗手	与敌船战斗	2 名
缭手	操作船帆	2 名
碇手	负责锚	2 名
守舱门	管理船上器物兼勤务考察	2 名
掌号	以号令传达命令	1 名
神器手	负责无敌神飞炮 等大型舰载炮的操作	4 名
家丁	杂务	1 名

以上 17 名就是操作一艘船舰的基本人员。除此之外，还会依据船只大小另外搭载兵员。

船舰会分成 8 个等级，最大的第 1 号船最多可以搭载 8 队步兵队兵员。1 队由 11 人构成，因此就算是大型船，总共也只有 88 人。而最小的 8 号船与次小的 7 号船（叭喇唬、八桨船、渔船、水哨马）等都只搭载 1 队士兵。

船上搭载的步兵会依据装备分别担任几种角色，跟火器时代的陆战士兵相同。

鸟枪手就只管射击鸟枪。

牌手会持盾牌防御，并使用一种称为镖枪的投掷用枪进行攻击。

长枪手负责射击佛郎机与百子枪。钯手则发射火箭或喷筒。

之所以会取这些名称，是因为他们在近身战与陆战时会持用长枪与钯等武器。

率领队的队长负责投掷火桶。队就是由上述士兵编组而成，不过依据船的不同及队的多寡，每队编组会出现很大的差异。有些队可能全部都是鸟枪手，也有可能是由牌手、长枪手、钯手、射手（弓箭手）混合编组，各兵种的数量并无一定之规。

举例来说，以配备 8 队士兵的 1 号船来看，第 1、第 2 队每队有 1 名队长与 10 名鸟枪手，第 3 队有 1 名队长、4 名牌手、4 名长枪手（兼任两门佛郎机的操作手）、2 名钯手。第 4～8 队则各有 1 名队长、2 名牌手、4 名长枪手、2 名射手、2 名钯手。

而在只配备 1 队的 7、8 号船上，只有 1 名掌舵手兼任船长，甚至还兼任步兵队的队长。基本上会配有牌手 2 名、射手 2 名、钯手 2 名，不过他们是从大型船舰上临时抽调，并非固定编制，只有 4 名长枪手兼任鸟枪手属于定员编制。

从《纪效新书》看明代的阵形

关于明朝的水军阵形，可在戚继光的《纪效新书》中看到。这是戚继光在讨伐倭寇时所采用的阵形，插图题名为"安摆船式之图"，舰队分为主帅所居的中军与前、后、左、右4个营。4个营把中军围在中间，各自组成钩状队形，以保护中军。

这种阵形把戚继光在陆地上摆设的"五营阵"部队编制与部队配置直接移用至水军，可以看到各营都采用雁行阵式。

营会被派到司的左右分成2哨，而在分派营的时候，各级部队依然会采用钩状阵形。分派2营时的阵形为"二营摆图"，1营则为"一营摆图"，而这两种阵形都是由两层钩形阵构成的。

《武备志》中也有一幅"戚继光水军营图"。

《武备志》所记载的水军营图遵照前述的明朝水军部队编制，在阵形上加以变化。舰队有前司、中司、后司，这三司各自组成钩状阵形，然后前后连接成三层，中军则在中司背后摆成单纵阵。这与《纪效新书》不同，画的是以3司构成的1部阵形。

在能够充分确保水面战力的状况下，这些阵形被当作舰队作战的基本阵形，排出这些阵形的舰船可直接进入战斗。不过在沿岸地区或河川有弯曲和深浅不同时，就要重新组阵，必要的话还会排列成单纵阵。

而这种单纵阵跟西洋的不同，由于火炮威力不足，因此没有成为基本阵形。

火器时代的水上战斗情形如以下所述。

首先要派遣侦察船，中军则等待敌情报告。一旦敌人进入视线范围，就会下达火炮发射命令。敌船进入200步（约300米）以内，就会按照佛郎机、鸟枪、火箭的顺序发射。

等到敌船距离更近时，就开始发射喷筒、镖枪、毒弩。这些武器都发射一轮后，就差不多靠到敌船上了。此时火桶、喷筒、火箭等便会朝向敌船，斗手（与敌船战斗的人）也会跳至敌船上投掷梨头镖。

虽然明朝的水军还装备神飞炮与六合枪，但是因为后坐力过大而无法跟士兵一起搭载。大多数的状况是，把它搭载于另外一艘联络船或八棹船等小型船只

明朝名将郑和所搭乘的宝船复原模型

上。这些小船会用绳索拖曳在搭载士兵的船只后面，等到敌船接近之后再行射击。虽然威力几乎只要一发就能将敌船粉碎，不过发射的后坐力却同时会弄坏脚船或八棹船，使炮跟船一起沉入水中。

以上就是明代水军的具体样貌，至于实际上能发挥出多大的威力，不确定的地方仍很多。

事实上，明朝在永乐年间曾经派郑和率领称作"宝船"的大型船舰所组成的船队，从中国沿海航行至非洲东岸，跨越了广大的海洋。除了曾对亚洲和印度的统治者交替发挥影响力之外，于大航海的过程中，郑和的船队也在南海进行过以打击海盗为目的的水上战斗，而在这些战斗中，展现出早期火器的威力。

如上所述，中国水军曾经威震海外，但实际状况不甚明确，且在明朝后期的对倭寇作战中，明军甚至完全失去了海上战斗的自信。

连以对倭寇作战而扬名的将军俞大猷都曾经说"水战最难"，而戚继光在对倭寇作战时也把主战场设定在沿岸地区的陆地上，可见海上作战的困难程度。明朝的水军，也就是帆船与火炮时代的水军样貌，靠着明末的资料流传下来，上文对明代水军的描述也是以这些资料为根据。虽然火炮的出现的确使战法出现转变，不过就战略意义来说，还不至于对胜负产生决定性的影响。

进入清朝之后，由于朝廷在军事方面主要追求陆地版图的扩大，因此并未积极发展水军。至于新水军的诞生，就要等到鸦片战争之后了。

【军事组织的变迁】

兵制

隋唐宋元明清

※ 本文由李天鸣重新编写与㈱学研パブリッシング无涉，如有任何疑问欢迎联系枫树林编辑部。

隋

■ 隋朝的府兵制度

隋朝（581~618）初年，承袭北周的府兵制度，府兵编入军籍，和一般百姓的民籍不同。编入军籍的府兵和他们的家属称为"军户"，又称"府户"，府户的士兵便称为府兵。军户18岁（开皇三年改为21岁，炀帝又改为22岁）至60岁的男丁，都征调入伍当兵。军户世代担任士兵，兵民分离。开皇十年（590），文帝进行改革，取消军户，将军户编入民户，军人及其家属改由州县管辖，成为国家的人民，可以依照均田令授予田地。军人同时保有军籍，凡是军役方面的事，继续由军府管理。军人本身照旧免除租庸调。改革之后，提高了士兵的地位，大大减轻了原来军户的兵役负担，兵役改由全体民户丁壮共同承担。这次改革，将兵民分离改变成兵农合一。此后，魏晋以来以世兵制为主的兵役制度，被以征兵制为主的兵役制度所取代。

■ 军队指挥机构

隋文帝初年，将各种禁卫军编组为十二府（又称十二卫府），即左、右卫府，左、右武卫府，左、右武候府，左、右领左右府，左、右监门府，左、右领军府。十二府分别统辖全国军队。左右卫、左右武卫、左右武候府、左右领左右府的长官分别为大将军（1人），其次有将军2人。左右监门府只设置将军1人。左右领军府则不设置将军，而设置郎将、校尉。十二卫府是统辖全国军队的最高机构，除了直辖的禁兵之外，还分领各地军府，并督率所属府兵番上宿卫。十二卫府各有职责：左右卫管辖内卫，负责宫廷内警卫；左右武卫管辖外卫，负责宫廷外围警卫；左右武候府负责皇帝外出巡视、打猎时护卫；左右领左右府统辖皇帝左右侍卫，掌管御用兵器、仪仗；左右监门府负责宫殿各门警卫；左右领军府掌管十二卫府军队的名册、诉讼等事。

隋朝廷中央，除了十二卫府之外，还有护卫太子的东宫十率，即左、右卫率，左、右宗卫率，左、右虞候率，左、右内率，左、右监门率。职掌分别和十二卫府类似。

隋文帝开皇初年，又设置兵部，作为中央最高军政机关，隶属于尚书省，协助皇帝掌管全国军事行政。兵部长官为兵部尚书，下辖兵部、职方、驾部、库部四司，各设置侍郎二人，分别掌管本司事务。

隋炀帝大业三年（607），将原十二府改为十二卫四府，通称十六卫府。十二卫为左、右翊卫（左右卫改），左、右骁卫（隋文帝后期增设的左右备身改），左、右武卫保留，左、右屯卫（左右领军改），左、右候卫（左右武候改），左、右御卫（新设）。四府为左、右监门府（依旧名），左、右备身府（左右领左右府改）。前十二卫除直辖禁兵卫士外，还分领各地府兵，并统领所属府兵番上宿卫。后四府只统领皇帝禁兵，不统领府兵。

隋文帝时，在边境及内地若干重要州设置总管府，掌管本州所属地区的军事。若干军事要地，又分别设置镇、戍、关，镇有镇将、副将，戍有戍主、戍副，关有令、丞，管辖所属地点的戍守事务。大业三年，隋炀帝改州、郡、县三级为郡、县两级制，并废除总管府，郡设置都尉、副都尉，管辖一郡军事。

■ 府兵的编制

府兵是构成隋朝军队的主体，既负责宿卫，又负责征战。军队的调发、使用，必须有皇帝的命令。

各卫府下辖若干骠骑府和车骑府（隋炀帝时一律改为鹰扬府），史称"开府"，通称军府。军府是府兵的基本编制单位，分别设置在京师以及全国各重要地带。它的番号通常用数字次序编列，例如"右领军右二骠骑将军"，表示这是右领军府所属的第二个骠骑府的骠骑将军。有的又在番号前面冠以驻地名称，例如"泾州右武卫三骠骑"，表示这是屯驻泾州的右武卫府所属的第三个骠骑府。

骠骑府的长官为骠骑将军，副长官为车骑将军。车骑府的长官则为车骑将军。骠骑、车骑将军之下有大都督、帅都督、都督等各级统兵官。军府的军士，统称为侍官。每一军府辖若干军坊、乡团，军坊、乡团是府兵的基层单位。军坊设置坊主1名，坊佐2名。

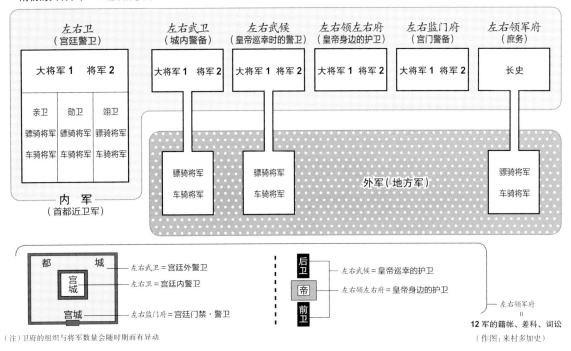

乡团设置团主1名,团佐2名。

品级方面,大将军为正三品,将军为从三品,骠骑将军为正四品,车骑将军为正五品,大都督为正六品,帅都督为从六品,都督为正七品。

隋炀帝大业三年,骠骑府、车骑府改为鹰扬府,长官骠骑将军改为鹰扬郎将,车骑将军改为鹰扬副郎将(大业五年又改为鹰击郎将)。郎将之下,大都督改为校尉,帅都督改为旅帅,都督改为队正,又增设队副作为队正的副长官。军府的军士——侍官,也改称卫士。每个鹰扬府又设置越骑校尉2人,掌管骑士(骑兵);步兵校尉2人,管辖步兵,都是正六品。这时,府兵制度发展到了成熟阶段。

府兵战时编组

战时,府兵另外进行编组。例如,开皇八年(588),隋文帝发动灭陈战争,命晋王杨广(后来的隋炀帝)、秦王杨俊、清河公杨素担任行军元帅,下辖90个行军总管,总兵力51万余人,而以淮南道行台尚书令、行军元帅杨广为总指挥官。

大业八年(612),隋炀帝征伐高句丽,组成天子六军和左右各十二军,共三十军,113万余人。每军设置大将、亚将各1人。每军有骑兵40队、步兵80队。骑兵每队100人,十队组成一个团,共四个团。远征军骑兵共12万人。每军步兵也分为四团。每团设置偏将1人。辎重、散兵等也分为四团。左右各军的指挥官——大将,很多是由十二卫的大将军或将军担任。

隋的灭亡

隋炀帝大兴土木,用民无度,修建宫殿、长城、驰道、运河;对外穷兵黩武,三度讨伐高句丽。大业八年,炀帝第一次征伐高句丽,出动军队113万余人,还动用大量的民夫。因此,隋朝廷增设军府,征调大量平民当兵;男丁不够使用,又开始役使妇人,还不够用时,又招募人民担任"骁果"。于是,部分军队实行募兵制。骁果成立于大业九年(613),最多时达到10余万人,隶属于左右备身府,并设置折冲郎将各三人为长官,果毅郎将各三人为副长官,掌管骁果。下面又设置左、右雄武府,正副长官为雄武郎将、武勇郎将,统辖骁果部队。骁果也负担番上宿卫和外出征战的双重任务。

此外,当时若干将领又自行募兵。用民无度和大量的征兵、募兵和用兵,终于引起全国各地的反抗,使隋朝走上覆亡的路途。

唐

府兵制的恢复

隋朝末年，府兵制已经崩坏。唐军占据关中以后，开始逐渐恢复府兵制。唐高祖武德二年(619)，首先在关中设置军府，并沿用隋代开皇时期骠骑府、车骑府的旧名。同时，又分关中为十二道（行政区），每道设置一军，共十二军。每军下辖若干军府。次年，十二军各立军号，如长安道为鼓旗军，同州道为羽林军。每军设置将、副各一人。于是，府兵制逐渐恢复。

唐太宗进一步对府兵加以整顿。贞观十年(636)，扩大府兵员额，增设军府，将骠骑府和车骑府一律改称折冲府。又将全国划分为十道，设置折冲府634个。其中关中地区261个，占全国军府总数的三分之一以上，形成以关中控制全国的"居重驭轻"的态势。

折冲府分为上、中、下三等。上府有兵1200人，中府1000人，下府800人。折冲府的长官为折冲都尉，副长官为左果毅都尉和右果毅都尉，其次有别将、长史、兵曹参军等僚属。

折冲府是府兵的基本建制单位。每府下辖四至六团，每团200人，长官为校尉；每团下辖二旅，每旅100人，长官为旅帅；每旅下辖二队，每队50人，长官为队正；每队下辖五火，每火10人，长官为火长。

府兵的任务有三种：宿卫、戍边、征伐。府兵要轮流派往京师长安宿卫，并按军府距离京城的远近规定轮班的次数，称为"番上"。例如，距离五百里的每隔五个月前去宿卫一次，距离1500里至2000里的每隔十个月一次。

统军体系

唐建国后，沿袭隋朝制度，在尚书省内设置兵部作为中央最高军政领导机关，协助皇帝处理全国军事行政事务。兵部长官为尚书(1人)，副长官为侍郎(2人)。兵部掌管全国武官的选授、升迁、赏罚，军队的军籍名册、员额、招募、训练、番上宿卫，以及奉承皇帝命令调动兵马。

唐朝前期沿袭隋朝制度，在中央设置十六卫和太子东宫六率，作为统辖全国军队的最高机构。十六卫，即左、右卫，左、右骁卫，左、右武卫，左、右威卫，左、右领军卫，左、右金吾卫，左、右监门卫，左、右千牛卫。前十二卫各领折冲府40～60个，后四卫则不领府兵。太子东宫十率，即左、右卫率，左、右司御率，左、右清道率，左、右监门率，左、右内率。

一般每卫设置大将军（正三品）1人为长官，将军（从三品）1~2人为副长官，其次有长史、录事参军以及仓、兵、骑、胄各曹参军等属官。

府兵分为内府和外府两种。内府指五府三卫的府兵。三卫是指左右卫所掌管的亲卫、勋卫、翊卫。五府是指亲卫所辖的一个府，勋卫所辖的两个府，以及翊卫所辖的两个府。府的长官为中郎将，副长官为左、右郎将。内府卫士都是由五品以上官员子孙担任，共有卫士近5000人，是皇帝最亲信的亲兵之一。五府三卫之外的府兵称为外府，即折冲府，由六品以下官员子孙以及富裕人家子弟担任。

左右卫至左右领军卫等十卫，掌管宫禁宿卫，统辖内府、外府的军队。左右金吾卫，掌管宫中、京城巡警。左右监门卫掌管门禁出入，左右千牛卫掌管侍卫。

战时，临时任命行军元帅、行军总管和诏讨使、宣慰使、处置使等担任指挥官，率领军队出征。战争结束后，将领返回原任，士兵则返回原来的军府。

唐朝前期，十二卫和六率虽然分别管领若干军府，却没有调兵之权；十道和各州对当地军府虽然有督查之责，却不能直接领兵。如此，有效地防止将领拥兵作乱，却由于兵力分散和将权分割，又带来了运转迟钝和指挥不灵的弊病。

彍骑

唐玄宗开元年间，府兵制破坏，折冲府无兵番上宿卫。开元十一年(723)，唐朝在关中一带选募府兵、百姓12万人，不问家世来历，隶属于各卫，每卫1万人，轮番宿卫京师，称为长从宿卫，两年后改名"彍骑"。这标志着募兵制的兴起。但彍骑训练不足，缺乏战斗力。

禁军的演变

唐朝的中央禁军，由南、北衙兵两部分组成，负保卫京师和皇宫的责任。南衙兵即十六卫兵，由番上宿卫的府兵组成，屯驻皇宫南方，由宰相管辖。北衙兵屯驻皇宫内部，是专门保卫皇帝和皇宫的禁卫军，是皇帝的侍卫部队，由皇帝亲自管辖。唐高祖李渊平定关中后，将随同他起义的三万人留作宿卫，号称"元从禁军"，由于专门屯驻玄武门（宫城北）一带，所以又称北门屯兵。贞观年间，进一步加强北衙禁军。太宗从北门屯兵中选出善射者一百人，组成"百骑"；又增设左、右屯营，士兵称为"飞骑"，屯驻玄武门。高宗时将左、右屯营扩充为左、右羽林，设置大将军、将军统辖。武则天时将"百骑"改为"千骑"，隶属于羽林之下。中宗时又将"千骑"扩编为"万骑"。玄宗时将万骑单独成军，改称左、右龙武军。至此，形成由左右羽林和左右龙武四军组成的北衙禁军，又称北门四军。武则天末年，宰相张柬之便是利用羽林军推翻

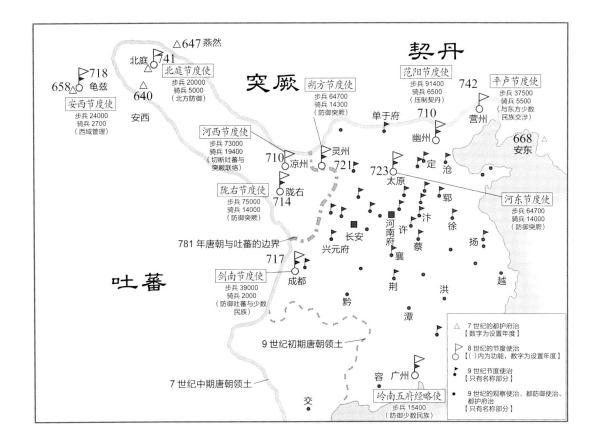

了武则天的统治。

安禄山叛乱，羽林、龙武军和彍骑全部溃散。肃宗至德二年(757)，重建左右龙武和左右羽林军，并创设左右神武军(又称神武天骑)，合称北衙六军，共约1万人。六军各设置大将军、将军为正副长官。安史之乱(755~763)期间，边境守军临洮郡(今甘肃临潭)神策军1000余人前往中原平乱，以后归宦官鱼朝恩掌握；由于护卫代宗有功，神策军正式成为中央禁军，不久分为神策左右厢。德宗时，兵力扩充到15万人，不久改为左右神策军，长官为左右神策护军中尉。此后，护军中尉都由宦官担任。神策军是北衙禁军中最强大的军队，于是，宦官掌握了中央禁军兵权，也操纵了废立皇帝的大权。

地方军和边防军

边防军，是指镇守边境的军队。唐朝在边境要地设置军、守捉、城、镇、戍等军事单位。军有军使，守捉有守捉使，城有城将，镇有镇将，戍有戍主。

唐初，在各大州和边镇设置大总管府，中小州设置总管府，作为地方高层军政机构。大总管府就是统辖各边防军的最高机构。武德七年(624)，改大总管府为大都督府，总管府为都督府，长官分别为大都督和都督。

团结兵是州长官——州刺史所统辖的地方军，从土著中征集而来。

藩镇兵

玄宗时，将全国改分为十二道，每道由大将军统辖各道边防军。除了道之外，唐朝还在边境要地先后设置了安西、北庭、安北、单于、安东、安南六个都护府，管辖当地的军事事务。

都督、都护都是军事长官，不管民政。高宗永徽(650~655)以后，都督带使持节的称为节度使，并逐渐成为正式职官。玄宗天宝初期，沿边重镇共成立10个节度使，不但各自管辖数州军事，而且也掌控民事、财政大权。如安禄山一人身兼范阳、平卢、河东三镇节度使，兵力强大，最后爆发安史之乱。安史之乱平定以后，若干有功将领和降将被任命为节度使，形成藩镇。藩镇纷纷招募军队，称为藩镇兵。藩镇逐渐拥兵割据，形成藩镇之乱；而中央兵权又被宦官所控制，终于导致唐朝覆亡。

宋

北宋兵制

◆军队的上层指挥机构

北宋（960~1127）军队的领导权集中在皇帝手中，中央设置枢密院作为全国最高军政、军令机构，直属于皇帝，并代表皇帝行使职权。枢密院的主要职责是制定战略决策，调遣军队。北宋分统全国军队的是三衙，即殿前司、侍卫马军司（简称马军司）、侍卫步军司（简称步军司）。三个单位不互相隶属，长官分别为殿前副都指挥使、马军副都指挥使、步军副都指挥使，简称殿帅、马帅、步帅。

出师作战，皇帝临时任命官员为帅臣，率领军队出征作战。帅臣有经略使、安抚使等。征战完毕，军队仍然归三衙管辖，帅臣则回任本职。如此，三衙有掌管军队之权，却无发兵之权；帅臣有领兵镇戍、征战之权，却无专制军队之权；枢密院有发兵之权，却无掌控军队之权。这种相互制衡的体制，防止了唐末五代将帅拥兵割据局面的重演。

◆禁军

禁军的编制，大致分为厢、军、营（指挥）、都四级。厢的长官为厢都指挥使，一厢下辖十军。军的长官为军都指挥使，一军下辖五指挥。指挥的长官为指挥使，一指挥下辖五都。都的长官为都头（马军为军使），一都下辖100人。

担任皇帝宿卫最亲近皇帝的禁军称为班直，隶属于殿前司。此外，其余禁军则负责驻戍京师、地方、边区以及征战的任务。北宋前期，大部分的禁军必须轮流到各地驻戍；驻防边区的，一两年便需要换防。其目的是使将领不能拥兵割据，但缺点是士兵不了解将领，将领不了解士兵，削弱了战力。禁军是北宋的主要作战部队，分别隶属于三衙，宋英宗时有66万余人。

◆将兵

宋神宗时，为了矫正将领士兵互不了解的弊病，实施将兵法，在全国设置了90余个将，称为将兵，平时驻戍在原地，不实施轮调，有事再出征作战。于是，禁军分成系将禁军和不系将禁军。系将禁军即隶属于将的禁军。"将"是单位名称，在指挥之上。将的正、副长官分别为正将、副将。

◆禁军之外的军队

北宋的军队，除了禁军之外，还有厢军、乡兵、蕃兵、弓手、土军（土兵）。

厢军是州郡的军队，但只从事杂务，如筑城、修路、运输、迎送官员等，没有战斗能力。乡兵是地方民兵，大多在边区，如陕西弓箭手等。少数乡兵具有相当的战斗力。蕃兵是边区招募归附的少数民族部落组成的。弓手是驻扎在县治所在地的军队，由县尉管辖。土军是驻防在乡镇重要地点的军队，由巡检管辖。弓手和土军，任务是缉捕盗贼。

禁军、厢军、弓手、土军都是招募的。乡兵则大多数是征调的，少数是招募的。宋军士兵还有一种刺字制度，禁军、厢军多数在脸上刺字，乡兵则往往在手背上刺字。士兵由于在脸上刺字，致使宋人有"好男不当兵"的谚语。

南宋兵制

◆屯驻大军的成立

建炎元年（1127），南宋（1127~1279）建立之初，宋高宗将帐下的军队编组为御营军，如韩世忠曾任御营左军都统制，张俊曾任御营右军都统制。建炎三年，御营军分成御营军、御营副使军、御前军三部。建炎四年，宋又将御前五军改为神武军，御营五军改为神武副军。绍兴五年（1135），神武军（含副军）改为行营护军。张俊军为中护军，韩世忠军为前护军，岳飞军为后护军，刘光世军为左护军，吴玠军为右护军。张俊等人便是当时南宋的五大帅。

绍兴七年（1137），淮西军（即左护军）发生兵变，逃往齐国投降。绍兴九年（1139），四川宣抚使吴玠病死，川陕大军分别由吴璘等三位都统率领。

绍兴十一年（1141）四月，宋廷为了和金国和谈，召淮西张俊、淮东韩世忠、湖北京西岳飞三名宣抚使入朝，解除了他们的兵权。同月，宋廷下令撤销宣抚司，属下各军改称"御前诸军"，由统制、统领率领。御前军的意义，表示军队直接隶属于皇帝。十二月，宋金绍兴和议议定。

绍兴十二年，宋廷成立建康、镇江、鄂州、池州四个都统司，前三个分别接管张俊、韩世忠、岳飞的军队。绍兴十七年，吴璘军改编为利州西路都统司（后改称兴州都统司）军，杨政军改编为利州东路都统司（后改称兴元都统司）军。绍兴三十年（1160），宋廷又成立荆南都统司（后改称江陵都统司或荆鄂副都统司）、江州都统司以及金房都统司（后改称金州都统司）。以后，鄂州都统司又称为荆鄂都统司。

乾道六年（1170），宋廷又设置平江府许浦水军都统司。这十个都统司，就是屯驻大军，再加上三衙，就是当时南宋主要的作战部队。乾道年间，屯驻大军（含武锋军）和三衙共有41.8万人。开禧三年（1207），宋廷又从沔州都统司（前兴州都统司）抽调出五个军组成沔州副都统司（后改称利州副都统司）。于是，都统司增加到11个。

◆屯驻军的编制

屯驻军的最大单位称为都统制司，简称都统司；长

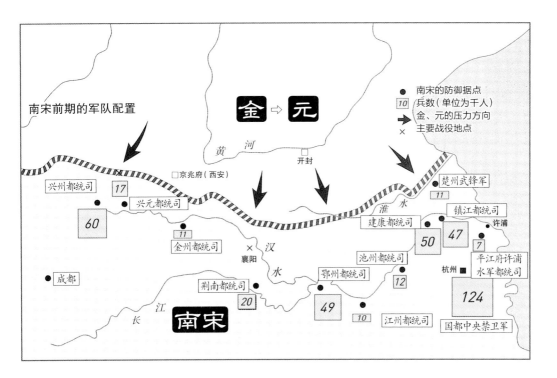

官为都统制，简称都统。荆鄂副都统司和利州副都统司则是独立的单位，长官为副都统。

都统司管辖若干个军。军通常用前、右、中、左、后、游弈、选锋作为番号。军的长官为统制，下面有统领。每个军下辖若干个"将"。将的长官为正将，下面有副将、准备将、训练官、部将等。将下辖若干个队。队的长官为队将，一个队下辖约50名军士。

◆ 三衙

南宋三衙是指中央禁卫军的三支部队，即殿前司、马军司、步军司。三衙的指挥官，通常分别是殿前副都指挥使、马军副都指挥使、步军副都指挥使。三衙各辖若干个军。军的编制和屯驻军相同。

◆ 小军和大军

大部分屯驻军的番号上面都有"御前"字样，又称为御前军。上述的11个都统司，都是御前军。屯驻军又分两种，一种称为大军，是编制上隶属于都统司的军队。另一种称为小军，即不隶属于都统司的独立军队，像广东摧锋军、泉州左翼军、御前雄胜军。小军的编制，和都统司的军相同。小军的长官通常是统制，有时则为总辖、总制、统辖等。

◆ 军队的上层指挥机构

三衙和大多数的屯驻军直属朝廷。少数屯驻军则在编制上固定隶属于某个安抚司，而归这个安抚司指挥。有的安抚使临时被授予节制军马的头衔，也可以指挥本路的屯驻军。少数屯驻军则是配属州郡守臣指挥的。

战时，南宋时常设置宣抚司、制置司管辖本区的屯驻军，长官称宣抚使、制置使。有时又设置都督、同都督、督视军马等，都可以管辖本区的屯驻军。

◆ 后期的作战部队

嘉定（1208~1224）以后，江淮大量招募军队，包括旧有的和新成立的小军，像敢勇军、精锐军、强勇军、武锋军、淮阴水军等，都占用镇江都统司缺额。于是，使以往有62000余人的镇江都统司的员额减少到21000余人。同时，其他都统司也有此类情况，而除了新的小军之外，部分新军还编组成都统司军。例如，京湖的忠顺军都统司（20000人）、御前忠卫军都统司。两淮的御前武定军都统司、庐州强勇军都统司、义士军都统司、义士游击军都统司。此外，一些制置司又设置帐前都统，统辖若干小军。这些新军占用了旧有都统司的大量缺额，于是，使旧有都统司的兵力大为削弱。例如，荆鄂都统司，以往员额49000人，淳祐末期只剩5300余人。南宋后期的作战部队，已经不止限于旧有的11个都统司和三衙，而包括大量的小军和新的都统司军。不过，南宋武将最高的荣誉是担任殿帅、马帅、步帅。南宋后期，三衙大帅很多仍然是由有战功的旧有都统司的大将升任，显示旧有的都统司军和三衙仍然是作战部队的中坚。

◆ 其他军队

南宋的州郡禁军完全隶属于地方，禁军一般都缺乏训练，变成和厢军一样，只担任杂役。厢军、民兵、弓手、土军则和北宋大致相同。

元

蒙古帝国和元朝的军队

蒙古帝国和元朝的军队，以组成分子区分，有蒙古军、探马赤军、汉军、新附军等。

◆**蒙古军** 由蒙古族人所组成的军队，叫作蒙古军。所谓蒙古族，是指铁木真统一漠北，并在元太祖元年（宋宁宗开禧二年，1206）建号成吉思汗、建立蒙古帝国以后，并吞了草原许多其他部族（如塔塔尔、弘吉剌、克烈、乃蛮、蔑儿乞等）的蒙古族。蒙古帝国和元朝时期的蒙古军，主要是由这个蒙古族的族人所组成的。

◆**探马赤军** 从蒙古各部中抽调出一部分士兵组成军队，短期或长期戍守在某地，称为探马赤军。实际上是蒙古军的分支组织。以后，探马赤军之中也有汉人和色目人（西域各族人）参与，甚至由色目人单独组成一支探马赤军。探马赤军主要任务是镇守，也参与征战。

◆**汉军** 蒙古军攻入金国以后，由在金国境内收降的军民所组成的军队，称为汉军。包括汉人、契丹人、女真人。例如，真定等五路万户史天泽军。蒙古攻入南宋以后到至元十一年（宋度宗咸淳十年，1274）大举攻宋以前，用降服的宋朝军民所组成的军队，以及在中原所征发的军队，都称为汉军。此外，蒙古攻入金国以后，收编降人所成立的纠军、黑军、契丹军、女真军等，也是汉军的一部分。

◆**新附军** 至元十一年大举南下期间至灭亡南宋以后，用收降的宋军所组成的军队。

禁卫军

禁卫军是护卫大汗（皇帝）以及京师的军队。又分为怯薛、侍卫亲军、质子军三种。

◆**怯薛** 宋宁宗嘉泰三年（1203），铁木真正式建立怯薛。他任命八十人为宿卫，七十人为散班（护卫）。元太祖元年（开禧二年，1206），铁木真建号成吉思汗以后，怯薛扩充为1万人：宿卫1000人，箭筒士1000人、护卫散班8000人，分四批轮流担任宿卫，三天更换一次。怯薛军负责护卫大汗，以及防卫宫帐、皇宫，也参与征战。怯薛的成员称为怯薛歹，领班的大臣称怯薛长。怯薛歹都是从千户、百户、十户以及家世清白的家族中选拔的。以后，每个元朝皇帝都有怯薛这种组织。

◆**侍卫亲军** 中统元年（1260），忽必烈汗从汉军万户中抽调若干人成立武卫军，长官为武卫军都指挥使。至元元年（宋景定五年，1264），元廷将武卫军改名为侍卫亲军，并分左右两翼，各设都指挥使。以后，侍卫亲军又加入高丽、女真、阿海等人。至元八年（宋度宗咸淳七年，1271），元廷又将左、右翼侍卫亲军改编为左、右、中三卫亲军都指挥使司。各卫亲军驻扎大都（今北京）、上都，任务是宿卫、护从皇帝，有事时也出征作战和镇守要地。至元十六年（1279），元朝灭亡南宋后，又将侍卫亲军扩编为前、后、左、右、中五卫，每卫1万人。以后，元朝又陆续扩编了许多卫，如左都威卫（太子东宫侍卫）、钦察卫、龙翊卫、左翊蒙古侍卫等。元文宗末年，侍卫亲军总人数在20万以上。

◆**质子军** 质子军又名秃鲁花军，是征调诸侯将校的子弟来组成的军队，或担任大汗宿卫，或参与征战。

军队的编制和上层指挥体系

蒙古军的编制，按十进制编组，即万户、千户、百户、牌头。一个万户下辖十个千户，即1万人，长官为万户长。一个千户下辖十个百户，即1000人，长官为千户长。一个百户下辖十个牌，即100人，长官为百户长。一个牌辖10名士兵，长官为牌头，又称牌子头、十夫长。万户的长官万户长，也简称万户，官署称万户府。千户长、百户长等也简称千户、百户，官署称千户所、百户所。但每个单位的人数并非一定是1万人、1000人、100人。

蒙古攻入金国以后，成立汉军。汉军编制基本上比照蒙古军的编制，又采用了若干金军编制，如都元帅、元帅、都总帅、总帅、统军、总管等。总管是万户之下、千户之上的军职，下辖若干千户。都总帅、总帅下辖若干个元帅。蒙古灭亡金国以后，元帅大致和万户相当，都元帅则成为万户之上的军职。忽必烈汗前期，蒙古又在邻近宋朝的边区设置统军司，正副长官称统军（或统军使）、副统军（或副统军使），管辖本区的汉军万户。不过，都元帅和统军都要受本战区指挥官蒙古宗王的节制。

此外，蒙古还有总把、弹压等的编制。总把是千户之下、百户之上的军职，下辖若干百户。百户之下、十夫长之上，有时还有弹压的军职，下辖若干十夫长。

蒙古国时期，大汗是最高军事统帅，重大军事决策，由大汗主持召开蒙古各部首领参与的"忽里台"大会决定。征战时，或是大汗亲征，或是由大汗指定名蒙古宗王或万户担任指挥官。蒙古中央设置中书省综理全国政务，忽必烈即位后，设置枢密院，掌管全国军事，包括宿卫、征讨、戍守等。枢密院设置枢密使、副使，以后又在副使之上增设知枢密院事（简称知院）、同知枢密院事。枢密使按例由皇太子兼任，太子位缺，知院成为枢密院实际最高长官，但知院、同知院事必

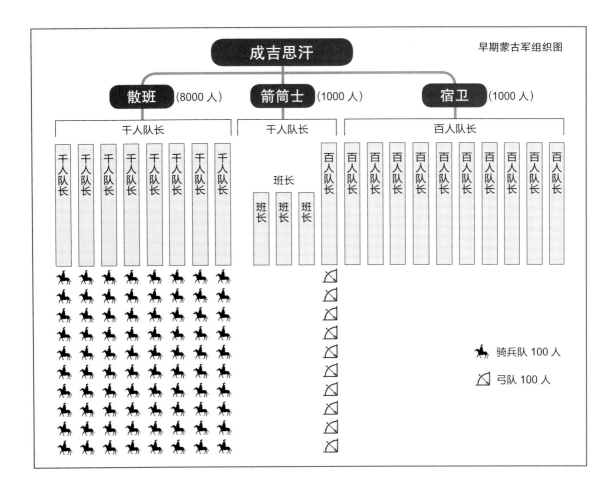

早期蒙古军组织图

须由蒙古人和色目人（西域各族人）担任。忽必烈汗又派遣若干儿子前往漠北、云南、吐蕃等地为出镇宗王，节制当地驻军。出镇漠北的宗王，地位在镇守当地的知院之上。

忽必烈汗对宋作战期间，又设置行中书省（简称行省）和行枢密院（简称行院）。行中书省是作为该地区最高的政军机构，负责作战和镇守，有权指挥辖区内的都元帅、统军、万户。行省的长官，有右丞相、左丞相、平章政事、右丞、左丞等。有时则用中央中书省长官头衔行某处省事作为职称。行枢密院是行省之下、统军司之上的机构，长官有的称行某处枢密院事，有的称行枢密院副使。

统一后的镇戍制度

元朝统一中国后，侍卫亲军负责大都、上都的安全以及"腹里"（今河北、山东、山西，中书省直辖区）的镇戍。全国划分为河南江北、江浙、湖广、江西、陕西、四川、辽阳、甘肃、岭北、云南十个行中书省，成为地方最高政军机构。行省长官有右丞相、平章（平章政事）、右丞、左丞等。行省丞相不常设置，平章两员是行省常设的最高官员，有权管辖本区驻扎镇守的汉军万户府和元帅府。

这时，元军在各地屯驻，形成一个遍布全国的镇戍网。蒙古军、探马赤军主要屯驻"腹里"、河南、四川、陕西，据守腹心之地。汉军、新附军则主要屯驻十个行省之内。边疆要地，主要由宗王率领蒙古军镇守。元朝统一中国后，万户府长官依序为达鲁花赤、万户、副万户各1人，而汉军万户府的达鲁花赤必须由蒙古、色目人担任。显示民族等级逐渐森严。

兵役和军官世袭制度

蒙古国在蒙古地区实施全民皆兵的兵役制度。战时，15~70岁的男子全部要服兵役，或是全族皆兵，或是十丁抽一、十丁抽二。汉人地区，则实施一部分人当兵，即从上中下三等户中的中户征调。出人当兵的人户称为军户，可以减免税赋，世代出人服兵役，父死子继，兄终弟及。这种军户制也是世兵制。蒙古、汉军军人武器军装起初自备，统一全国后由政府提供。元朝的将领军官又实施世袭制度。元朝统一中国后，长期太平，将门子弟世代承袭，骄纵奢侈，不知武事。这是军官世袭制度的弊病。

明

都司和卫所

明代（1368~1644）的军事组织以"卫所"为骨干。明朝在全国各地分设卫所，一面屯田，一面训练、防边或镇戍。一个卫编制为5600人，长官为指挥使，其次有指挥同知两名，指挥佥事四名。卫的单位全名为卫指挥使司，又简称卫司。每个卫下辖前、后、左、右、中五个千户所。一个千户所辖1120人，长官为千户，其次有副千户、镇抚各两名。每个千户所下辖十个百户所。一个百户所辖112人，长官为百户，下辖两个总旗。总旗的长官也称总旗，下辖五个小旗，共56人。小旗的长官为小旗长，辖10名旗兵，共11人。卫的编制5600人，仅指总旗（含）以下至士兵的人数，不含百户以上的武官。百户、总旗、小旗长分别相当于现代的连长、排长、班长。千户、副千户、镇抚、百户都是承袭元朝的制度。

地方上，明朝初年，废除行省制，改设承宣布政使司（简称布政司），辖区仍称为省。明成祖迁都北京后，除了南直隶（南京周围）、北直隶（北京周围）之外，全国共有13个布政司，即浙江、江西、福建、广东、广西、湖广、四川、陕西、山西、山东、河南、云南、贵州，即"两京十三省"。一省当中，布政司掌管民政，都指挥使司掌管军事，按察使司掌管司法。一省的卫所便是受都指挥使司（简称都司）管辖，长官为都指挥使，其次有都指挥同知两名，都指挥佥事四名。除了十三省的都司之外，明朝又在辽东、大宁、万全设置都司，并在陕西、山西、福建、四川、湖广设置行都司。

卫所是明代前期军队的基本编制。卫所又有在京卫所、在外卫所的分别。在京卫所简称"京卫"。在外卫所军必须定期轮流派遣部队前往北京操练，内地卫所军则必须轮流派遣部队前往边境戍守。通称为"班军"。明代是世兵制，士兵父死子继。卫指挥使、千户、百户，大多世袭。都督、都督同知、都督佥事等，大多由勋戚子孙担任。

五军都督府

各地的都司和行都司，军令分别隶属于京师的五军都督府，军政则隶属于兵部。五军都督府即左军都督府、右军都督府、中军都督府、前军都督府、后军都督府。每个都督府设置左都督、右都督、都督同知、都督佥事各1名。五军都督府分别统领若干在外及在京卫所。

例如，明太祖时，左军都督府所辖的京卫，有留守左卫、龙虎卫、沈阳左卫等8个；所辖的在外卫所，有浙江都司16卫，辽东都司20卫，以及山东都司11卫。

京军和亲军

京卫，又称京军或京营军，即屯驻京城的军队，是明廷赖以支撑的主要力量。京军主要分为两类，一类是侍卫亲军，另一类是五军都督府所统领的京卫。

明太祖时，在南京设置48卫，其中12卫为"侍卫亲军"，又称"侍卫上直军"，是天子亲军，即皇帝的禁卫军，负责宫廷宿卫，随驾护从，由皇帝直接指挥，不隶属于五军都督府。这12卫亲军通称为"上12卫"，即金吾前卫、金吾后卫、羽林左卫、羽林右卫、府军卫、府军左卫、府军右卫、府军前卫、府军后卫、虎贲左卫、锦衣卫、旗手卫。这些亲军，都称为亲军都指挥使司，长官为亲军都指挥使。

明成祖时，迁都北京，将京卫从48卫扩充为72卫，其中增设亲军"上十卫"，使亲军达到22卫。明宣宗时，又增设亲军"四卫营"。于是，亲军共有26卫。

前期战时指挥体系

明朝前期，遇到征战，皇帝下令都督，或都督同知、都督佥事等充当总兵官，给予各种名号的将军印信领兵出征，称为"挂印将军"。将军名号有征虏大将军、平虏大将军、平贼将军、平胡将军、征虏将军、讨贼将军等。同时，兵部奉皇帝旨意下达出兵命令，调派若干都司卫所军接受总兵官指挥。兵部设兵部尚书一名为长官，其次有左、右侍郎各一名。

总兵官是临时派遣的职称，战争结束后，统兵将帅交还佩印返回都督府，军队则返回原来的卫所。五军都督府有统兵之权，而无出兵之令；兵部有出兵之令，而无统兵之权。这种方式，使君主严格掌控军权，避免权臣、将帅拥兵叛变。缺点则是缺乏统一指挥，上下之情不易沟通，减弱了战斗力。

中后期军事指挥体系的变化

明成祖以后，军事指挥体系逐渐发生变化，统兵和调兵的大权逐渐全部集中到兵部。

明朝为了防御北方的蒙古等外族南下，而先后在北部设置九个军事重镇：辽东、宣府、大同、延绥、宁夏、甘肃、蓟州、太原、固原。管辖所属卫所，防守边区。这九个军镇史称"九边"。边境地区由于战事频繁，临时派遣的总兵官长期留下驻守，主持一镇军务，逐渐变成固定官员，称为镇守总兵官。总兵官之上还设有巡抚。宣德以后，内地的总兵官也成为一省的主帅，地位在都司之上，变成地方最高军事长官。总兵之下还有副总兵、参将等。

征战时，除了总兵官之外，明廷也会派遣总督、巡抚担任指挥官。总督、巡抚是文官，含有以文制武的意思。明末，巡抚逐渐成为一省最高的军务、民政长官，总督则成为综理一省或数省军务的统帅。

明代"军管区"与九边镇示意

京营的变迁

明成祖时,为了"内卫京师、外备征战",而在京师设置了五军营、三千营和神机营,称为京军三大营。

五军营分为中军、左掖、右掖、左哨、右哨。五军营长官有提督内臣一名,武臣两名。五营各设坐营官一名,马、步队把总各一名。在外卫所轮流派往北京操练的班军,也隶属于五军营。而班军也成为京营的一部分。

三千营是以明成祖所收降的三千名鞑靼人为基础而建立的。神机营是火器部队。明成祖亲征漠北,数度带领三大营随同。三大营的任务包括宫廷宿卫、随驾护从以及征战。

宣宗宣德(1426~1435)以后,武备松弛。土木之变,五十万京军几乎全军覆没。代宗景泰年间(1450~1456),兵部尚书于谦挑选三大营的精锐15万人,分为十营团结操练,号称"十团营",提高了京军战力。天顺元年(1457),英宗复辟,冤杀于谦,废除十团营,恢复三大营旧制。宪宗时(1465~1487),又恢复团营制,并增加为十二团营。未编入十团营和十二团营的,仍留三大营,称为老营,军士只担任杂役,不再进行训练,而权贵、军将开始大量私自役使军士。

宪宗又宠信宦官,从此,京军许多军士被宦官、官员、将校占用役使。世宗即位时(1522),京营员额有38万余人,实数不到14万人。明朝中期以后,士兵生活困苦,逃亡日渐增多,世兵制逐渐崩溃。于是,明廷不得不实行募兵。

嘉靖二十九年(1550),世宗整顿京营,恢复三大营制,又改三千营为神枢营,成为五军、神枢和神机三大营,并设置总督京营戎政一名加以管辖,其次有协理京营戎政一名,下辖副将、参将、游击等。神枢、神机两营士兵基本上是由招募而来。三大营各辖十营,都有战兵营(步、骑兵联合部队)、车兵营(战车、步兵、骑兵联合部队)及城守营(火炮部队)。

经过世宗的整顿之后,京营战力有所增强。但不久,由于政治腐败,武备依然废弛。天启、崇祯年间,军中"占役、买闲"风气有增无减。"占役"即军士被宦官、官员、将校等私自役使,从事种田、营缮、家务等各种杂役,不进行训练。将校又克扣、搜括士兵。"买闲"则是缴纳贿赂替代。市井小人,缴纳贿赂进入军籍,又贿赂将校而免除出操、出征。外地驻军也是如此。因此,军队缺乏训练,逃亡、兵变事件不断发生。崇祯十四年(1641),京营员额11万余人,检阅时只剩下一半。

清

八旗兵制

清朝（1644~1911）是满洲人（建国前称女真人）所建立的朝代。清太祖努尔哈赤起初将所辖军队编为四部——四固山，并用黄、白、红、蓝四种颜色旗帜作为标志。固山是满语，汉语称旗，四固山即四旗。万历四十三年（1615），四旗扩编为八旗，以正黄旗、正白旗、正红旗、正蓝旗、镶黄旗、镶白旗、镶红旗、镶蓝旗为名称。镶黄、镶白、镶蓝三旗旗帜用黄、白、蓝色镶红边作为标志，镶红旗旗帜用红色镶白边作为标志。八旗军，每三百人编为一个牛录，长官为牛录额真（汉语称佐领）。五个牛录编为一个甲喇，长官为甲喇额真（参领）。五个甲喇编为一个固山，设置固山额真（都统）。固山额真之下又设置两个梅勒额真（副都统）。

初期，八旗军有六万人，由满族人、蒙古族人、汉人合编而成，满族占绝大多数，所以称满洲八旗。天聪年间（1627~1635），清太宗又以蒙古族人为主，编成蒙古八旗；崇德年间（1636~1643），又以汉人降人为主，编成汉军八旗，有2.4万余人。清世祖顺治元年（1644），满洲、蒙古、汉军八旗，总兵力不下20万人。蒙古、汉军八旗编制、旗色和满洲八旗相同。

禁旅八旗

顺治元年（1644），清军入关，定都北京。清朝统一全国以后，派遣八旗兵分别驻守京师以及全国各战略要地。驻守京师的称为"禁旅八旗"，是中央禁卫军，总兵力10余万人，主要任务是宿卫、护从皇帝，保卫京师安全。

禁旅八旗又分为郎卫（侍卫）和兵卫两类。郎卫是护卫皇帝和内廷的侍卫亲兵。满洲、蒙古八旗每佐领下挑选两名作为亲军，组成亲军营，编制1770名，由领侍卫内大臣统辖。其中约995名充当御前侍卫及宫廷轮班宿卫。乾隆年间，正式设置领侍卫府，统辖侍卫，长官有领侍卫内大臣六人，其次有内大臣六人。

兵卫是护卫整个京师、紫禁城宫殿以及圆明园、陵寝等的禁卫军，如骁骑营、前锋营、护军营、步军营、火器营、健锐营等。骁骑营由满、蒙、汉八旗组成，编制2.8万余人，是戍卫京师的基本力量。长官为八旗都统，其下有副都统、骁骑参领、副骁骑参领、佐领、骁骑校等。步军营由满、蒙、汉八旗步军组成，负责京城卫戍、警备以及京师治安，长官为步军统领，康熙三十年（1691）兼管京城绿营马步兵巡捕营，长官称提督九门步军巡捕营统领。乾隆时兵力3.2万余人。火器营是火器部队，健锐营则教习云梯。

驻防八旗

八旗兵分驻全国各战略要地的称为"驻防八旗"。除两京、东北等特别地区外，清朝分全国为十八行省，通称为"直省"（包括直隶省）。驻防地大致分为三等，最重要地方，如盛京、吉林、黑龙江、江宁、杭州、广州、成都、西安、宁夏等10余处，大多为各省省会，设置驻防将军1人，统辖全省驻防八旗兵，其下有都统或副都统、协领、佐领等。重要地方，如宁古塔、呼伦贝尔、山海关、热河、乍浦、凉州等近20处，大多为各省重镇，设置都统或副都统加以管辖。次要地方，如辽阳、开原、铁岭、宁远、保定、雄县、喜峰口、古北口、开封等40余处，大多为各省要害，设置城守尉或防城尉加以管辖。驻防八旗，各处多者四五千人，少者一二百人，总兵力10余万人。

绿营

清朝入主中原以后，八旗军兵力不敷调遣，于是仿照明朝镇戍制度，将明朝降兵和新募汉军编为清军。因为旗帜使用绿色，所以称为绿营。八旗兵以骑兵为主，绿营兵则以步兵为主。绿营兵绝大多数分驻全国各省及边疆地区，主要负责镇戍，并兼充各种杂役。康熙至乾隆疆域的开拓，绿营兵有很大的贡献。

绿营分散屯驻各省，受总督、巡抚、提督节制。巡抚是一省最高政军长官，总督是二三省的最高政军长官。一省最高的武官则是提督。镇是绿营的战略单位，长官为总兵官。镇之下有协，协的长官为副将。协之下有营，营的长官为参将、游击、都司或守备。营之下有汛，汛的长官为千总、把总或外委千总、外委把总。总督、巡抚、提督、总兵直属的部队，分别称为督标、抚标、提标、镇标。还有驻防将军兼辖的军标。一省的镇、协、营、汛都受提督节制。提督又有陆路提督、水师提督、水陆提督之分。

世兵制

八旗兵实施世兵制。编入八旗的军户，15~60岁的男子，称为"壮丁"。每个军户壮丁以一人为正丁当兵，余丁在家生产供应正丁所需军资。太宗时，满洲、蒙古八旗一般实行三丁抽一人当兵的制度。汉军八旗，则是十丁取一名。康熙、乾隆以后，由于八旗人丁剧烈增加，挑补旗兵的比例日渐缩小。

绿营最初由收编明朝降兵和招募汉人组成。清初战争频繁，为了补充兵员，大量进行招募。招募的兵丁也成为世业兵，绿营兵也是世兵制。绿营兵的待遇不如八旗兵，乾隆时开始，绿营兵丁生活艰难，因此兵丁另谋副业，以致训练废弛，战力不断下降。

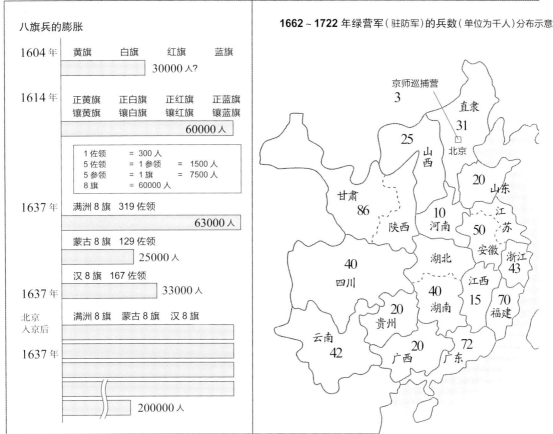

出自《中国兵制简史》

军队上层领导机构

清朝最高军权由皇帝掌管。协助皇帝的中央最高军事领导机构，清初是议政王大臣会议，雍正以后则是军机处。在军机处任职的，一般从亲王、大学士、尚书和侍郎选任，称为军机大臣。六部中的兵部，则只管理绿营的兵籍以及绿营武官的升转，不是统兵机构。

征战时，清廷派遣官员（如大学士、尚书等）担任钦差大臣、经略大臣、大将军、将军等，作为指挥官，位在总督之上。军队则从中央的禁卫和各省的八旗、绿营中抽调。

湘军和淮军

乾隆后期，八旗、绿营开始没落；鸦片战争至太平军运动初期，八旗、绿营一败涂地。咸丰二年（1852），清廷命曾国藩在湖南兴办团练，曾国藩乘机招募农民，发给粮饷，组建湘军。同治初年，湘军发展到50万人以上，成为平定太平天国运动的清军主力。

湘军分为陆营、水师、马队（骑兵）三类兵种，都以营为基本单位。陆营的编制，营的长官为营官。营官之上有统领、分统。营下辖四哨，哨设哨官、哨长。一哨下辖八队。队设什长、伙勇。每队正勇（士兵）10~12人，每哨士兵100人。每营将士500人。

同治三年（1864），湘军攻占太平天国都城金陵以后，曾国藩将湘军大部遣散。李鸿章创建的淮军代之而起，成为平定捻乱的主力。

防军、练军、新军

捻乱平定以后，清廷将大部淮军和少数湘军屯驻到各处要地，成为国家常备军队，称为留防勇营，简称防军。

清廷为了整顿绿营，从绿营中挑选出部分军队加以编练，称为练军。光绪二十四年（1898），全国共有防军26万人，练军10万人。

第二次鸦片战争以后，清廷开始组建新式近代海军。然而训练不足，福建海军在中法越南战争覆没，北洋舰队则在中日甲午战争（1894~1895）瓦解。

甲午战争中，防军、练军也不堪一击。因此，清廷又改建新军，采用西方陆军编制。直到辛亥革命前夕，全国编成了新军十四镇。

图解档案
盾牌综览

保护士兵性命的重要"防具"也会依据时代产生各式各样的变化!

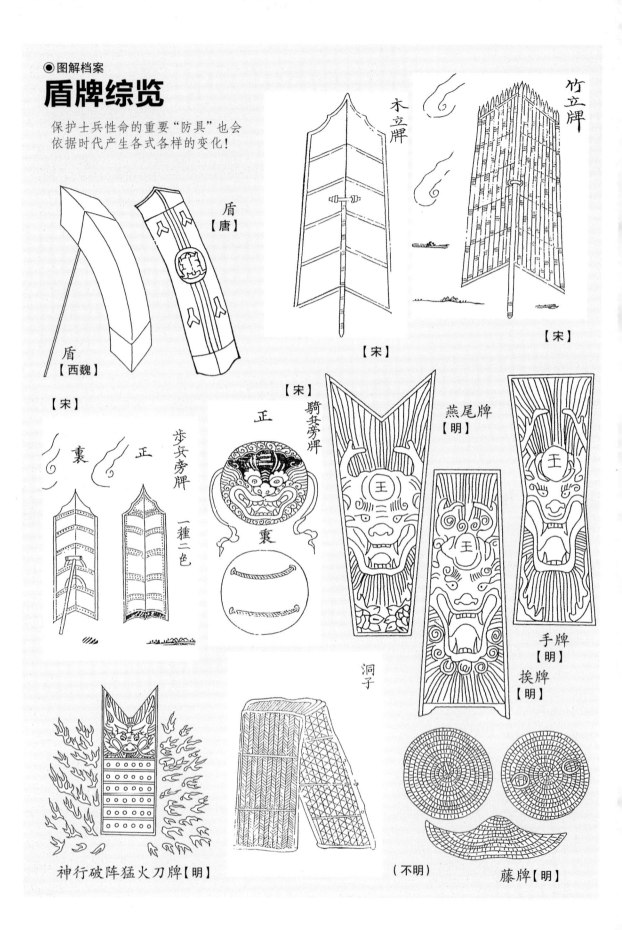

【剖析防御据点】
首都

首都的变迁与类型
攻城术与守城术

首都的变迁与类型

更稳固,更易于防守;城池的改良有着日积月累的进步。
这并不只考虑到军事因素而已,
皇朝与国家对于城池的需求,会在其形态上显现出来

■ 以砖头砌成的城墙登场

根据东汉许慎《说文解字》,"城"这个字,是把人民容纳在用土围成的场所内。由于古代的城墙是用土构筑而成,因此"城"这个字为土字边。不过现今留存于中国城市中的古城,却都围有以深灰色砖头堆积而成的城墙,实在很难令人联想到泥土结构。这种差别到底如何而来?又是从哪个朝代开始改用砖头砌城的呢?

"甎"(砖的异体字)这个字原本是指铺在地面上的瓦片。砖的历史相当古老,最晚在春秋时代后期就已烧制当作建材使用。考古调查表明,战国时代的秦国与燕国,在宫殿的地板上都铺设地砖。当时所用的砖,全部属于薄板状的铺地砖,而不是用来构筑墙壁的直方体砖块。

今日很常见的直方体砖头也称为条砖,不过从西汉时代开始才被应用于建筑中。汉朝跨越刘邦与其子惠帝两代营造而成的长安城,地下水道中的有些地方会使用条砖砌成拱形顶部,这就是最古老的条砖应用实例。

除了铺地砖与条砖之外,还有一种被称为空心砖的砖头。从战国后期开始到西汉时代,在宫殿楼梯或墓室构筑上会用体积较大且较厚实的砖头。为了防止烧制时产生扭曲或破裂,以及节约陶土,会把砖的内部挖出空洞,即空心砖。秦始皇陵兵马俑也是应用空心砖的制作技法烧制而成的。由于空心砖属于一种类似大块面板状的砖块,因此较小的墓室等建筑,只要几片就能组合起来,而这种墓曾以洛阳为中心大大流行过。

不过烧制砖头必须耗费许多燃料,因此在西汉即将结束、木材开始不足时,用较少燃料进行大量制造的条砖,逐渐取代空心砖成为主要建材。

条砖的堆砌方法有各式各样的巧思,东汉时代,甚至还能砌出圆顶状的屋顶。条砖从当初到现在,一直都是最普遍的建材。

砖头的历史如上所述,不过城墙开始使用条砖建造,又是从什么时候开始的呢?以夯土加固的版筑方式建成的墙壁,比想象中更坚固,即使遭受冲击甚至地震都不会轻易崩坏。不过,如果它被雨水淋到,不用几个月表面就会开始剥落。在年降水量超过1000毫米的地区,如果不频繁修复,城墙就会逐渐崩毁。因此,有一种办法就是在墙面上涂灰泥,不过日子一久,还是会被水侵蚀渗透。如元大都使用的是版筑城墙,在筑城之后就因雨水而出现损坏。虽然北京的平均年降水量是600毫米左右,属于降水量比较少的地区,不过当雨季来临时,雨水依然会无情地侵蚀夯土墙。因此,必须用芦苇帘幕把城墙全部覆盖起来。尽管如此,因雨水造成的损

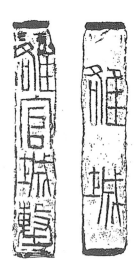

堆砌于四川省广汉市古城墙上的砖块

铭文"雒官城墼""雒城"证明此城墙是属于东汉的雒城所有。铭文中的"官"是置于此城的工官(官营工厂),"墼"则是指砖块,而在其他城砖的铭文中也将砖记成"甓""壁"

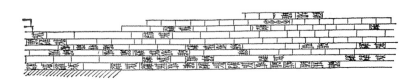

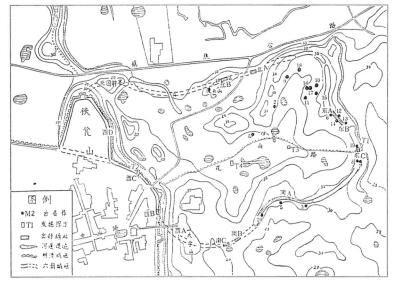

◐ 南朝晋陵罗城遗迹
残留于江苏省镇江市东郊外的南朝京口城遗迹。该城城墙是利用长江南岸的丘陵构筑，周长约5公里。在以土桩成的墙体外侧堆砌有砖块，城砖上面则可看到刻有当时的通称"晋陵罗城"铭文。城的西部把孙权所筑的铁瓮山（城）囊括进来

害却依然没有停止，几乎每年都要进行大规模的城墙修补工程。

沿着版筑城墙流下的水所造成的深度裂缝，是城墙提早崩毁的主要原因。在战国时代赵国的邯郸城中，发现了可将城墙上的水引流至下方的瓦制排水设施，城墙面上也有整齐排列的瓦制屋顶，这应该就是当时的防水对策。另外，还有因为洪水而造成的损害。构筑于平地的城池，至少在数年之内一定会遭遇一次洪水。如关羽进攻樊城时，洪水涨到快要淹过城墙的情况虽不常见，不过就算城墙只有下半部浸到水，也会造成表面崩落。此外，在一般的状态下，城墙的根基部位因为湿气较重的关系，版筑结构容易劣化。所以条砖砌成的城墙，就是为了解决这些问题而出现的。

在四川省广汉市有座东汉时代的雒城，这是紧邻成都北面的重要军事据点。东汉献帝建安十八年（213），刘备包围由刘璋军把守的雒城，并于翌年将之攻陷，而在包围阵中，还曾发生军师庞统中箭身亡的意外事件。东汉的雒城城墙与明清时代的城墙有所重叠，上半部几乎已经消失，只有基座部位因为被新的城墙保护，得以保存下来。城墙宽9米，以泥土构筑的墙体外面堆砌有条砖。

这种堆砌方式称为"错缝"式，它将砖头的接合部位以各层错开的方式砌成。现代的砖墙也常使用这种砌法，这是最容易想象的砌砖方式。

由于城墙上半部已经被铲除，因此最高的地方只留下10层，推测当初应砌得更高。条砖的尺寸为长45厘米、宽22厘米、厚9厘米，比例大约为4∶2∶1，这就是历代条砖的规格。

值得注意的是，在很多条砖上都可以看到"雒城"或"雒官城墼"的铭文，借此可以确定此城的名称。雒城北面有一条称作鸭子河的大河流过，由于城池就建在河边的微高地上，因此必曾遭遇过几次水灾。也许就是为了防止洪水造成崩坏，所以才会用条砖来修葺城墙吧！可惜的是，除了雒城之外，并没有找到其他同时代城池使用条砖砌成城墙的例子。

从东汉时代直到三国时代建筑的城墙，比较显著的例子是曹魏的邺城与孙吴的武昌城。

邺城是在官渡之战后，曹操从袁绍手中夺来的城池，城郭的完整性几乎可与首都相匹敌。此城在南北朝时期是东魏、北齐的首都，而在该时期，曾在曹魏首都的南侧将此城扩张。考古学者将北侧旧城称为邺北城，南侧的新城则称邺南城，以示区别。

武昌城是孙权为了牵制刘备而构筑的城池，同时也是吴繁荣的西都。在邺北城上，有曹操为了防卫目的而构筑的高台楼阁，至于紧邻长江南岸的武昌城则挖掘宽度最大达到90米的护城河。换句话说，这两座城池除了当作首都，同时也充分具备要塞功能。

尽管如此，这两座城依然看不出来使用砖头的痕迹。

以条砖修葺的城池出现

进入南北朝时期之后，如南京、扬州、镇江等长江下游的城池，便开始出现使用条砖修葺的现象。南京是十朝古都，最早在吴黄龙元年（229），孙权于长江右岸的清凉山构筑石头城，并在附近的平地营造建业的宫殿（太初宫）。东晋时代则置建康城，是宋、齐、梁、陈的国都。此后经过了几个朝代，在五代时期有南唐建设江宁府城，明朝的朱元璋又

将之扩建，成为现存的南京城。进入清朝后，太平天国占领了南京城，设置天王府，在辛亥革命之后则成为中华民国的首都。

孙权所筑的建业城是以"土墙"与"竹篱"（竹垣）围起来的城池，无法承受长期包围战。不过根据《南齐书》等文献记载，东晋末年，有一部分已经使用砖头砌造。在齐建元二年(480)几乎改成全砖造。近年，在城的北部发现了应该是修建于南朝时期的条砖城墙，不过因为建康城在陈国灭亡之后便遭到隋朝全面破坏，因此没有留下全貌。

镇江与扬州隔着长江南北对峙，位于南京下游

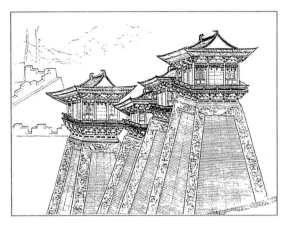

⬆ 中国陕西省乾县唐懿德太子李重润墓壁画(706)中所描绘的太子东宫门阙。台座的壁面上用砖块装饰，并且镶有唐草花纹的边条

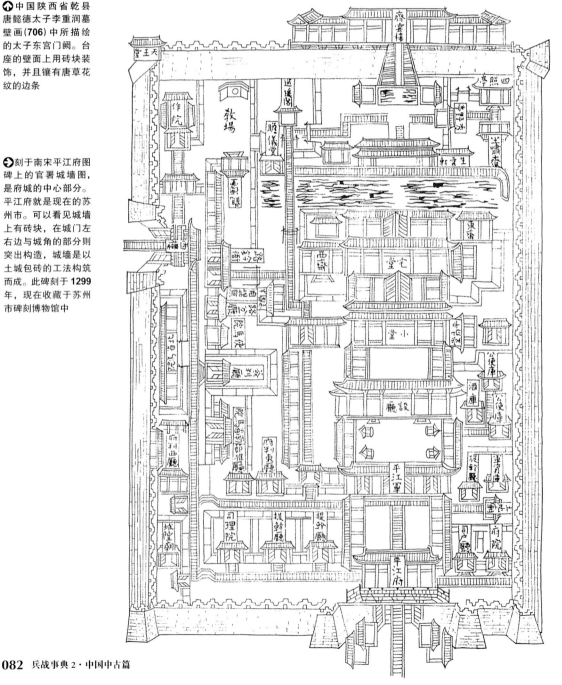

↪ 刻于南宋平江府图碑上的官署城墙图，是府城的中心部分。平江府就是现在的苏州市。可以看见城墙上有砖块，在城门左右边与城角的部分则突出构造，城墙是以土城包砖的工法构筑而成。此碑刻于1299年，现在收藏于苏州市碑刻博物馆中

60公里处。这两座城都是南朝的重要都市，除了是对抗北方外族的军事要塞，也是水路交通据点。有关扬州城的变迁，在之后会提到曾在那里发现应是东晋时代用于城门的条砖。

镇江在南朝时期称为京口，设有晋陵郡的官署与北府。北府是北伐军的大本营。在这一带聚集众多跟随晋室南迁的北方难民，形成一股大势力，而京口就是核心城镇。最新的调查使京口城的范围得以辨明。该城位于长江南岸的丘陵上，由于是利用包夹山谷的丘陵山脚地形，因此轮廓相当不规则。城墙是以土筑成，高度仅2～3米，不过因为善用丘陵斜面，因此防卫机能相当强。值得注意的是，在城墙内外面的基座部位都砌有条砖。从状况来看，这砖墙应该单纯是用来防止土墙崩坏的保护壁，不过围绕住整座城。即使挖出来的只有一部分，但是出土量却已多达数万块，可说是具备了砖城的面貌。在砖头上可以看见"晋陵"或"晋陵罗城"的铭文，晋陵是郡名，罗城则是当时的称呼。由于此城在唐代也被使用，因此里面也包含了很多该时期的砖头。

在南京周边可以找到这些例子，不过在降水量较少的华北地区，砖城一直到唐代都还不甚普及，大多数城墙都还是以泥土构筑。因为如果花费莫大经费却在耐久性与防卫功能上没有效果，就不划算。因此，砖头就单纯用来当作宫城的"装饰"而已。在西晋诗人左思咏叹三国时代的《三都赋》中，写到"葺墙幂室"；而在《资治通鉴》里，则有记载十六国时期后赵在改建邺城时，有于城墙外面砌上砖块。在东魏、北齐时代的邺南城中，将南门——朱明门砌上1米厚的砖墙，不过这也只是要让城门看起来更为庄严的部分措施。在留存于敦煌的唐代绘画资料中，可以看到宫殿的门阙上会用刻有花纹的砖块装饰，这跟现代瓷砖装饰很类似。在以军事设施的角度研究城池变迁时，这种"装饰用"的砖墙基本上是可以忽略的。

进入宋朝之后，由于工商业的蓬勃发展，瓦和砖的生产量也随之增加，因此城墙就变成能全部用砖头建造了。北宋的开封城，在城门的地方已使用石头与砖块来强化壁面。在宋代著作《事林广记》的插图里可以看到城门与城角的墙壁以砖头从下层一直堆砌到上层的城池。另外，宋朝的《武经总要》里也记载了用砖头包覆住城墙的城池图画。现存《平江府图碑》详细描绘出了南宋的平江府（今苏州）城市构造，而该城的城墙也全部包覆砖块。在当时，以条砖砌出高耸城墙的技术确实有进步，使得宋朝砖城的数量明显增加。

如前文所述，被誉为世界级首都的元大都依然使用土墙。忽必烈虽然好几次想要将之改建成砖城，不过却因为经济上的问题而无法实现。只有在元末时，为了防备农民军起义紧急在门外建造的瓮城之城门处是用砖头砌成，构造相当坚固。即使是蒙古人，在采取防守态势时也会察觉强化城池的必要性。

到了明朝，砖城建构技术已趋成熟且普及至全国，其砖城典范就是明朝的南京城。朱元璋在建设南京时，下令把城墙全部改以石头和砖头构筑，完成了一座与一国之都地位相衬的坚固城池。而南京城的构筑方法，也是采用跟以往不同的施工法。它是先以厚重的砖石建构成墙体的内外壁，再于中间填充砾石与碎砖等物充实内层，上层使用石灰与糯米的混合物倒进去加固，最后再铺上地砖防止雨水渗透。

这跟在土墙外部用砖头加固的传统工法大相径庭，可将砖城特有的强韧充分发挥。至于石材则都经过精心研磨，砖块统一尺寸为长40厘米、宽20厘米、厚10厘米。在砖头上压印制造负责人、监督官的姓名，标明负责单位。永乐帝迁都北京时，便把南京城的营造技术带到北方去。当时在

◆ **大夏统万城**
五胡十六国时代由匈奴赫连勃勃所建的城，残存于陕西省最北端的沙漠中，是座有马面与瓮城的坚固城堡

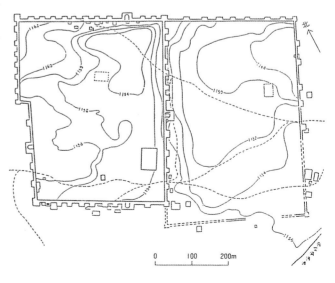

➲ 天水麦积山石窟西魏壁画上的城郭图
在城门左右侧与城角筑有高台，上面则建有三层楼阁。可以看到城墙上有用砖块装饰

把元大都改建成明朝北京城时，全都以砖头建造，连在万历年间开始认真建设的万里长城也是如法炮制。现在北京郊外可以看到的八达岭砖砌长城，就是经过这样的历史发展后建造出来的。

马面与瓮城的发达

在固守城池时，除了可以使用砖头来强化城墙本身，还有一种方法是将城墙的平面设计变更为容易防守的构造，而马面与瓮城即属于这种实例。

马面是城墙外面以一定间隔距离盖成的向外突出部分，是一种可以用来从侧面攻击包围住城墙之敌兵的设施。而瓮城则是指构筑于城门外的半圆形或方形小城，借此构成双重门，用以强化城门的弱点。由于半圆形瓮城的形状看起来像口瓮，因而得名。马面与瓮城都可以在五胡十六国时代的统万城中见到，是以较早时期最完整的范例。

统万城是一座建造于陕西省北部沙漠地带的坚固城池，是匈奴大夏国的首都。413年，大夏的首领赫连勃勃动员十万民众建筑此城，并取"统一天下，君临万邦"之意，命名为统万城。城池由东西两个方城连接而成，城体构造西城远优于东城，从城门等处也能得知是从西城先建起的。

在此针对西城来做介绍。西城城墙以优秀的版筑工法所建构，极为坚固牢靠。在周长2470米的城墙上，一共有37座马面以等间隔方式设置，马面所在之处的城墙厚度高达30米。在城墙的角落也有类似马面的突出部，而且盖得很高耸。这是称为墩台的设施，西南角的墩台高度即达31.6米。

墩台是以城墙上面的部分作为结构中心，在墙面上留有许多插入木材的痕迹，推测以前应在四面建有向外突出的高层建筑物。这种军事设施除了用来当作向四周眺望的望楼（瞭望台），还兼具向城下敌军投掷矢石的功能，同时也是一种可以让城池看起来更有威严的楼阁。这种建筑物，之后则改称角楼。

西城四方有各自的城门，城门部分也跟马面一样，相当厚实，在保存状态较佳的东门外侧附设有四角形的瓮城，这是现存最古老的瓮城。在汉代的要塞中，目前则能见到一些不完整的在门外构筑L字形的障壁的瓮城形态，推测应是为防止门扉遭到敌军直接攻击的巧思。把门增设成更多层的这种想法，可说是顺其自然出现的。

在统万城之前，还能找到更古老的马面实例，如曹魏洛阳城的北城。根据调查，这可能是魏文帝曹丕在复兴东汉时代的洛阳城，或是在西晋时代所增建的。另外，也有可能是北魏时增设的。不过，不管哪个朝代，都与统万城的时期相距不远。

除了统万城与洛阳城之外，东魏、北齐的邺南城在最近的钻探调查之下，发现了50座马面。由于这是一座距离统万城建造时期120年后的城池，因此推测马面的设置应已成为常态。

天水麦积山石窟的西魏壁画，描绘出城郭的图画。虽然城墙与建筑物在高度上多少有点夸张变形，不过依然是能一窥当时城郭样貌的珍贵资料。图中的城墙侧面画有长方形的格子图样，有可能用来表现砖墙的构造。不过这如果真的是砖墙，恐怕也只是装饰用的砖头罢了！有趣的是，在城门左右建有应属于马面的构造，每座马面上面都盖有三层楼阁。因此不能排除这时期的马面并非只是单纯突出，有可能也是用以承载庄严楼阁的设施。

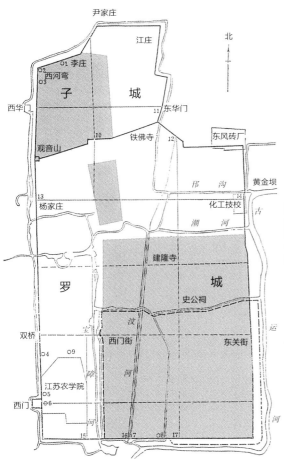

◑扬州城的变迁
位居大运河要冲，号称富甲天下的唐朝扬州城，其面积随着时代推移而缩小，不过在防守上则趋稳固。灰色部分是宋代的三城，可看出规模变小

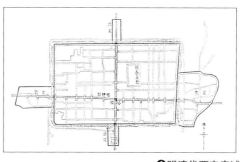

◑明清代西安府城
强化了四方防御

马面与瓮城在进入唐朝之后，即未在京畿的城池中看到了，即使是在长安城与洛阳城的外郭城（罗城）上也是如此。原因可能是此时国内趋于稳定，围绕着城池的激烈攻防战减少，城池在防卫上较不需大费周章。因此，在安史之乱和黄巢起义等事件发生时，长安和洛阳皆轻易遭到攻陷。不过，属于边城的州城或县城，仍会依据情况建造马面和瓮城。

如同前文所述，从宋朝开始土城陆续转变为砖城，而防卫设施也跟着充实完整。因为经过五代十国的乱世，又有契丹、女真、蒙古等北方民族威胁，所以城池势必加以强化。在北宋《武经总要》、南宋苏州《平江府图碑》、南宋桂川《静江府城池图》中，都可看见仔细画出的瓮城与马面。

果然，城池经过战乱后确实是逐渐进化。

城的类型与发展

城池的功用并不只是防卫而已。文章一开始提过，"城"这个字包含容纳人民的意思。也就是说，为了够容纳老百姓，城池必须具有完备的功能才行。因此，城郭的规模与设计，会一直与都市的定位与特性保持密切关系，且随之变化。城池要建造在何处，采取多大的规模，城内的宫殿、官署、居住区和市场要如何配置，及在防卫上要设定为何种等级，等等，有成千上万的问题会让城郭设计者伤透脑筋，进而想出奇计妙法。

如果说城郭的样貌反映出时代需求及都市需要，那么遍览历代首都，不仅可以借此一窥时代特性，也能显现出地方特色。如洛阳、西安（长安）、开封、南京、北京等城，许多朝代都把这些城市当成首都，而首都在发展与衰退上，就跟各朝历史有着很深的关联性。城池会随着时间扩大与缩小，大抵上来讲，在成为国都的时期就会扩大，降格为地方城则会缩小。虽然这看起来理所当然，不过若再加入军事上的考虑，事情就会变得不再单纯。

以下就针对各种首都与地方城市的变迁进行简单的介绍。

首先以扬州城的变迁当作范例。

扬州紧邻连接南北的大运河，是水运要冲，同时也是监视北方的军事重镇，从春秋时代吴国开始，此地即逐渐发展为城池。在现今扬州市北边，有一座称为蜀冈的丘陵，该处不仅有吴王夫差的邗城，在战国、汉、六朝时期都曾建构城池。开始出现砖城的东晋时代，也曾在这座丘陵上遗留下条砖。不仅如此，隋炀帝也相当喜欢这块土地。

唐朝初期，建筑于蜀冈上的歪斜城池终于完成，命名为子城。唐朝中期，又于南侧的低地增建矩形的罗城，应是用来保护沿着大小运河发展扩大的市街地区。通过在罗城西门外发现的四角形瓮城，可以看出该城也具有相当正规的防卫机能，可惜这些瓮城在唐末战乱时已遭到彻底破坏。

五代后周世宗柴荣在958年攻陷扬州，并于唐代罗城东南部建造一座稍微小一点的城池。这在宋朝也被当作州城使用，命名为大城。当北宋被金所灭，进入南宋时代之后，为了防备金军南下，又在唐朝子城所在的蜀冈上重新设置一座要塞，名为堡城（宋末改名为宝祐城）。接着，在堡城与大城之间又构筑了第三座要塞，称为夹城。三城守军可借桥梁相互连接，通力合作阻挡金军。

在金迁都开封之后，相当于南宋版图北门的扬州城，在守备上更为加固，三城的城门各自增建了瓮城。在著于明朝的《嘉靖惟扬志》中，可在《宋三城图》里看到许多座向外突出的圆形瓮城。军事机能逐渐增加的扬州城，在蒙古军灭金之后南下时，不断抵挡住无比激烈的攻击，即使在南宋灭亡后，依然孤军奋战力抗元军。明朝的扬州城是由大城的南半部修改而成，同时也是现今扬州市的中枢。之所以会选择远离蜀冈的水乡地区，就是为了发挥扬州的水运基地功能。

扬州地处要冲，因此好几次都成为攻击对象，不断反复破坏与重建，是借城池变迁探讨都市历史与定位的绝佳范例。

■ 15座首都的主要特征

接着，就让我们来列举从西汉时代的长安城一直到明清时代北京城这15座代表性首都的主要特征吧！请一边对照后面的插图一边阅读。

①西汉长安城

这是一座被高耸版筑城墙与极宽护城河包围的坚固城池，城内有长乐宫、未央宫、桂宫、北宫、明光宫等宫殿云集，所占面积达三分之二，是都城中的特例。平面规划基本上属于理想型首都的"在四边各开有三门的正方形"，不过北城墙因为沿着渭水南岸的自然地形建构，所以比较曲折复杂。城内的街道宽度达45米，而中央幅宽20米处属于天子道，真不愧是天子的居城。在长乐宫与未央宫之间建有军械库，将城内的兵器皆置于皇帝管理之下。

②东汉洛阳城

同样也以坚固的版筑城墙围起来。该城北边背向台地，南侧面向洛河，属于理想的地理配置，不过容易遭到来自后方台地的攻击。因此，虽然它的城门数量与长安一样，有12个门，北边却只有2门，南边则增为4门。将北侧的城门减少，并把城墙增厚以防卫突击。由于城内有北宫与南宫两座宫殿呈南北排列，因此城的南北较长。在城内东北角设有军械库与太仓。

③曹魏邺北城

这是曹操平袁绍后，扩建的东西狭长形城池，由于该城紧邻漳河北岸，因此南城墙已被冲走了。在城中央附近有东西向的大路通过，把城内区域分成南北两边，北侧主要是宫殿区。曹操在西城墙的北部建有金虎、铜爵（或称铜雀）、冰井三座台城，在战时可以用来瞭望及反制围城。曹丕也仿效这种做法，在洛阳城的西北角建有一座称为金墉城的台城。

④孙吴武昌城

这是一座跟南京的石头城与镇江的京口城一样，巧妙利用长江口岸边丘陵的城池。北侧有断崖作为天险，只在南半边构筑城墙。在城墙外侧有宽达90米的宽阔护城河，防守相当稳固，不愧是重视水军的吴国所建筑的城池。

⑤南朝建康城

晋室南迁之后，以孙权的建业城作为基础建设此城。建康城西有石头城，东有钟山（紫金山），北据玄武湖，南边紧邻可以通往长江的秦淮河。由于此城在隋朝时遭到彻底破坏，而且城墙也没有建得很坚固，因此在复原考古研究上属于较困难的城池之一。根据目前的研究，推断它应该属于一座由宫城、皇城、郭城以回字形层层包围的整齐城池，就首都的概念来说相当进步。

⑥北魏洛阳城

孝文帝迁都洛阳之后，下一任宣武帝便以魏洛阳城为主轴，将四周设计成棋盘格状的条坊，建成一座东西较长的城郭。这种制度经过东魏邺南城继续传至隋唐时代，并发展成为长安城的设计。

⑦东魏邺南城

这是一座隔着漳水建于曹操所筑邺城南边的附设新城，根据最近的调查，已经可以了解其全貌。由于城的西南角和东南角都建成圆滑曲线，因此平面图看起来很像龟甲。城内的街道配置成棋盘格状，宫殿则位于中央稍微偏北之处。在城墙上设置了马面等设施，推测应有军事方面的需求。

⑧**唐长安城**

毋庸置疑，这是中国史上最大的首都，城中宫殿林立、街坊整齐，还有大规模的市场，充分具备国际都市所应有的面貌。不过长安城对于外敌的防卫较为疏忽，郭城高度只有5米，跟其他首都相比虽然较为逊色，但也反映出了国家稳定的时代特性。在长安城的皇城附近有明清时代的西安府城，府城面积虽比长安城还要小一号，不过在城池守备方面却强化为更高等级。

⑨**隋唐洛阳城**

可与长安城并列的首都。此城是以隋炀帝所建的东都城作为基础，在武则天时修建。其特色是为了储存由大运河运输而来的南方谷物，在宫城旁边建有大规模的谷仓——含嘉仓。

⑩**南唐江宁府**

五代十国时代的大国南唐之都城，与南朝建康城有部分重叠。高达10米的砖城顺着地形绵延，宫城则设置在中央稍微偏北之处。防卫能力相当充足，在城的南半部则建有明朝的南京城。

⑪**北宋开封城**

以唐代汴州城为中心，依序扩建而成的城池，是五代后梁、后晋、后汉、后周王朝的首都。由于此时期城池中心正往南边扩大，因此在后周时期又建了一座更大的城郭把四周围起来。这是一个随着都市膨胀一起将城池扩大的极佳案例，可与唐朝长安城相互对照。

⑫**金中都**

以辽的副都南京析津府为基础，模仿宋朝开封城建造的金王朝首都。此城不仅靠着女真族将中国式的都城正确重现，其制度也被元大都继承。虽然城池的防卫相当牢靠，但在蒙古军的激烈攻击之下仍被攻陷。

⑬**元大都**

建筑于金中都东北郊外苑池地区的大型首都，反映出蒙古帝国的理念，是座能与唐朝长安城媲美的国际都市。在城的中心部位有积水潭等湖泊与运河，目的是靠水运来促进城镇发展，是座连经济要素都考虑进去的高度计划性城池。

⑭**明南京城**

朱元璋驱逐蒙古军后，再度建立起汉族国家时所构筑的首都。由于历经元末的激烈战乱，城墙在建筑上极为坚固。作为正门的聚宝门（中华门）中藏有巨大的瓮城，在构造上追求的是能抵挡当时已普及化的火器。不过朱元璋并不满足，他把南京城郊外的钟山都包括在内，建构了大规模的土垒罗城。

⑮**明清北京城**

由元大都南半部改建而成的正式砖城。虽然当初是座以宫城为中心的方形城池，不过为了保护位于南郊外的天坛和山川坛（先农坛），在明朝嘉靖年间又于南边增建了较宽的外城。城墙上有马面突出，门外也筑有瓮城，在防卫方面相当完备。可说是集结了以往首都尝试过的各种经验。

如上述各例，历代首都多是因循时代需求设计发展。综观而言，这些城池原本不甚完整的样貌在历经时代洗礼之后便会增加各种要素，使其完整度越来越高。

单就军事方面来看，南京城就是持续扩大，于防卫上也有飞跃性的进步。明清时代的西安府城跟唐朝长安城相比，虽然城池面积缩小，不过防御力却反而提升，由此可知城池的防卫机能确实日益提高。另外，依据各个皇朝对于首都的不同要求，城池在面积与机能上皆会有所差异。也就是说，如重视规划即如同唐朝长安城，如注重经济则同宋朝的开封城，而若着眼于军事考虑则如同明朝的南京城。

因此，之所以说能在城池上看见时代特性，即因为这种规则性相当明显的关系。

历代首都

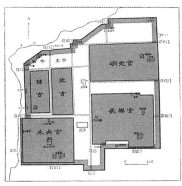

① 西汉长安城 西安市／前202
／西汉、新莽、前赵、前秦、后秦、西魏、北周
／6.2km×6.7km／34.1km²

② 东汉洛阳城 洛阳市
／25／东汉、曹魏、西晋
／2.7km×4.1km
／10km²

③ 曹魏邺北城 临漳县／204
／曹魏、后赵、冉魏、前燕
／2.7km×1.7km／4.1km²

④ 孙吴武昌城 鄂城市
／221／孙吴／1.1km×0.5km
／0.5km²

⑤ 南朝建康城 南京市／317
／东晋、宋、齐、梁、陈／2.6km×2.8km／7.6km²

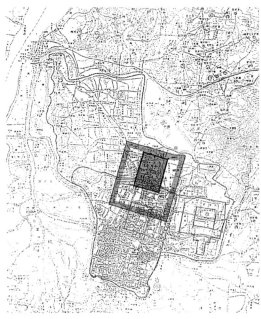

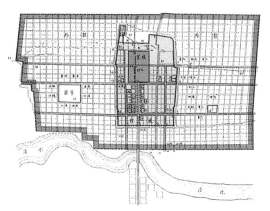

⑥ 北魏洛阳城 洛阳市／501
／北魏／10.6km×6.0km
／55.4km²

⑦ 东魏邺南城 临漳县／534
／东魏、北齐／2.9km×3.7km
／10.7km²

⑧ 唐长安城 西安市／583
／隋、唐／9.6km×10.9km
／89km²

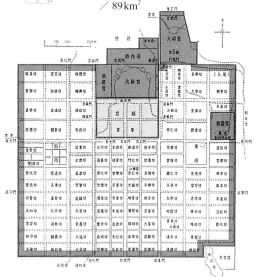

⑨ 隋唐洛阳城 洛阳市／605
／隋、唐／7.3km×7.3km
／44.9km²

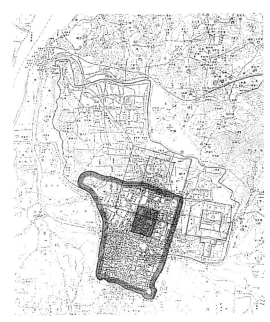

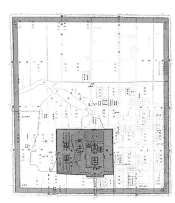

⑬ 元大都 北京市
／1267／元
／6.6km×7.5km
／50.7km²

⑭ 明南京城
南京市／1366
／明、太平天国、
中华民国
／9.1km×9.1km
／44km²

⑩ 南唐江宁府 南京市／914／南唐
／4.5km×4.5km／15.2km²

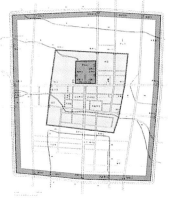

⑪ 北宋开封城
开封市／781
／后梁、后晋、后汉、
后周、北宋、金
／6.6km×7.3km
／46.1km²

⑫ 金中都
北京市／1151
／金／5km×4.5km
／22.5km²

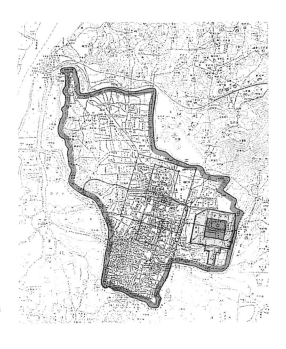

⑮ 明清北京城 北京市／1419
／明、清／8.2km×8.8km／59.3km²

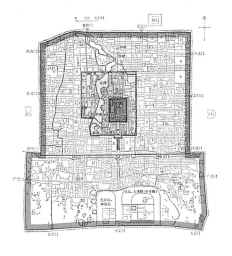

* 各都城的资料顺序如下：
所在县市／营造开始年代／定都王朝／
城郭最大范围（东西 × 南北）／外郭城面积
比例尺统一为 1∶16000。

■ 宫城
□ 皇城
▨ 外城郭

首都 **089**

攻城术与守城术

城池的历史同时也是攻城与守城的历史。
随着攻击兵器不断进化，
城池内部构造也变得更加坚固，以防遭到攻陷

▨ 因城池攻防而生的要塞变迁

以城池为中心的攻防战，是跟游击战完全不一样的战斗形态。参与战斗的双方立场在一开始就已经决定，攻击方与守城方都必须分别进行各种准备。如果攻击方只单靠手持武器冲锋，绝对是无法跨越高耸城墙与厚实城门的，因此势必要准备相对应的大型兵器。守城方也不能光靠护城河与城墙来防守，必须准备好各种对付攻城作战的手段，否则极有可能轻易被攻陷。城池的历史从新石器时代就已开始，而攻防的知识经验在战国时代大致已经确立。

《墨子》论及破解攻击方各种攻击方法的防卫策略。以《墨子》为代表的守城术，后来继续流传且发展下去。虽然没有特别写入兵书，不过从汉朝一直到魏晋南北朝时期，城池在防卫机能上皆持续增强，如实反映出守城术的日益洗练。由于攻城术与守城术在发展上可说相辅相成，因此对于城池的攻击也会随之增强。特别是宋、元朝研发出火器，并于实战中开始发挥威力之后，城池攻防战更是日益激化。明清时代的城墙之所以会用坚固的砖头来建筑，就是为了抵挡重炮的袭击。

唐朝杜佑所著《通典》、宋朝曾公亮《武经总要》中，皆有关于攻守城兵器、设备的记载与插图。而明朝茅元仪在《武备志》中解说的火器，大多数都在城池攻防战中使用。以下根据这些资料，概略解说每个战争阶段里各种兵器与设备的使用方法。

▨ 前哨战——是否确实掌握情势

在赢得城外游击战，并把城池包围之后，首先要采取的作战行动，就是侦察城内状况。由于在这个阶段送密探进入城内非常困难，因此要在城外建造制高点，从外部确认守城军的军备状况。

制高点在攻击开始之后，也会成为后方掩护射击与发送指挥必要情报的基地。《孙子》中有城外构筑土堆的方法，可见这属于自古相传的基本步骤。

另有一种是称为井栏的橹，较广为人知的有，诸葛孔明在进攻陈仓时即使用过，是种普遍的方法。《武经总要》还介绍了移动式的侦察用具"望楼车"与"巢车"。望楼车是在台车中央立起一根高耸的柱子，并在上方吊挂装甲箱，箱子的四面则开有能向外窥视的小孔。巢车是将望楼车加上升降功能，在组合成牌楼形的木架上装设滑轮，可用粗绳将家屋形的箱子吊至高处的八轮车。这些车的历史都很古老。

然而，不论是堆土山还是使用井栏，都需建造于距离城池较远之处，也会由于城墙的阻碍，视野范围非常有限。而且就算是望楼车与巢车，也必须要接近城池到一定程度才行，因此容易遭到守城方的攻击。

在城上架有"床弩"与"炮"等大型远射兵器，守城军会用它们来破坏敌方的橹。床弩是一种可以把箭发射至数百步处的大型弩，它会固定在坚固的木台上，靠着三把弓的组合，使弹射能力增强。张弦的时候要靠数名士兵以卷扬机拉动，然后再用槌子敲下扳机进行发射。在城墙上还会设置专用的"弩台"。

炮是一种大型的投石机。它的构造是在木架上搭载装有转轴的长杆，由多名士兵一口气拉动绳索抛射石头。靠着旋转力道与长杆的弹性，将很重的石弹抛射至远处。在官渡之战中，曹操用以击毁袁绍军橹的"霹雳车"就属于这种武器。炮不仅在攻城时发挥相当大的效用，把它装在台车上也能在游击战中应用。

蒙古军在游击战和攻城战中大量使用的"回回炮"，是以铁块或石块来取代人力作为动力的新型炮，为攻陷南宋襄阳城的主要兵器之一。回回炮所抛射的石弹重达100公斤，据说砸落之后会陷入地面达2米深。炮在火器出现之后，依然被用来抛射炸裂弹等投射兵器，直至明朝初期。

▓ 填壕作战——确保抵达城下

建于平地的城池，几乎都会挖掘护城河。如果护城河比较窄，使用"壕桥"或"折叠桥"即可立刻通过。壕桥是种在桥板上装有两个轮子的兵器，可以把桥板翻转架至壕沟上，形式相当简单，跟两轮的人力推车长得差不多，只能在不是很宽的壕沟上才有办法使用。折叠桥则是在折叠式的桥板上装设四个轮子，虽在稍微宽一点的壕沟上也能使用，但仍有限。不管是干沟还是护城河，只要宽度超过数十米，这些移动桥就派不上用场了，必须要运来土石埋住壕沟才行。

填埋壕沟用的专用车辆有"填壕车"与"填壕皮车"。填壕车是在前方装有大型盾牌的四轮台车，填壕皮车则是箱型二轮车，在表面铺有牛皮等物加以保护。这两者都是用来安全运输工程兵前往填埋壕沟的装甲车，不过若只有几辆则无法达到一定效率，应该会以数十、数百辆为单位投入，还要临时铺设出推进至壕沟的搬运道路。

守城方对于填壕作战的防备，依然会使用炮与床弩等远射兵器，而设置"羊马城"也是用以强化壕沟的一种策略。这是一种设置于壕沟内侧的土墙，在《武经总要》中可以一窥其貌，北京的紫禁城则有实例留存下来。

▨ 攻城门作战——攻城战正式开始

当填壕作业顺利完成之后，终于要进入正式的攻城战了。这时的作战阶段共有三个选项可选，分别为破坏城门的攻城门、爬上城墙的登城、破坏城墙的攻破城墙这三种方法。其中又以攻城门为迅速、有效攻陷城池的最佳作战之法。虽然城门一般来说都相当厚实，但大致上还是木制品，因此可用兵器将之击破，或是放火将它烧毁。用来撞破城门的粗木柱称为撞木，在内部吊有撞木的装甲车则称为"钩撞车"。这种车上装有两片组成屋顶形状的装甲板，可以抵挡投石攻击，让破门士兵可以躲在里面挺进门道。而用来在城门放火的"火车"，会在中央放有一个装满油的大锅，并于四周堆满薪柴。它会使用炭火来将油煮沸，到达城门之后就点火让整辆车烧起来。

虽然看似只要使用这些战车，就能轻易攻破城门，不过实际上并没有这么简单。因为城门既然是城池的弱点，在防守上当然会更加注重，并配置各式各样的设备，前章所述的瓮城即是其中最具代表性的一种。

瓮城是增设于城门外的小城，平面形状大多为半圆形或方形。瓮城的门并不会与城门呈直线，而会开在侧面。就算攻城军能用钩撞车或火车突破瓮城门，但在他们挺进内侧城门之前，就会被列队于瓮城上的守备兵以矢石击溃，简直就像是从四方八方射杀掉入陷阱的猎物一样。

城门的门板会用一种称为"悬门"的升降式厚板进行加强，功能类似于现今的铁卷门。在门前的通路上会挖洞给靠近城门的敌兵跳，底部还会插上竹木枪，用以刺杀掉进去的敌兵，称为"陷马城"，在游击战中也适合用于埋伏上。但是，若有了这么多防卫措施，城门还是被攻破，则要从内侧推出一种在前面的立板上插有大量刀刃的"塞门刀车"，防止敌人进入。

▨ 登城作战——最危险的攻城作战

如果城门固若金汤无法攻破的话，就只能以跨越城墙的方式进入了。而登城作战有几种方法可用，其中不可或缺的工具就是梯子了。如果城墙较矮，只要登城士兵人手一梯，就能一气呵成登上城墙，不用付出太大的牺牲也能攻下城池，这就是《墨子》中的"蚁附"作战。话说回来，如果城墙高度超过10米，手持梯就无法保持稳定。想一想，作战时要一边拿着武器与盾牌，一边避开来自头上的激烈攻击，然后再顺利爬上梯子，简直比登天还难。"云梯"就是为了解决这个问题而开发出来的折叠式梯子车。在梯子下方有装甲车箱，士兵会躲在里面。

在《武经总要》中把云梯简化，没有车厢的四轮车称为"塔天车"；只有一具梯子，在前方装有女墙（凸字形挡墙）的则称为"行天桥"。云梯在《诗经》里也有记载，是传统攻城兵器，有各种不同的称呼。除了梯子车之外，还有一种使用床弩的特殊攻墙法。这是一种使用强力的床弩将粗大的箭射入城墙，然后让士兵踩着箭杆往上爬的方法。就是因为有这种攻墙方式出现，所以才需要以砖造墙。

由于登城是最危险的作战方法，因此必须要有充分保护士兵的对策，其中之一是使用"木幔"。木幔是在长杆的末端垂吊一块在背面粘有牛皮的大木板，长杆则会架在一根柱子上。

柱子会立于台车中央，可以四处移动；而且由于长杆没有固定住，所以能自由移动防护板，用以保护登城士兵。至于守城方则使用类似护盾、被称为"布幔"的防具，这是在长杆末端吊有一块用许多层布叠成的厚实帘幕，从垛墙向外伸出用以抵挡矢石，而远程兵器竟出乎意料地不易贯穿柔软材质的帘幕。

为了对付攻城作战，守城侧主要会用矢石来迎战。也就是说，他们会用弩、弓放箭，以及砸石头击退敌军。由于箭无法固定在弩上，因此无法射击正下方的敌人，不过只要推进至马面上，就能从敌兵侧面或背后进行有效攻击。设置于马面、瓮城、城角上的"战棚"，是一种专门用来往下砸石头的设施。战棚上装有保护板，可以从底板上的洞穴对敌兵头顶进行攻击。

在没有架设战棚的地方则会使用"藕车"，在《墨子》中也能看到。这是一种装有外凸平台的车，使用时会在城墙上左右移动。靠着这项装备，即使跨越垛墙时也能安全进行攻击。

除了石头之外，在守城上还会使用一种称为檑

的专用投落兵器。可分成"木檑""夜叉檑""砖檑""泥檑""车脚檑"等不同种类,形状都是圆筒形。"狼牙拍"也是一种投落兵器,它的外形是板状,在底部插有无数根锐利的钉子。这会吊挂在称为"吊车"或"绞车"等装有吊臂的车上,并瞄准攻墙士兵砸下。在吊车和绞车上装设有卷扬机,因此投下之后还可以用绳子把它拉回来再次利用。

到了明朝,还研发出投击用的火器兵器。这是一种称为"万人敌"的陶制炸弹,在开有小洞口的圆形陶壶中塞入火药,点火之后丢向聚集于城墙下方的敌兵当中,爆炸之后,敌兵伤亡惨重。

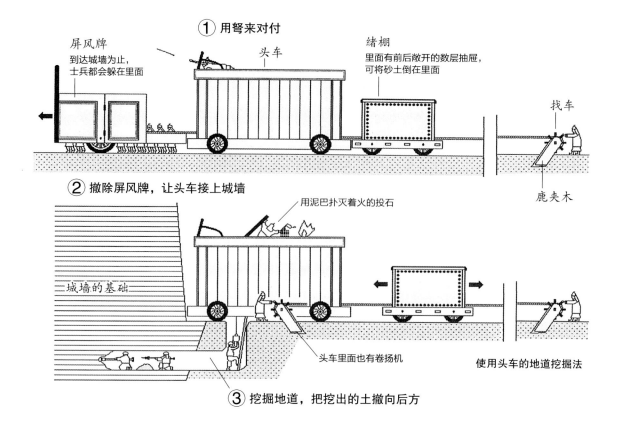

如果敌人在经过这样的迎击之后依旧靠着云梯爬上城墙，就要出动"撞车"了。撞车是一种在木架上吊挂一根巨大铁枪的四轮车，使用时就像撞钟一样让铁枪突出，用以破坏云梯或将之推倒。而"叉竿""低篱"也是反云梯武器，在长杆的末端装有多股磨利的刀刃，可以顺着梯子边缘滑下突刺，将欲登上城墙的士兵手指切断。

攻破城墙作战——破坏城墙与地底攻防

将城墙破坏、确保侵入路线的攻破城墙作战，是一种比登城还要安全且有效的手段。在破坏城墙时，会使用"轒辒车""尖头木驴""临冲吕公车""鹅鹘车""塔车"等。轒辒车与尖头木驴都是装有厚实屋顶的台车，属于可以保护破坏城墙的士兵不被落下物攻击的装甲车。尖头木驴的屋顶斜度相当大，可以减少冲击力道。临冲吕公车也是一种相同原理的装甲车，不过内部较多层，是可以一口气将城墙从下层到上层通通破坏的大型车。至于鹅鹘车上突出有一根前面装有扇形铁刀的长杆，可以破坏垛墙与城墙的上缘。塔车则能让长杆旋转，让装设在末端的耙状铁刀敲打城墙并破坏之。守城方为了弥补遭到破坏的垛墙，会使用"木女头"。这是一种装有车轮，可以左右移动的垛墙护盾。

在城墙地下挖掘洞穴入侵的地道作战也是攻破城墙的一种。除了可以应用轒辒车与尖头木驴外，还有一种专门用于挖掘地道的"头车"。这是在箱形装甲车前后连接两辆车。前车在三面装有防盾，称为"屏风牌"。后车则是箱形的搬运车，称为"绪棚"。士兵会躲在屏风牌后面推进至城墙正下方，并且在坚固的本体屋顶保护下开始挖掘地道，挖出的土会陆续由绪棚运走。绪棚可以通过位于后方的卷扬机进行前后遥控操作。

为了对付地道作战，在城内会靠着"瓮听"来探知入侵地点，且同时挖掘地道应战。瓮听是埋设于城墙下方井底的大瓮，将耳朵凑上去听，就能听到攻城方挖掘的声音。地道对地道的战斗相当常见，甚至还有为了在狭窄地道中使用而开发出的"拐枪"。拐枪是一种在枪柄末端装有T字形握把的枪，优点是可以单手突刺，就算插入土壁里也能轻易拔出。除此之外，在很早之前就发展出来的在敌方地道中插入筒子，吹入有毒气体的手段。

《防守集成》中的防御用"小工具"

《防守集成》编于1853年,当时清朝内有太平天国之乱,外承受各国列强压力,处于内忧外患的状态。为了应对这种内外军事情势,特别重视"城"的防御。因此搜罗了古今兵书,将里面的智慧统合起来编成本书。当然,这在当时是否真的发挥功用则不得而知,但里面画的自古以来的防守工具,令人目不暇接。那么,就来看看这些小工具是做什么用的吧!

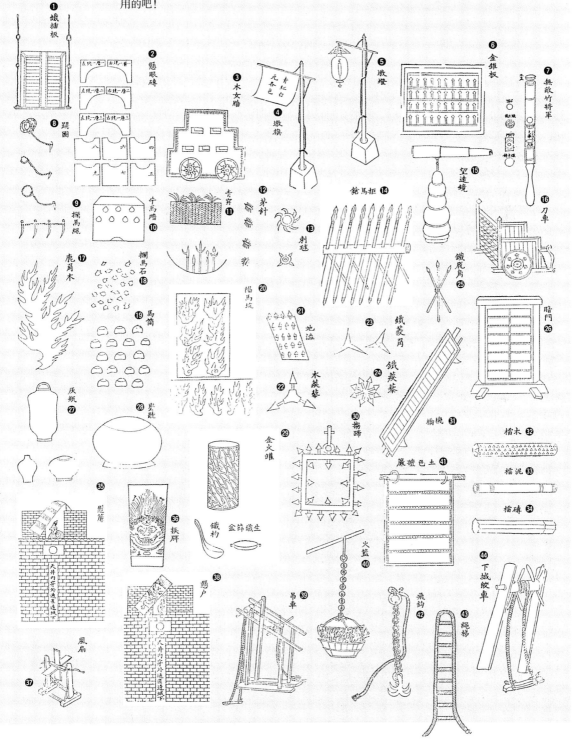

—以下为简要说明—

❶铁插板——上面打有铁铆钉的吊挂板
❷悬眼砖——简易的铁炮掩蔽物
❸木女墙——移动式退敌车
❹墩旗——侦察队的集合目标
❺墩灯——与❹相同
❻金锥板——以枪和钉阻止敌军突袭
❼无敌竹将军——也就是霰弹枪
❽踢圈——用竹子和绳索绊住马脚
❾拦马绳——阻止马匹的绳索
❿牛马墙——置于城外的掩蔽物
⓫青阱——以草木伪装的陷阱坑,掉进去就会被枪插死
⓬茅针——钢铁制的暗器
⓭刺球——与⓬几乎相同
⓮拒马枪——插满枪的防骑兵道具
⓯望远镜
⓰刀车——移动式退敌车
⓱鹿角木——以坚硬木头制成的拒马
⓲拦马石——阻止马的石头
⓳马筒——在砖头上插入刺,用来刺马脚
⓴陷马坑——就是逆茂木
㉑地涩——把钉子藏于地面下
㉒木蒺藜——与㉓相同
㉓铁蒺藜——铁制菱刺
㉔铁蒺角——与㉓相同
㉕铁鹿角——用于战斗的代替用枪
㉖暗门——出击用的隐藏门

㉗灰瓶——装有撒向敌人的灰
㉘瓮听——听取挖掘地道的敌军动向
㉙金火罐——也就是手榴弹
㉚掘蹄——打钉子阻挡马
㉛机桥——敌军通过时就会翻转的桥
㉜木槏——打落城墙上的敌人(这种道具皆称槏)
㉝泥槏——槏的一种,土制
㉞砖槏——槏的一种,砖制
㉟悬帘——可以挡下飞箭以观察敌军的垂帘
㊱挨牌——挂在身上,使两手可以空出来的盾
㊲风扇——对付地道攻击时吹入烟的送风机
㊳悬户——一边挡箭一边侦察敌情
㊴吊车——简易的升降机
㊵火篮——把火把丢到敌人头上
㊶土色毡帘——隐身于地道中的帘幕,颜色与土相同
㊷飞钩——丢出去钩住敌人
㊸绳梯——梯子
㊹下城绞车——简易的升降机
㊺狼牙拍的使用方法——使用㊷来防守城墙,下方图表示藏在壕沟底部
㊻撞车——移动式攻击敌车的攻击机
㊼槏石架——敌人绊到绳索石头就会掉落
㊽竹火鹞——装有火药与小石子的
㊾百子铳——未成熟的机关枪
㊿手铳——固定型单眼枪
51䝙铳——固定型霰弹枪
52风雨灯——风雨时的火把,上面装有铁板抵挡风雨

53狗脚木——携带式踏脚台
54水袋——灭火用,以马或牛皮制作
55水囊——投掷型消防水袋,以猪或羊肠制作,单人用
56布幔——抵挡矢石的防具
57铁汁神车——泼洒熔化的铁水
58火弹——以松脂制成的毒气手榴弹
59车脚槏——槏的一种
60燕尾炬——点火之后处用,以芦苇制成
61麻搭——沾上泥水,用来灭火的道具
62神雾筒——让沙子随风飘洒到敌人头上
63游火铁箱——把熔化的铁水倒进地道流向敌人
64满天喷筒——毒气兵器
65石炸炮——石头炸弹
66垂钟板——牛皮制盾牌
67悬石——砸落用石头
68烟球——遮蔽地道内敌人视线的发烟弹
69窝蜂火毯——与68相同
70铁撞木——往敌人头上砸去
71木马子——踏脚台
72狼牙拍——参照㊺
73溜筒——防御火攻的道具,一旦被火烧到就会流出水
74木城——防止夜袭的器具
75望楼——用来侦察敌情的楼橹
76铁嘴火鹞——变形的火炮
77夜叉檑——在榆木上打钉,可以拉回来再度利用

【中国七大激战】

战役

第一次高句丽远征
金、南宋大战
襄樊之战
土木之变及北京保卫战
萨尔浒之役
李自成起义
南京之战

第一次高句丽远征
隋 vs 高句丽／612年

因敌方水陆军的协同作战而败
高句丽名将趁隋军正在撤退时
以漂亮的追击战粉碎了隋军

清岩里土城
北城
玄武门
七星门
长庆门
普通门
安山
苍光山
解放山
多庆门
外城

■ 导致隋朝灭亡的直接原因

　　结束三国鼎立状态的司马氏晋朝，在建国仅半个世纪后就被北方外族夺去首都洛阳，逃往江南之地，隔着中原再度展开激战。经过150多年的战乱，南北朝时代暂时画下休止符，北朝军人贵族出身的杨坚于589年再度统一中国，建立隋。

　　隋朝跟以往统一中国的政权在性质上有很大的差异。文帝出身于武川镇（内蒙古自治区武川）、隶属北魏军管区之一、称为"八柱国十二将军"的武将家系。由于他们担当的任务是防守环境严峻的北方边境，时常要与精强的外族骑兵战个没完了，因此武川镇的军人们皆有牢不可破的坚毅精神。另外，他们也学习外族作战，模仿外族生活，甚至与外族通婚，因此拥有着一种崭新的独特文化。

　　文帝在建立隋朝之后，这些武将体系也就继续成为帝国最大的权力集团。隋朝变成一个由军人贵族统治，以军事人才作为骨干（无法避免）的国家。在检视隋朝的政策之前，首先必须具备这样的

插图／香川元太郎

概念才行。

文帝以复兴佛教、整理官制、创设科举等政策建构出国家的框架后，于604年过世。继承帝位的是他的次子杨广。虽然一谈到隋炀帝，史书都会把他描述成暴虐残忍的独裁者，不过这种暴君的形象，很多都是取代隋朝的唐朝为了强调自己的正统性而书写的，并不具有绝对的可信度。

不过，导致隋朝灭亡的最直接原因，的确是隋炀帝三征高句丽的失败。

隋的高句丽讨伐计划

当时，高句丽、新罗、百济长期对抗。而自古以来，它们在政治、经济、文化上受到中国的强烈影响。隋朝的出现，对于其来说也是一大事件，因此便各自对隋进行朝贡，努力与这个巨大的强权建立关系。

其中最强大的就是高句丽，之所以会与隋朝发生军事冲突，传闻与辽西的统治权有关。高句丽一边与南方的新罗交战，一边与北方的突厥联手，企

战役 099

图在辽河流域扩张势力。

高句丽这个举动,隋朝当然不会全然漠视。特别是针对作为汉民族宿敌的北方游牧民族与高句丽联手,且在军事上缔结同盟的这点上,无论如何都必须加以阻止才行。

598年,文帝因为高句丽入侵辽西,派出了远征军。虽然相传兵力有30万,但是考虑到补给问题,就知道实际上不可能达到这个数字。单就推理而言,取其十分之一,3万人左右应较恰当。

不过这支远征军在真正进行像样的对战之前,就已经因为疫病而出现"死者十之八九"的损失,导致必须暂时撤退。可见他们并未设定出有效的联络路线,兵站支援也未能充分实施。

像这种避开决战,诱敌深入,然后再从后方袭击的战法,已经成为传统。乙支文德曾写了一首汉诗:"神策究天文,妙算穷地理。战胜功既高,知足愿云止。"并送给隋将于仲文,催促他撤退

后来高句丽前来谢罪,文帝总算能够保住面子,因此决定收兵,但是造成矛盾的根源依然没有解决。相对于采取节俭政策的文帝,继承帝位的炀帝不仅在国内大兴土木,对外也转为采取以扩张为主的积极政策。在他治世初期,于东南亚和西域进行的军事行动大多获得成功。而再次远征高句丽,当然也被排进他的行程表中,但先帝的失败,使他意识到这并非是一项简单之事,因此必须先进行充分准备。

他选择了物产丰富的江南,作为远征军军需品的征调地。为了从这里运送物资前往北方,还开凿了一条南起于位于钱塘江河口的杭州,经由长江、淮水、黄河到达白河北岸涿州(靠近现今北京)的大运河。这项工程所动员的劳力据说每个月达到"百余万人",运河于605年竣工,开始把从江南运送过来的大量物资集结于此地。炀帝亲自出征,动员的兵力远比文帝远征还要多上许多,兵力为将兵113万、辎重人员约200万。即使同前,把实际数字用十分之一左右去考虑,这仍是一支无与伦比的大军。10万的实战兵力,跟波希战争中薛西斯的远征军几乎是旗鼓相当的,约等于亚历山大东征军的3倍。

由于611年河北发生了大洪水,远征准备了两年才完成。612年元旦,炀帝终于让高句丽讨伐军出发,拉起了战争的序幕。

隋军的计划如下:

首先将全军分为陆军和水军。由陆军主攻,从辽西渡过辽水(辽河),越过辽东城(靠近现今辽阳)要塞突破国境线,往首都平壤进击。另一方面,水军则要担任助攻,从浿水(大同江)河口溯河而上,直接攻击平壤。

由于远征军的规模与能力依然不明确,因此无法一概而论,不过在这项计划中,陆军和水军的攻击完全分头进行,由此得知要展开有效的共同作战将会非常困难。与其让水军去攻击防守坚固的首都,还不如让他们为欠缺补给的陆军进行紧密支援!

▨萨水的决定性失败

隋军的攻击在一开始就遭受挫败。

陆军于四月开始围攻辽东城,但是因为守备顽强抵抗,一直没有攻陷城池的迹象。而若要跳过这座控制水陆交通的要塞往东进击,是不可能的事情,因此隋军完全受限于辽东城。

水军对平壤的攻击,最后也以无效收场。主要原因是联络线过长,而兵力又太少。高句丽军以大量机动小部队,充分活用地形条件,以奇袭方式在大同江流域各处痛击隋军。

由于隋军在首战即丧失了战斗能力,因此这方面的作战宣告终止。

不知炀帝和隋军谁运气不好,高句丽有位名为乙支文德的军人,虽然并未记载隋军和乙支文德的相关事宜,但可从对战中发现,乙支文德的确是位兼具卓越战略眼光与战术指挥能力的一流指挥官。

六月,依然无法突破辽东城的炀帝束手无策,分派约三分之一的兵力(史书记载30.5万人)往东挺进,以直接对平壤造成威胁。不巧此时刚好碰到雨季来临,大兵力在作战与补给上的困难度急遽

⬆对于入侵的隋军，名将乙支文德用议和诱敌深入，最后在萨水渡河点将敌击溃。被引诱的隋军，无法活用数量上的优势而溃败，而未成熟的兵站则是导致失败的致命要因。照片是1987年的平壤史迹公园

升高。

而这支前去攻击平壤的部队，碰到的就是乙支文德。若要与具备压倒性优势的隋军进行游击战，高句丽军根本没有胜算。不过乙支文德则对敌情进行了详细侦察，得知隋军欠缺粮食。

隋军没有按照当初的计划先取辽东城再往东进击，果然是无谋之举。

乙支文德先通过议和交涉等手段假装展现己方的劣势与消极性，成功引诱隋军进入鸭绿江东岸。接着，他一边与敌军数次交战，一边巧妙施展撤退战，进一步往东诱敌深入。

隋军乘势渡过了萨水，平壤至此已近在眼前，不过他们因为战线拉得太长，将兵也达到疲劳的极限，实在无法实施大规模的围城战。因此，隋军再度提出议和。高句丽王提出的撤兵条件是要入朝投降，这对于水军已经溃灭、陆军也蒙受重大损失的隋军来说，已是保持体面结束战争的最佳策略。他们立刻接受，并且开始撤退。

而此时正是乙支文德等待已久的战机。他让全军转为反攻，对孤立的隋军后背进行激烈猛攻。隋军在萨水渡河点吃了决定性的败仗，全军覆灭，据传回到辽东城的生还者仅2700人。

七月，炀帝停止围攻辽东城，决定撤军回朝，这就是第一次失败的高句丽远征。

乙支文德的存在固然对于战局造成很大的影响，不过促使隋军败退的主因还是兵站问题。虽然在策源囤积了数量庞大的物资，不过因为联络线设定在人口稀少且交通未发达的辽河流域，所以无法充分发挥支援作用。

还有一个次要原因，就是高句丽的地形险阻，且气候也相当不利。

▌民变四起终至隋朝灭亡

远征的失败在被课以重税、征召负担沉重的民众中点燃了不满的火种，就连原本应该支撑国家的军人贵族，也对炀帝的政策与能力产生了疑问。对于他们来说，对外扩张的政策只有在打胜仗时才有利。

在此危机高涨之际，炀帝依然没有改变方针，反而为了扭转局面，拟定了第二次的远征计划，以求得华丽成果。

不过第二次远征却因为军队发生叛乱，及害怕再有第三次远征的民众也起来叛乱，而被迫宣告中止。后者的叛乱瞬间扩及全土，逃至江南的炀帝于618年被杀，隋朝就此灭亡。

当时，同样是武川镇武将出身的李渊，在该年便称帝，建立唐朝。

而击退隋军的高句丽因为国力大量消耗，在660年，继百济被新罗灭掉之后，紧接着于668年被唐朝与新罗联军所灭。

金、南宋大战

金 vs 南宋／1140 年

为了阻止兀术率领的金军南下
精锐尽出的岳家军迈向沙场

插图／板垣真诚

插图／板垣真诚

宋金大战——绍兴十年(1140)的河南战役

◆ 战前情势

北宋末年，政治、军事腐败，宋军缺乏训练，战力低弱。宋钦宗靖康元年(1126)，金军攻破汴京。靖康二年(1127)，北宋灭亡。金军将徽宗、钦宗以及赵氏宗室三千余人俘虏北去。史称靖康之难。

建炎元年(1127)五月，宋高宗在南京（今河南商丘）即位，重建宋朝，史称南宋。南宋建立初期，承袭北宋的余风，军队战力依然低弱。金军继续年年南下。到了绍兴元年(1131)，宋朝的河北、河东、山东全部沦陷，陕西、河南则大部沦陷。金国建立傀儡政权齐国，统治黄河以南地区。不过，宋军擅长舟师水战。金军在黄天荡（建炎四年）等水战受挫以后，从此放弃了渡越长江的企图。而经过多年的受挫，若干优秀将领获得任用，宋军训练逐渐增强，战力得以提升。宋军已经可以在战略守势的作战中击败金军，例如，宋将吴玠在绍兴元年的和尚原之战以及绍兴四年(1134)的仙人关之战击败金军。绍兴四年，宋将韩世忠在大仪之战击败金军，韩家军在承州击败金齐联军。宋军能够保住半壁河山。而岳飞更具有在战略攻势中的野战中击败金军的能力。例如，绍兴四年，岳飞击败金齐联军，收复襄阳地区。绍兴六年(1136)，北上进攻的岳家军一度打到虢州、伊阳等地。

绍兴五年，岳飞平定宋朝境内最后一股大型起义——洞庭湖杨幺，宋军主力可以专门对付金国。绍兴六年，宰相张浚改采攻势战略部署，将主力向前移驻，图谋北伐。齐国意图先发制人，因此派兵南下。十月，宋军在藕塘大破齐军。

绍兴七年，高宗接获宋徽宗在金国去世（绍兴五年）的消息，随即派人出使金国，要求迎回徽宗灵柩。同时，宋朝则继续规划北伐。高宗准备将淮西军五万余人交给湖北京西宣抚使岳飞指挥，让岳飞集中京湖、淮西两军兵力，大举北伐。不久，高宗听从都督张浚的意见而变卦，改命都督府参谋吕祉节制淮西军。吕祉统驭无方，八月，爆发淮西兵变，淮西军四万人北上投降齐国。宋廷因此取消北伐计划。

同年，金国主和派得势。十一月，金国废除齐国，宋金双方展开和谈。次年十二月，和议议定，内容为：金国将河南（新黄河以南，不含山东）、陕西归还宋朝，并将徽宗梓宫和高宗生母韦氏归还宋朝，高宗则对金国称臣。绍兴九年(1139)三月，宋国从金国手中收回河南、陕西地区。秋季，金廷发生派系斗争，主战的都元帅兀术杀死主和的大将完颜昌。

■ 顺昌之战

◆ 金军南下和顺昌的守备

金将都元帅兀术一直反对将河南、陕西归还宋朝。

绍兴十年(1140)五月，金军撕毁和约，兵分四路南下。一军进入山东，一军攻入陕西，一军进入西京，兀术亲自率领主力十余万人进攻东京开封（汴京）。是月，汴京、南京、淮宁（陈州）、亳州先后向金军投降，金军也攻陷拱州、西京，占领蔡州。这时，陈规担任顺昌知府。陈规以擅长打守城战著名，曾经驻守德安城，多次击退盗贼军的进攻。

是年二月，宋廷任命侍卫马军司主将刘锜担任东京副留守，率领所属的七个军、一万八千人前往汴京一带驻守。五月十五日，刘锜率领宋军抵达顺昌。刘锜向知府陈规表示，如果城内有粮食，他就能和陈规共同守城。陈规说，有米数万斛。于是，刘锜决定留下来防守。是夜，刘锜后续的两个军抵达顺昌，而搭载老幼、辎重的九百余艘船只也经由颍河抵达城下。

十九日，刘锜部署防务，派兵防守四门；又设置斥候，招募百姓担任乡导、间探。接着，他亲自到城上督导建造防御工事，修补崩坏的城墙，除去杂草；又准备战具，整治器甲。这时，笆篱笆（类似大盾的一种守城器具）所剩不多。刘锜征集城内外的若干车辆，将车轮、车辕埋在城头上，当作笆篱笆使用。陈规也命令居民在城外构筑羊马墙（城濠内侧的矮墙），并开设墙门。六天下来，城墙四周勉强能够有所掩护，而刘锜规划防御，甚至没有时间进食和休息。军中战士也互相激励，争先整治器甲，而且都表示：他们未曾立过战功，今天必须出力报答国家。

刘锜又下令清野，将城外的居民迁入城内，并焚毁城外民房数千家，以免被金军利用。刘锜又派人在城外一二百里内的水井、沟涧放置毒药，包括颍水上游和附近草地。刘锜告诫士兵，即使渴死，也不要饮用颍河的水，违令的诛杀全族。金军刚进入顺昌府境内，吃水草的立即生病，人员疲困，马也有很多暴毙的。于是，金将命士兵自行挖掘井水饮用；遇到下雨，便用杯勺承接雨水让马匹饮用。金军饮水不够，人马干燥口渴，很想速战速决。

◆ 前期的战斗

五月二十五日，金军前锋抵达顺昌城北约三十里的白沙、龙涡一带驻营。是夜，刘锜派遣一千余名宋军袭击金军营寨。次日，宋军返回城内。金军伤亡数百人至一千人。

五月二十九日，金军骑兵3万余人，抵达城外。刘锜激励战士，从四座城门出兵。中午，金军逼近城下，并施放弓箭。宋军射箭还击。不久，宋军退回城濠后方。金军跟着向前，意图夺取吊桥，并向城上射箭。刘锜等领兵在羊马墙后方列阵。刘锜指挥宋军用弓弩在城头、羊马墙后方或墙门向金军射击。许多金兵中箭。金军稍微后退，刘锜又派兵加以截击。金军惊慌奔逃，许多人马坠入小河中淹死。

是日，金军从城东经由城南、城西连绵到城西北，

绍兴十年五至六月金军南下攻打河南之役经过示意图

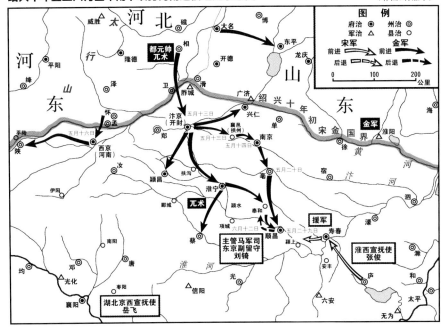

九日黎明,兀术率领金军环绕顺昌城,重装步兵、骑兵共10余万人。布列的阵势如同山壁,旗帜交错。顺昌城只有东、西两面可以攻击(城北面临河川)。刘锜的军队不满2万人,可以出战的只有5000人。金军首先逼近东门,濒临城濠。刘锜也从东门派兵出城迎战,宋军和金军转战了一个多时辰,宋军将金军击退。金军用拒马木排列在阵前作为掩护,稍微休息。这时,城头鼓声不断,城内准备好了羹饭,让出战的宋军吃饭。

这时,金国将领分别位居一个区域。宋将想攻打金将韩常所在区域。刘锜说,攻打韩常,虽然可以将他击退,但兀术的精兵还是难以抵挡;按理应当首先攻击兀术,兀术一旦动摇,其他金军就无能为力了。

早晨天气凉爽,刘锜不再出击。刘锜将5000名宋军分为五队。先准备避暑药、饭食、酒肉,接着将一副盔甲放在烈日当中晒,时常派人用手去摸,看看盔甲热了没。一面命一队宋军前来,叫他们吃酒饭,吃完稍微休息一下,饮用避暑药。摸盔甲摸了数次,还可以用手摸。刘锜按兵不动。等到盔甲烫得不可以用手摸时,刘锜叫吃饱饭的一队从西门出战。不久,又命一队前来,吃饭休息完毕,叫他们从南门出击。如此,数队宋军分别从不同的城门出击,宋军轮流出战,轮流回来休息进食,出城和回来的都饮用避暑药。因此宋军不会感觉太热。

宋军出城攻击,排除拒马木,深入砍杀金军。到了下午三时左右,金军疲惫,士气低落,刘锜又派遣数百人从西门出击;金军刚刚前来接战,刘锜随即又派遣数千人从南门出击。刘锜告诫将士不要喊叫,只用短兵和金军拼死奋战。有两名宋将身上都中了好几支箭,仍然不停地战斗。刘锜派人将二人扶回来。宋军将士拼命死战,攻入金军阵中后,用刀、斧砍杀。双方打到下午三至五时,金军大败后退,刘锜也收兵回城。

是役,兀术身披白袍,骑着甲马,往来指挥,亲自率领亲兵4000人接应支援。兀术的亲兵都是人披戴盔甲、马披挂马甲的重装骑兵,号称"铁浮屠",又称"铁塔兵",是其精锐。金军平时部署在左右两翼的重装骑兵,则号称为"拐子马"。金军的铁浮屠

构筑营垒。营垒长达十五里,纵深十余里。夜晚敲打战鼓,声震山谷。是日,金军开始包围顺昌城。

六月二日夜,刘锜派遣500名精锐骑兵前往城东二十里李村袭击金军营寨,又派遣一支伏兵等金军混乱时予以攻击。宋军攻进金军营寨。是夜阴天,将要下雨,雷电交加。闪电时,宋军一到秃头辫发者便加以砍杀。金军遭到很大的伤亡。次日,宋军返回城内。此后,金军日夜不敢下马,寝食都在马上。

这时,陈、蔡以北许多州郡都望风迎降,而顺昌也曾沦陷十年左右。刘锜担心城内有人为了苟全性命而将他出卖给金兵,所以下令顺昌府的官吏和军人百姓,一律不许登上城头,只让自己的部队上城防守。

◆ **后期的战斗**

不久,顺昌获知都元帅兀术即将抵达的消息。六月五日,顺昌城内有人主张上船撤退。刘锜说,朝廷养兵,就是为了紧急时使用,宋军撤退,被敌军追上,老少先乱,必定狼狈不堪,不如背城一战,死中求生。宋将纷纷请求为国效命。六日,刘锜将东门、北门的船全部凿沉,表示决定死战,不会逃走。数日前,刘锜派遣两名亲信担任斥候,故意被金军俘虏,而施行反间,向金军说,刘锜喜好声色,贪图安乐。兀术大喜,决定直接攻城,而下令不必搬运鹅车、炮座同行。

七日,兀术亲自领兵抵达顺昌城外。有金兵抵达城下,用手向守军表示:城内的人只能活三日。八日,兀术责备金军失利。金将说,现在宋军今非昔比。兀术抵达城下,见到顺昌城简陋不堪,便说,这种城池,用靴尖就可以踢倒。于是下令次日早晨攻城。

和拐子马,自从作战以来,所向无前,是役也被宋军击败。是役,宋兵有的先用枪挑去金兵的头盔,再用刀、斧砍劈肩膀、头颅。宋兵有与金兵拉拽相扯的,有被刀贯穿胸部还一直猛刺金兵的,有和金兵相抱一起坠落城濠而死的。有的宋将亲手杀死了十名金兵之后才战死。是役,金军的重装骑兵铁浮屠和拐子马,列阵时排列得非常密集,骑兵和骑兵之间几乎毫无缝隙,骑兵手持长枪,转动不便。宋军则是轻装步兵,手持大刀、长斧,一直向金军的密集队伍冲杀过去。宋兵首先掀起金军骑兵的马甲,砍断马脚。马脚一被砍断,金军重装骑兵便连人带马一起摔倒。由于排列得很密集,一个重装骑兵摔倒,便会压倒旁边的数个重装骑兵,旁边的重装骑兵又会被绊倒,有时会使旁边的十余个骑兵接二连三跟着绊倒。所以,金军重装骑兵被宋军杀死的很多。而且,金军都已非常炎热,盔甲、防盾如同烈火,流汗喘息不停。而宋军则轮流出战,饭饱体凉,负伤疲惫的立即被扶回城内调养治疗。所以宋军能够以寡击众,击败金军。(根据现代学者的考证,拐子马并非三匹马用绳索联系在一起的,只是金军的两翼骑兵,有时是宋人对金军骑兵的通称。)

是日,金军战死的尸体和倒毙的战马,遍布郊野。金军散落的旗号、器甲,堆积起来像小山丘一样。是日,金兵战死5000余人,负伤1万余人,战马伤亡3000余匹。

金军退到顺昌城西和西南方,设立营寨。十日,大雨倾盆。下雨稍止,刘锜派遣100余名骑兵骚扰金军营寨。不久,雨又下大,刘锜又派兵袭击金军营寨。金军日夜不得休息。

十一日,金军在颍河建造牌筏,架设浮桥,开始撤退;十四日,撤退完毕。刘锜派兵追击,顺昌之围解除。是役,金军前后死亡的超过1万人。

岳飞反攻中原

◆宋军展开反攻

由于金军南下,六月一日,宋廷下令讨伐金人,并命京东淮东宣抚使韩世忠、淮西宣抚使张俊、湖北京西宣抚使岳飞三位大将全部兼任河南北诸路招讨使。此外,高宗又指示三位大将,可以乘机攻击取胜。

六月,韩世忠、张俊分别派兵北上。是月下旬,韩世忠军围攻淮阳;闰六月下旬,攻克海州。闰六月中旬,张俊军收复宿州;下旬,领兵收复亳州,并在涡河击败金军。但不久,张俊却率领主力班师。接着,金军又攻陷亳州。

六月,岳飞挥军经由蔡州北上,反攻中原。闰六月,岳家军数度击败金军,收复颍昌、淮宁、郑州、汝州等地。七月上旬,岳家军收复西京及河阳南城。两月间,岳飞又派兵渡过黄河,攻占赵州以及河东南部若干县城。中原大为震动。

◆郾城之战(七月八日)

七月上旬,岳家军分路北上进攻,主力屯驻颍昌,岳飞本人则率领轻骑兵驻扎郾城。八日,都元帅兀术率领拐子马1.5万余人向郾城突击,企图摧毁岳家军的指挥部。岳飞派遣他的儿子岳云等迎战。下午四时前后,宋金两军在郾城北方郊野交战。为了对抗金军的重装骑兵拐子马,岳飞事先命宋军步兵手持麻扎刀、提刀、大斧,专门砍劈马腿,不许仰视。这时,宋军步兵遵照指示和金军重装骑兵肉搏厮杀,有的甚至用手将金军骑兵拽下马来。金军的重装骑兵排列得很密集,一匹马被砍倒,会使旁边的一两匹或三数匹马也受到牵连而被绊倒。金军重装骑兵跌倒了,便坐以待毙。像是顺昌之战的翻版。宋军步兵奋勇攻击,杀死许多金兵。战斗中,岳云又率领骑兵冲入金军阵中,贯穿金军的战阵。双方血战了数十个回合,到了天色昏暗,金军终于败退。

◆颍昌之战(七月十四日)

接着,兀术又率领金军主力南下,计划进攻颍昌,首先前往临颍,意图切断颍昌、郾城之间宋军的交通线。七月十三日,岳飞派遣将领前军统制张宪领兵前往临颍一带迎战。张宪的前锋将官杨再兴等率领300名骑兵进到小商桥(临颍南),和金军发生遭遇战。宋军杀死金兵2000余人,但杨再兴等三名宋将战死。兀术率领主力转向颍昌进攻,而留下8000人在临颍遏阻宋军。不久,张宪的军队来到,击破了临颍的金军。

当时,岳飞判断金军一定会进攻颍昌,因此派遣岳云率领背嵬军(岳家军中最精锐的部队)去支援防守颍昌的宋将王贵。十四日,兀术率领步骑兵10余万人(约步兵10万人,骑兵3万人)进攻颍昌,进到城西列阵。王贵、岳云率领步骑兵出城同金军交战。宋军步兵仍然采用郾城之战砍劈马腿的战术。岳家军人变成血人,马变成血马,没有一个人肯回头。战斗正激烈时,留守城中的宋军又出城攻击金军。结果金军大败。宋军杀死金军5000余人,俘虏2000余人,掳获马3000余匹。接着,兀术率领金军北退。

◆岳飞班师

七月中旬,淮北宣抚判官刘锜派兵北上接应岳飞。十八日,刘锜军进到太康北方,击败一支金军。同日,张宪又在临颍东北击败金军骑兵五六千人。是月,岳飞进到汴京西南45里的朱仙镇,和兀术对垒。岳飞上奏请求乘机击灭金军主将,收复故土。接着,岳飞首先按兵不动,然后派遣精锐的背嵬军骑兵奋勇攻击金军,又将金军击败。兀术退回汴京。这时,金国高级将领的心腹,很多都率领所属的军队前来投降,也有金将向岳飞表示愿意投降。两河到处闻风响应,反金豪杰约定日期起兵,都用"岳"字旗作为标志。接着,岳飞规划渡河的日期。

绍兴十年(1140)岳飞反攻中原经过示意图

(作图／林加丰)

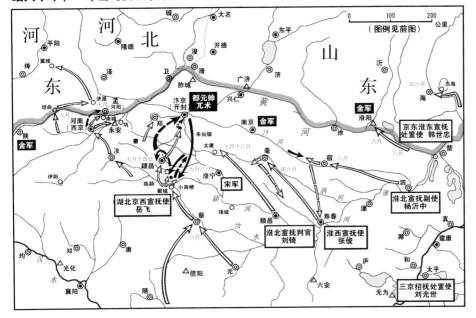

当时，秦桧极力主张和谈，意图放弃淮河以北土地。七月上旬，秦桧听说岳飞已经打到颍昌，即将成就大功，极力请求高宗叫岳飞班师。秦桧表示，张俊已经撤退，岳飞孤军不能单独留下。高宗听从秦桧的意见，在七月十日前后，下诏岳飞班师，并且连续使用金字牌发送班师诏令。(连续用金字牌发送诏令，是因为顾虑有些诏令会中途遗失以及增强效果。)是月中旬，宋廷又命宋将韩世忠、杨沂中领兵北上，接应岳飞。十八日，岳飞首度接到班师的诏令，便上奏请求不要班师，而利用敌人屡次战败、士气锐减的时机，继续挥军北上。岳飞又表示，敌人意图北退，现在豪杰响应，士兵效命，双方的强弱态势已经分出，大功即将完成，如若错过，时机不会再来。

十八日以后，高宗获知岳飞陆续获得胜利，便发给岳飞手令表示，岳飞进退都要选择有利态势。二十二日，高宗又接到郾城之战(七月八日)的捷报，大为欢喜，于是发给岳飞手令，不再提班师的事，而指示岳飞进退可以见机行事。同时，高宗又下诏称赞岳飞说，自从胡人入侵，15年来，宋军和金军列阵交战不止百次，从未听说过孤军深入，在平原旷野之中，对抗集中精锐的大敌，像今天这样拼命的。

二十七日前后，高宗接获岳飞十八日请求不要班师的奏报，知道岳飞在颍昌等处不断获得胜仗，而东京金军士气低落，有渡河北退的迹象。高宗又起了恢复中原的雄心，函复岳飞，正式同意岳飞不必班师。复函中说，岳飞可以暂时收兵屯驻到有利地点，和杨沂中、刘锜共同协商，如果有机可乘，便和杨沂中、刘锜等约定日期并进；如果要暂时休整，等待机会，也必须和杨沂中、刘锜互相知会支援。

虽然如此，但原先叫岳飞班师的诏令早已发出，二十一日，岳飞开始班师。百姓大失所望，哭声震动原野。

◆功败垂成

岳飞班师时，恐怕兀术知道，因此扬言在次日挥兵渡河。兀术闻报后，连夜率领金军出城，向北撤退。兀术即将渡河时，有一名前宋朝太学生在兀术马前跪下说，太子不用逃走，汴京可以防守，岳飞军马上就要撤退了。又说，自古以来从没有内部有权臣，而大将能够在外面立功的。兀术终于醒悟，于是停止。

七月前期，高宗命宋将韩世忠、杨沂中出兵接应岳飞。岳飞班师后，韩世忠、杨沂中才领兵北上发动攻势。八月上旬，韩世忠领兵再次围攻淮阳，并数度击败金军。七月二十五日，杨沂中领兵从临安启程。

岳飞班师后，秦桧也命令各大帅班师返回南方。七月下旬，金军展开反击。八月中旬，杨沂中前进到宿州，接着在宿州西北被金军击败。杨沂中军溃退。九月，金军攻占宿州。而岳飞是年所收复的地区也陆续沦陷。

绍兴十年以前，能够在战略攻势的野战中击败金军的宋将，只有岳飞一人。岳飞很早就开始规划北伐，除了严格训练军队之外，他又派人联络黄河以北的反金义军和人士。因此，是年岳飞北伐节节胜利时，河北、河东反金豪杰闻风响应。当时，金军不断在野战中被岳家军击败，士气锐减。当时，如果友军能够配合，发动牵制性的攻势，让岳飞集中兵力展开北伐，还我河山的壮举很可能就在岳飞手中完成。可惜，高宗未能善加利用。所以，岳飞班师时，怨叹地说，十年的努力，一日之间废弃。南宋也丧失了一个光复北方的机会。

岳飞在尚未接到这封不必班师的复函时，更具体地说应是在高宗尚未书写这封复函时，已经班师了。原来，十八日以后的某一天，岳飞一日之间接到十二道金字牌传来的叫他班师的诏令。岳飞只好奉令班师。他惋惜、怨叹、落泪，说，十年的努力，一日之间废弃。

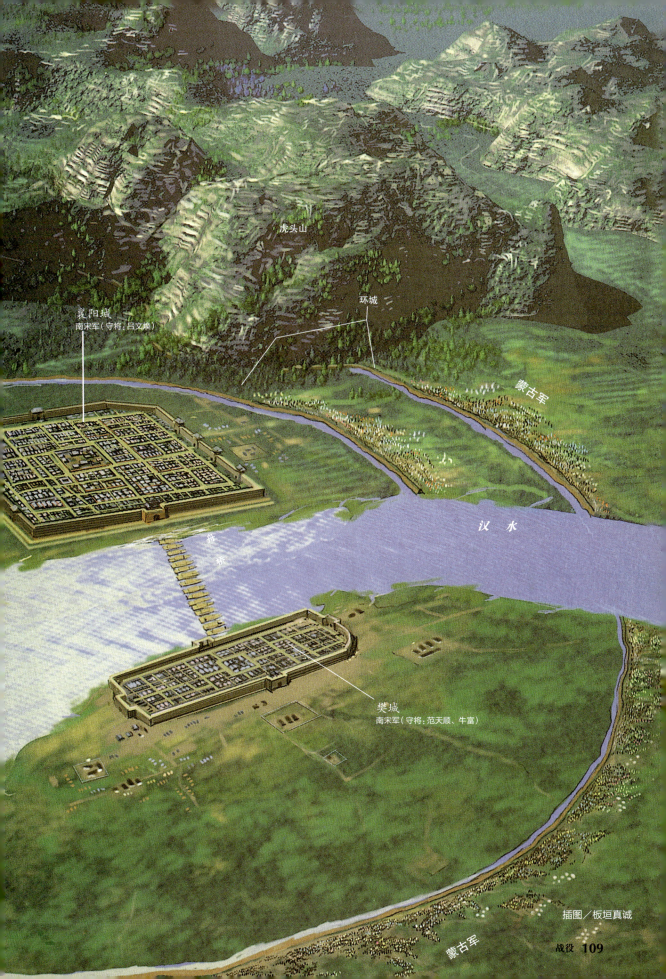

抵挡蒙古军侵略的防御系统

在英雄成吉思汗的领导下朝向夺取全欧亚大陆霸权之路迈进的蒙古帝国，与平定五代十国战乱、在遭受外族压迫之下依然维持中华统一的南宋，于1233年金朝灭亡之际首次交锋。

为了争夺金朝遗留下来的中原领地统治权，二者的军事冲突最后终于发展成全面战争的形态。由于北方出产的优质军马供给断绝，因此南宋军在骑兵上处于劣势，当动员6万人的首次中原夺取战失败之后，其作战方式就转为防御姿态。而采取攻势的蒙古帝国，在窝阔台统治下的1235～1239年、蒙哥统治下的1257～1259年，曾两次向南宋发动大规模进攻，不过都失败而归。

归纳一下蒙古军早期败北的原因，大致为以下三点。

(1) 因为金与南宋的长期斗争，中原完全荒废，因此，要靠中原产物供养蒙古军队是不太可能的事情。
(2) 由于南宋是个拥有庞大人口与坚固要塞都市群的农耕民族国家，因此蒙古军光靠以往在欧亚大陆施展的以骑兵为主力的机动战，确实很难打下南京。
(3) 南宋有长江、淮水及汉水这三大河川作为天然屏障，并且还在这些流域展开极为强大的带状防御系统。

这其中又以在1127年旧都开封被金所夺，宋朝被迫南迁的奇耻大辱"靖康之难"过后，耗费一个世纪以上时间构筑而成的第三点防御系统，最是令人吃惊！

三大河流域由东至西划分为淮东、淮西、湖广、四川四个军管区。各军管区皆配置兵力1万至数万的数个游击军，且有着大规模兵站基地与相当完善的军政组织在背后支援，不论敌从何方来、采取何种攻击，都很难被攻陷。

不过这个看似完美的防御系统，同时也是南宋最大的弱点。编制约40万（实际兵力则远低于这个数字）的常备军几乎紧贴于三大河流域上，而与其说是精确细密，还不如说已经变成错综复杂的兵战组织，其官僚主义也牢牢融于其中，使他们相当欠缺跨越军管区的战斗机动力。原本用来当作国家战斗总预备队的约12万三衙兵（皇帝近卫军团），实际上隶属于淮东与淮西军管区的指挥，很难随机运用调动。如此一来，南宋大部分资源都被投在国境线的广大正面防御上，而这一所谓的"封锁线防御方式"，不仅无法形成充分的战斗纵深防御体系，而且作战主导权还完全掌握在攻击方的手上。因此，只要防御线有一处被强行突破，欠缺机动预备战力的后方即完全暴露，整条防卫线都失去意义。

忽必烈围攻襄阳作战

在兄长蒙哥于1159年阵亡之后，忽必烈击败弟弟阿里不哥成为帝国的新主人。他充分吸取了上述战役的教训，拟定了新的进攻南宋的作战计划。他把开封作为根据地，将大量补给物资集中于此，同时还整理好河北的交通网，让后方支援万无一失。

攻击目标不像过去两次远征一样分散，而是专攻属于汉水要地的襄阳，意图针对此单一定点来突破防御线。这跟直接攻击相当于南宋心脏部位的淮水或是长江流域相比，必可将通过荒废的中原的联络线长度缩短。

蒙古军当初动员的兵力约7万，包括主帅阿术直接指挥的蒙古骑兵部队，及投降于忽必烈的史天泽副帅麾下的步兵部队。另外，这次远征中不仅出动大量攻城武器与工程兵，兵站也准备得相当充足，足以应付长期攻围战。

相对于此，南宋军的湖广军管区总兵力约有10万。不过驻扎于襄阳的部队只有1万～2万，其中2000人则派去驻守位于汉水对岸的都市——樊城。

湖广军管区的主帅原本是出身樵夫、而后爬上一代将军地位的沙场老将吕文德，不过他却在战役开打期间辞职。传闻他是因为没有事先探知蒙古军的进攻，进而使敌军前进至襄阳才引咎辞职，不过详细状况不明。

吕文德辞职之后，便改由他担任襄阳知事的弟弟吕文焕上阵，对抗阿术和史天泽的大军。

1268年十月，蒙古军开始攻击襄阳。他们选择采用传统围攻战的要领，首先封锁住襄阳，构筑起坚固的阵地。蒙古军靠着汉水弯曲部所形成的口袋，沿着山麓棱线挖掘壕沟与构筑土垒，将整个襄阳困在里面。这条封锁线采用内侧与外侧两层构造，不仅可以对付襄阳守军，也能阻止南宋的支援部队前来，整个阵形称为"环城"。

吕文焕为了阻止蒙古军完成环城的构筑，从城内出击企图破坏阵地，却反被敌军兵力压倒而撤退。他在战时放弃突破包围阵之后，便以舟桥构筑出襄阳与樊城的联络线，意图整合防御态势。蒙古军在此时尚未拥有可用的水上兵力，因此无法阻止南宋军架桥，所以被迫连樊城一起封锁。这条用以对付樊城的封锁线，应该会位于南宋军较难接近的北岸上头。

1269年，双方对于汉水的水上联络线展开攻防战。南宋水军在三月利用春季增水期派遣轻快舰队实施侦察性的攻击，等到七月夏季增水期，便打算派遣装满粮食与物资的大舰队打通前往襄阳的联络线。虽然蒙古军在此时已经于当地完成建造船舰与组织舰队的工作，但是经验充足与训练较为优良的南宋舰队还是突破了敌军的警戒线，成功将大量补给品运到了被围攻的吕文焕手上。他们在归航途中却遭到蒙古舰队逆袭，受到相当大的损失。

1270年初，吕文焕率领步骑1万出击，针对蒙古军封锁线最脆弱的汉水上游南岸万山阵地进行攻击，但是失败撤退。

新兵器回回炮
相当于投石机吊臂的部分在尾端（有齿的地方）具有配重效果，靠着重力产生的归位力量来抛投石弹，也有其他形式（插画／中西立太）

■决定攻围战结局的"投石机"

1271年，忽必烈定国号为"大元"，南宋军终于完成了解决襄阳之围的大反攻作战准备，其兵力包括三衙兵在内，水陆联合共有精锐10万人。指挥官是殿前指挥使（近卫军团长），与吕文焕亲近的范文虎。为了从国境线的防御系统中抽调出兵力，编组出规模如此庞大的机动部队，实际上花了超过一年的时间。

阿术得知这消息之后，便向忽必烈提出增派数万兵马至前线。

范文虎军在四月从两淮出动，自长江直接进入汉水。阿术则是等着增援抵达，以和敌军相同数量的10万兵马进行对战。

在经过几回前哨战后，双方于六月在襄阳下游的鹿门山麓展开了正式交战。南宋军分水陆两路进攻，但是水军却因为大河涨水导致溯江困难，陷入了不利的局势中。

相对于此，阿术将自己的舰队分成三支，他先以中央部队朝南宋舰队正面发动突击，等敌方陷入混乱之后再让其他两支部队对两翼展开袭击。南宋舰队因此溃败，失去水军支援的陆上部队随之瓦解，战争至此宣告失败。

吕文焕接到范文虎军大败的消息之后，心里便已明白从外部来的救援希望渺茫，便决定采取最后一搏。他让守军进行最后一次出击，攻击位于封锁线最南端的百丈山蒙古军阵地，可惜依然被击退。

虽说如此，坚固的襄阳城已经持续抗战了两年之久，且众将士对于吕文焕的信赖也未曾动摇。至于物资的储备方面，虽然已开始缺乏，但是1272年也有湖广军管区的敢死队以舟艇机动的方式抵达提供补给。

最后决定围攻战结果的，是忽必烈送达前线的新兵器。这是由从西方的伊利汗国找来的两位穆斯林技术人员制作出的"投石机"，是一种波斯式的巨型投石机。与靠人力发射的中原投石机相比，它是以配重物体作为弹射动力，在投射重量与射程上皆优秀许多。

1273年春季，投石机在前线完成组合，首先朝着防御较脆弱的樊城开始射击。经过一个月的射击，城墙终被打开了破口，蒙古军攻入了城内。他们将舟桥烧毁以孤立樊城，经过巷战之后便压制全城。投石机开始对襄阳射击。城内建筑物与防御设施接连遭到破坏，守军束手无策。奋战至此的吕文焕，此时也认清已无反攻的可能，终于开城投降。

襄阳的陷落，使南宋的防御系统宣告崩坏。1274年，忽必烈动员28万大军以襄阳作为新的根据地，席卷南宋后方。南宋军几乎无法展开超越军管区的组织性抵抗，1276年，首都临安在没经过什么抵抗之下就被攻陷。这就是国家过度依赖看似复杂精巧，却过于僵硬没有机动性的防御体系的下场。

附带一提，在襄阳围攻战中发挥关键作用之一的投石机，后来被称作"回回炮"或是"襄阳炮"。

土木之变及北京保卫战

瓦剌 vs 明／1449 年

■ 土木之变

◆ 瓦剌也先入侵

元朝灭亡，蒙古退回漠北一带，以后改称鞑靼。明成祖时，明朝西北沿边的蒙古别部瓦剌崛起，势力逐渐扩张。明宣宗时，瓦剌部首领脱欢统一瓦剌、鞑靼两部，拥立元朝后裔脱脱不花为鞑靼可汗，而自任丞相。明英宗时，脱欢去世，子也先承袭相位，自称太师淮王，继续向外扩张，降伏东面的兀良哈（蒙古别部），并待机进攻明朝。

明英宗时，军政废弛，明军战力低弱。英宗又宠信宦官王振，以致宦官专权，政治腐败。

明英宗正统十四年（1449）七月，瓦剌太师淮王也先以明朝对瓦剌贡使没有足够的赏赐为由，兵分四路，进攻明朝边境，进行一场袭扰和掠夺战。其中，鞑靼可汗脱脱不花进攻辽东，知院阿剌进攻宣府（今河北宣化），一支骑兵进攻甘州（今甘肃张掖），也先亲自率领骑兵2万人进攻大同（今山西大同）。

十一日，也先军进到猫儿庄（今内蒙古察哈尔右翼前旗东南），明朝大同右参将吴浩率明军迎战，兵败而死。十五日，大同总督宋瑛、总兵官朱冕、左参将都督石亨领兵在阳和口（今山西阳高西北）迎战。这时，王振的亲信宦官郭敬担任监军，将领都受他节制，明军散漫而无纪律，结果全军覆没。宋瑛、朱冕战死，石亨逃回大同。大同以北城堡相继失陷。

是月，知院阿剌率领北路军从独石口（宣府东北）南下，七月十五日围攻马营堡（今河北赤城西北）。十八日，守备杨俊弃堡而逃。阿剌攻陷马营堡，接着攻陷永宁城（今河北延庆东北）。七月中旬，脱脱不花率领东路鞑靼军3万余人围攻镇静堡（今辽宁黑山西北），明军奋勇抵抗，脱脱不花解围离去。二十日，脱脱不花攻打广宁城（今辽宁北镇），明军固守城池。是役，辽东方面，鞑靼军攻陷驿堡、屯庄18处，掳去官员军民1.3万余人，马6000余匹，牛羊2万余只。

◆ 英宗御驾亲征

也先进攻的消息传到北京，宦官王振极力怂恿明英宗亲征。兵部尚书邝埜、兵部侍郎于谦反对。吏部尚书王直等也上奏反对亲征，他说边区只要守备严密坚固，敌人进攻，朝廷只要增派良将精兵前往，再坚壁清野，等待时机；敌人前进不得，又无从掳掠，人马疲困，明军必然可以获胜，不需要皇上御驾亲征；何况秋天暑热正盛，青草不够多，水泉干涩，不够人畜使用。但英宗不听，七月十五日下令亲征，第二日便出发，事出仓促，举朝震惊。明廷命太监金英辅佐郕王朱祁钰（英宗弟）留守朝廷。十六日，英宗率领明军50万人出发，一切军务交由王振专断。

十七日，英宗率领明军抵达龙虎台（北京附近）。是夜，军中发生夜惊。大家认为是不祥之兆。十九日，英宗一行通过居庸关；二十一日，抵达怀来城西；二十三日，抵达宣府。这时大风大雨，边报更加紧急。扈从群臣请求英宗驻跸宣府。王振大怒，令群臣亲自前往部队中掠阵。

二十四日，英宗一行抵达鸡鸣山，军中都恐惧。英宗一向将各类事务都交付王振办理，这时王振更加跋扈嚣张。成国公朱勇等要向王振报告事情，跪着用膝盖走向前。王振令户部尚书王佐、兵部尚书邝埜管理老营。王佐、邝埜先行离去。王振大怒，命两人跪在草地上，到黄昏才起来。钦天监正彭德清劝王振说，敌人声势如此强大，不可以再向前进，假使有什么疏漏，会使天子陷入草莽。王振大骂彭德清说，假使如此，也是天意。

二十八日，英宗一行抵达阳和城南。阳和之战，明军全军覆没，僵硬的明兵尸体布满荒野，明军更加心寒。而瓦剌也先军见明朝大军西进，也避开明军，逐渐退往塞外，意图引诱明军深入。明军尚未抵达大同，已经缺乏粮食。八月一日，英宗一行抵达大同。

◆ 明军撤兵

八月二日，王振准备进军北上。王振的亲信镇守太监郭敬秘密对他说，如果北上，正好中了敌人奸计。王振才开始惧怕。明军出了居庸关以后，连日来不是风便是雨；抵达大同，暴雨又突然降临，人们都惊慌疑惑。王振便决定撤兵。英宗命广宁伯刘安担任总兵官，都督佥事郭登担任参将，镇守大同。

八月三日，英宗、王振率领50万大军从大同出发，向东撤退。是夜，明军抵达双寨儿（大同附近），扎营完毕，黑云像伞一样覆盖在营寨上方。不久，雷电风雨交作，营中惊恐混乱，整夜不停。当

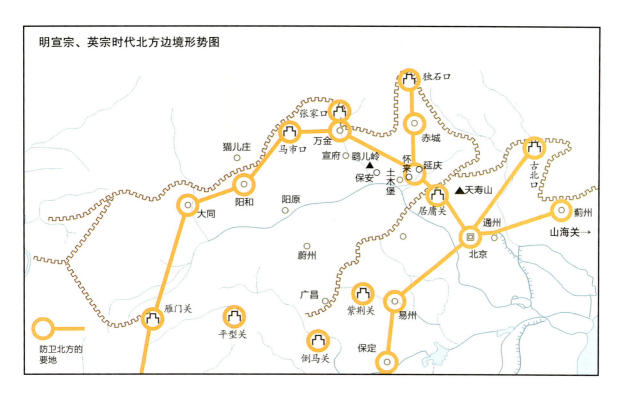

明宣宗、英宗时代北方边境形势图

初，王振决定经由紫荆关（今河北涞源东北）东归。王振是蔚州人，起初想邀请英宗前往他的家乡，不久又担心大军会损坏他家乡的田园，于是又决定改走宣府一路，以致明军侧翼正好暴露在瓦剌军的攻击之下。

六日，英宗抵达白登（今山西阳高东南）；七日，抵达怀安城西；十日，抵达宣府。这时，兵部尚书邝埜上章请求英宗迅速奔驰进入居庸关，重兵殿后。没有回音。邝埜前往行宫再申前请。王振大怒说，腐儒如何知道兵事，再说一定赐死。又叫左右将他扶出去。十一日，英宗抵达宣府东南；十二日，抵达雷家站（今河北新保安）。十三日，英宗即将启程，宣府传来谍报：瓦剌军袭击明军殿后部队。英宗便扎下来。王振并不准备决战，只派遣恭顺侯吴克忠担任后卫抵御敌人。吴克忠战败阵亡，全军覆没。傍晚，王振接到战报，又派遣成国公朱勇、永顺伯薛绶率领明军4万人前往抵御。朱勇、薛绶进到鹞儿岭（今新保安西北40里），遭到瓦剌军伏袭，又全军覆没，朱勇、薛绶战死。

◆土木堡之战

八月十四日，英宗率领明军退到土木堡，东面距离怀来城（今河北怀来东南）只有20里。这时天尚未黑，随从官员主张进入怀来城。王振为了等候他的一千余辆辎重车，不答应，下令在土木堡扎营。是夜，瓦剌军跟踪追击而来，将明军包围。土木堡地势较高，无水源，明兵掘井深达两丈余，仍然见不到水。堡南15里有一条河流，已经被瓦剌军所控制。于是，明军整日断水，陷入人马饥渴的窘境。是夜，一部瓦剌军从土木堡西北的麻谷口展开攻击，明将都指挥郭懋领兵防守隘口，奋战了一整夜，但瓦剌军不断增多。

十五日，英宗率领明军准备启程东归，由于瓦剌骑兵环绕明军营阵窥伺，于是停止下来。瓦剌军假装撤退。也先派遣使者前来明军军营，假装说要议和。英宗便派人前往瓦剌军营谈判。王振以为和谈即将告成，因此下令拔营，越过壕堑朝南向河川移动以便取水。明军一移动，回转之间，阵势已经混乱。明军南下不到三四里，瓦剌军趁机派遣骑兵从四面向明军展开冲击。明军突然遭到袭击，队伍更加混乱，士兵争先恐后奔逃，势不能止。瓦剌骑兵突破明军的阵势，冲入明军阵中，挥着长刀砍杀明兵，并大喊"解甲投刀的不杀"。许多明兵赤裸互相践踏而死，大败溃散，尸体遍布郊野，阻塞河川。是役，明军伤亡数十万人，英宗被俘。英国公张辅、兵部尚书邝埜、户部尚书王佐、学士曹鼐等数百名官员遇难。瓦剌军掳获明军骡马20余万头，以及无数衣甲、器械、辎重，史称土木之变。英宗被俘前，明朝护卫将军樊忠不满王振专权乱政而痛骂，要为天下诛杀这个贼人，并在混乱中将王振杀死。接着，樊忠冲向瓦剌军，杀死敌兵数十人，最后战死。

土木堡之战经过示意图

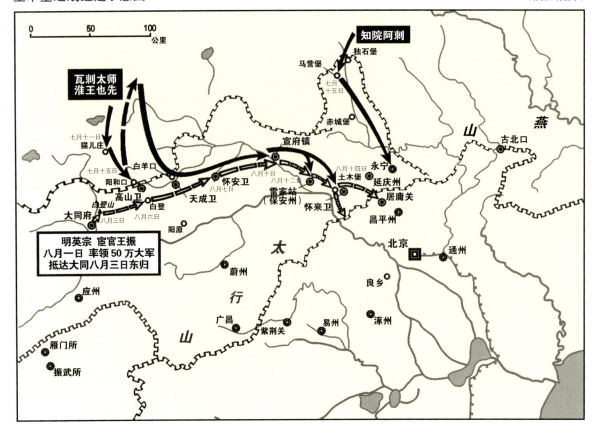

(作图 / 林加丰)

▨北京保卫战

◆明景帝即位

正统十四年八月,英宗被俘的消息传到朝廷,这时京师瘦马、弱卒不满10万,上下一片恐慌。皇太后召集百官入朝,宣布由郕王朱祁钰主持政务。二十日,太后下诏立皇子朱见深为皇太子,命郕王辅佐,代理国政。二十一日,郕王下令兵部侍郎于谦晋升为兵部尚书。二十三日,郕王摄政朝会时,言官、大臣陆续弹劾王振,说王振危害国家,请求灭来安定人心。哭声响彻内外。郕王起身进入内殿,殿门将要关上,群臣一拥而入。不久,郕王下令查抄王振家产,并派遣锦衣卫指挥马顺前去处理。大家说马顺是王振的党羽。太监金英传旨命令百官退朝。百官要殴打金英,金英逃走。马顺从旁边喝令百官离去。大臣群起而上,将马顺击毙。大家又将王振党徒宦官毛贵、王长二人捉出来打死,又将三具尸体拖到东安门陈列,军士还不停地击打尸体。不久,大家又将王振的侄子、锦衣卫指挥王山捉来,叫他跪在廷殿上,加以唾骂。百官喧哗杂乱,毫无朝廷礼仪。之后又因杀死马顺而恐惧。郕王意图返回宫内。兵部尚书于谦上前拖住郕王衣服,说王振是罪魁祸首,不处分便无法消除大家的愤怒。

于是,郕王下令,嘉奖百官,马顺有罪应当处死,百官的行为不必追究。大家才拜谢离去。二十九日,明廷查抄王振家产,共有金银十余库,马一万余匹。明廷又在市街上将王山磔杀(割肉处死),并将王振、王山的族人不分大小全部处斩。

当时,大臣担心国家没有君主,请求太后立郕王为帝。九月六日,郕王即皇帝位,即明景帝,遥尊英宗为太上皇。

◆北京的防务

八月,明军为了预防瓦剌军进攻北京,在京城九门部署炮架、铳、石,并挑选余丁、民壮等充当军士,以便固守。同月,礼科给事中李实上奏说,京城城濠两岸,树木很多,妨碍明军作战,并可能会让敌人利用,等到有警报时,建议命官军加以砍伐;新挑选的余丁、民壮等,都是承平时的安逸之徒,立即要他们手持兵器,恐怕难以使用,请选派精壮正规军加以操练。郕王命有关单位商议执行。(军户中当兵的称正丁,其余子弟称余丁。)

九月一日,也先派遣使者抵达北京,说要送英宗回京师。瓦剌使者离去时,明廷赐给也先金一百两,银二百两,彩币二百匹。

当时,京师各营全部随同出征,军资、器械所剩

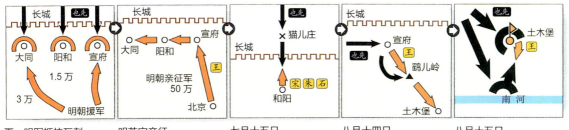

| 夏，明军抵抗瓦剌 | 明英宗亲征 | 七月十五日 明军大败 | 八月十四日 皇帝退往土木堡 | 八月十五日 皇帝被俘 |

← 德胜门箭楼，位于德胜门大街立体交叉陆桥的北边。在北、东、西三面开有82个方形射口（射箭用的窗子）。内部的城墙、城门现在用于解说北京历史（照片提供／山口直树）

↓ 明代的城墙遗迹。北京从15世纪开始成为明朝首都，留存至今的故宫、街道、城墙，都是在当时原址上建设的（照片提供／山口直树）

不到十分之一。于谦判断也先势必南侵，因而建议若干防御措施：(1)派人分路募兵，收集余丁、义勇，征调附近民夫接替漕运的官军，换下来的官军则前往神机等营操练听候调用；(2)赶造兵器；(3)京师九门，任用都督孙镗等守护，领兵出城列营操练；(4)派遣官员出城巡视，以免疏漏；(5)将城池附近居民迁入城内，随地安插，以免被敌人掳掠；(6)通州坝上仓粮，不可让敌人利用，命司都给以一年粮饷，前往预先支领；(7)赦免石亨、杨洪罪过，和安同侯柳溥都担任大帅。

明景帝采纳于谦的建议。接着，明廷任命兵部郎中罗通、给事中孙祥等为副都御史，分别防守居庸、紫荆等关；任命薛瑄为大理寺丞，防守京师北门；任命侍讲徐珵等为行监察御史事，分别镇守河南、山东等处要地，安抚军民；又令各处招募民壮，由本地官员率领操练，有警时调用。明廷又释放杨洪、石亨，命杨洪仍旧防守宣府，石亨指挥京师兵马。石亨有威望，当初驻守万全，因不救英宗罪名而下狱。

明景帝又采纳于谦的建议，下令两京、河南备操军、山东及南京备倭军、江北及北京运粮军立即前往京师。

当时，明廷又命宣府、居庸关等地明军前往土木堡战场捡拾明军所遗弃的兵器。九月，居庸关明军拾获头盔6000余顶，铠甲5000余副，神枪11000余把，神铳600余把，火药18桶。明廷下令运往京城。同月，宣府明军拾获头盔3800余顶，铠甲120余副，圆牌290余面，神铳22000余把，神箭(火箭)44万支，大炮800门。宣府总兵官杨洪酌量发给宣府、万全、怀安、蔚州等卫以及万全都司使用。

◆ 也先南下

明景帝即位之后，皇太后即派遣使者前往瓦剌，晋见太上皇英宗，通报已经立郕王为帝。不久，明景帝又派遣使者去见英宗，又致函瓦剌太师淮王也先，说明即位的缘由。也先听说后，便意图南下。明朝太监喜宁是鞑靼人，土木堡之役，投降也先，将虚实全部告之。这时，也先决定南下，并用喜宁为向导。喜宁又建议，挟持英宗进抵边境，胁迫守将开门，召守将出见，加以扣留。也先觉得很好，于是便以护送太上皇回京为名，和鞑靼可汗脱脱不花率领瓦剌、鞑靼军约五万人南下。

十月一日，也先领兵挟持英宗抵达大同东门，

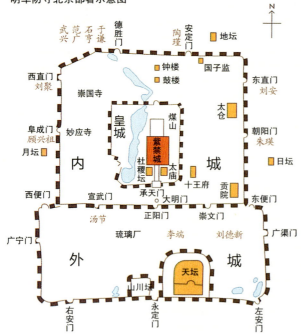

明军防守北京部署示意图

北京紫禁城。其占地之广，至今仍令参观者惊叹。此处也是电影《末代皇帝》的取景地

元朝首都大都是建设于金朝首都中都东北郊外的大都市，不仅是明朝首都的基础，也是今日北京城的原型。附带一提，明朝于1421年从南京迁都至北京

派遣知院阿剌等进到城下说："今送上皇回京，若不得正位，虽五年十年，务要仇杀。"知府霍瑄出城去见英宗，献上鹅酒等物。英宗秘密让他告诉郭登（大同参将），固守城池，不可打开城门。郭登派人向瓦剌军表示，赖天地祖宗神灵保佑，明朝已经有国君了。也先见大同有防备，便领兵离开。三日，也先挟持英宗抵达阳和（今山西阳高）。阳和守将献上牛羊酒给英宗。一支瓦剌军又进攻白羊口（天成北）。守将谢泽领兵扼守山口，被瓦剌军击溃，谢泽被杀。接着，也先避开宣府，继续领兵南下，向紫荆关前进。不久，也先攻陷广昌（今河北涞源）。

四日，也先领兵挟持英宗抵达紫荆关北口。副都御史孙祥派遣指挥刘深出见英宗。英宗随从指挥同知岳谦对刘深说：此处达子（瓦剌军）有3万人，只有精壮2万；另有2万人从古北口攻入。

八日，明廷命兵部尚书于谦为提督各营军马，统一指挥京师明军。

副都御史孙祥防守紫荆关，和瓦剌军相持了四天。九日，太监喜宁引导瓦剌军暗中从其他小路绕到紫荆关背后，腹背夹攻明军，攻破紫荆关。孙祥和都指挥韩青战死。

早在六日，明景帝听从大臣建议，派遣明军2.6万人，马5000匹，命都督金事孙镗担任总兵官，高礼担任左副总兵，前往紫荆关增援；并晋升孙镗为右都督，又命都督毛福寿率领明军1万人策应孙镗。数日后，孙镗等即将出发，听说瓦剌军已经入关，孙镗等便留在都城近郊驻扎。

◆**明军列阵城外**

听到紫荆关陷落的消息后，朝野人心恐慌，没个主意。明廷赦免罪将成山侯王通，晋升为都督，又晋升鸿胪寺卿杨善为副都御史，协同防守京城。太监兴安询问王通有何计策。王通说要挑筑京师城外城濠。兴安瞧不起他。大监金英召侍讲徐珵前来询问。徐珵说，观察星象历数，天命已去，请退往南京。金英叫他出去。于谦上奏说，京师是天下的根本，如果一动，大势就会完全丧失；徐珵乱说话，应当斩首。太监金英宣布说，有再说要迁都的，皇上下令一定诛杀。又张贴布告宣示。于是，明廷决定固守京师。于谦听说瓦剌军逼近，考虑城外各地粮草数以万计，恐怕会被敌人利用，于是急忙派人焚烧，然后上奏。有人说等待奏报批示。于谦表示，如果稍微延缓，粮草就会落入敌人手中。

当时，战守的策略，议论不一。石亨主张关闭九座城门，坚守避开敌军的矛头，等待敌军疲惫。于谦说，为何示弱，这样会使敌人更加轻视明军。于是，于谦分派将领率领军队22万人在京城九门外列阵。

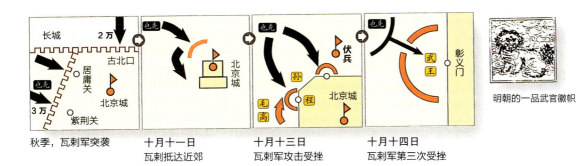

明朝的一品武官徽帜

城北，总兵石亨率同副总兵范广、武兴在德胜门列阵，都督陶瑾在安定门列阵；城东，广宁伯刘安在东直门列阵，武进伯朱瑛在朝阳门列阵；城西，都督刘聚在西直门列阵，副总兵顾兴祖在阜成门列阵；城南，都督刘德新在崇文门列阵，都指挥李端在正阳门列阵，都指挥汤节在宣武门列阵。将领全部受石亨节制。于谦则和石亨在一起，坐镇最为冲要的德胜门，亲自督战。

于谦又下令关闭城门。又下令，作战时将领不顾军队而先撤退的，斩杀将领；军队不顾将领而先撤退的，后队斩杀前队。

也先率领军队挟持英宗经由易州、良乡，十一日抵达京城近郊。十二日，也先挟持英宗登上土城，要求明朝大臣出来迎接。明景帝派遣右通政王复等出城晋见英宗。也先又要求于谦、石亨出见，并求索金帛数以万计。明廷不答应。是夜，于谦派遣镇抚薛斌率领明兵23人出城劫营。明兵射死瓦剌兵1人，夺回被掳民众1000余人。明廷晋升薛斌二级，奖赏银二两；其余士兵晋升一级，奖赏银一两。

◆德胜门之战

十月十三日，瓦剌也先派遣一部军队向德胜门进攻。于谦命总兵石亨派兵埋伏在德胜门外道路两旁空屋中。瓦剌数名骑兵前来侦察，石亨首先派遣少量骑兵迎战，接着佯败后退，瓦剌军出动骑兵一万余人前来追击。明军伏兵展开攻击。明军又用神炮、火器攻击瓦剌军，瓦剌军败退，也先弟弟孛罗、平章卯那孩中炮而死。

◆西直门之战

接着，瓦剌移军转向西直门进攻。驻扎城外的总兵孙镗领兵迎战，击败瓦剌军前锋。瓦剌大军赶到，围攻明军。孙镗失利，要求打开城门退入城内。给事中程信在城西监军，说，孙镗小小失利，若开门进城，敌人就会更加嚣张，人心更加恐惧。于是紧闭城门，督促孙镗作战。瓦剌军逼近城下，孙镗军在死地，也背城死战，程信和都督王通等也领兵在城上鼓噪，发射枪炮支援孙镗。都督毛福寿、高礼也领兵前往支援，加入战斗。高礼中了流箭。不久，石亨援兵也抵达，瓦剌军便撤退。

◆彰义门之战

十四日，瓦剌军进到京城西方的彰义门（今北京广安门西四里余）。于谦命都督王敬、武兴，都指挥王勇领兵前往迎战。武兴命明军将神铳部署在阵前，其次部署弓箭、短兵，太监骑兵数百人排列在阵后。瓦剌军抵达后，明军首先用神铳击退瓦剌军。这时，太监骑兵数百人为了抢功，从后队跃马而出，致使明军阵形大乱。瓦剌军乘机攻击，明军败退。瓦剌军追击到土城，武兴中箭阵亡。明朝居民登上屋顶，大叫大喊，用砖瓦投掷攻击瓦剌军，瓦剌军稍微停止前进。不久，都督毛福寿等率领援军抵达，瓦剌军遥遥望见明朝援军旗帜，便向后撤退。

◆瓦剌军撤退

北京之战时，一支鞑靼军也向居庸关进攻，守军使用火器将鞑靼军击退。

也先在北京城外三战三败，又听说明朝勤王援军即将抵达，恐怕退路被切断，于是领兵撤退。十五日，瓦剌军主力挟持英宗经由良乡西退，一路上大肆劫掠，又派兵散开掠夺京畿州县。于谦也派遣明军追击也先。

十六日，一支瓦剌军撤退到居庸关，居庸关明军予以截击，斩获首级6颗，掳获马120匹、牛骡470余头，救回被俘男女500余人。

十七日，也先军主力挟持英宗通过紫荆关西退。

二十五日，明军在霸州追击并击败一支瓦剌军，夺回被俘民众一万余人。

是月，也先率领主力挟持英宗经由蔚州、阳和、猫儿庄北退。十一月，瓦剌军完全退至塞外，京师宣告解严，也先南下之役结束，明军赢得北京保卫战的胜利。次年八月，也先释放英宗返回明朝，双方暂时恢复友好关系。

萨尔浒之役
明万历四十七年（1619年）

战前态势

萨尔浒之役（明神宗万历四十七年，清太祖天命四年，1619）是17世纪影响东北亚政治发展的决定性战役。在此役之前，明朝通过外交手段，成功解决了蒙古部族长年南下骚扰的问题，接着顺利征服了辽东土蛮等部族，又通过援助朝鲜的军事行动，压制了日本的侵略，也建立了和朝鲜的稳固关系。这使明朝北方边境上，一时出现了难得的和平。但辽东建州三卫却出现了有勇略的部族长努尔哈赤（1559～1626，近年来研究发音应为努尔哈齐），他逐步统一女真各部，成为明帝国新的边患。

万历四十六年（1618）四月，努尔哈赤终于下定决心，在赫图阿拉（今辽宁省新宾满族自治县永陵镇）率师2万，攻打明朝抚顺所和清河堡两地，出师前在告天书上写与明朝的"七大恨"，宣告与明决裂，揭开了明清战争的序幕。随着抚顺等地的陷落，明廷大为震惊，明神宗下令九卿科道官会议，力主武力讨伐。朝廷调兵遣将，兵分四路，准备直捣努尔哈赤的根据地。

明军讨伐之准备与战斗序列

在出征北伐前，朝廷令负责帝国东北方防务的蓟辽总督汪可受驻山海关，不可出关，并任命援朝之役的杨镐为辽东经略，负责征讨。讨伐军以辽镇和蓟镇援兵3万余为主，并选调其他军镇如宣府镇、大同镇、山西镇、延绥镇、宁夏镇、甘肃镇、固原镇等七镇兵马共1.6万人，蓟镇各路兵丁数千，辽镇招募新兵2万，及刘綎议调各土司汉土官兵近万人，共不足9万人。工部并以库贮盔甲并铜铁佛郎机、大将军炮、虎蹲炮、三眼枪、鸟铳、火箭等火器，挑选演试后解赴前线。蓟辽总督汪可受在山海关督造战车。

至于讨伐军出战的方式，山东承宣布政使司董启祥建议各路军的组成方式为：

> 须每路大兵发后，随委骁将，用步骑驱战车百余辆，或三四百辆驮载糇粮、火器、火药以尾其后，驱火车三四十里或五六十里结阵以待，名曰：老营。仍多用哨马，络绎侦探，相机应援，路路皆然，此必胜之师也。

因此，各路讨伐军出战时，都有战车担任后卫和补给粮秣弹药的任务。

万历四十七年二月十一日，明军于辽阳演武场誓师，分四路征后金。除朝鲜军外，明军总兵力不及10万。分为沈阳一路（西）、开铁一路（北）、清河一路（南）和宽甸一路（东）共四路，由杜松、马林、李如柏和刘綎分任各路主将，战斗序列和原本议定四路出边时间和地点如表1。明军原定出口时间虽有差异，但沈阳、开铁、清河三路必须会师于二道关，然后合兵前进。

朝鲜军战斗序列

明朝为了出兵讨伐，也向朝鲜要求派遣援军。据朝鲜史料的记载，万历四十六年七月，经略杨镐曾要求朝鲜派遣铳手1万人。朝鲜遂命刑曹参判姜弘立为都元帅，平安兵使金景瑞为副元帅。次年正月，由于努尔哈赤派兵抢掠北关，因此杨镐又传檄朝鲜派遣铳手5000名，支援在亮马佃结阵的明军都督刘綎。姜弘立屯驻于庙洞，派遣副帅和三营将前往亮马佃。刘綎对于姜弘立没有亲自前来有微词，称："将来举事，元帅不可退在。"经略杨镐又以教练军卒为名，请朝鲜再派遣铳手。朝鲜因此派遣平壤铳手400名。

二月，杨镐于辽东定分路进兵，姜弘立也议定出师，其战斗序列如表2。其实际渡江参战的兵力约为1.3万人，编于刘綎一路，由乔一琦担任监军。

后金军战斗序列

《山中闻见录》称建州人："大抵女真诸夷并忍询好斗，善驰射，耐饥渴，其战斗多步少骑。"朝鲜人赵庆男于《乱中杂录》中转录姜弘立于战后所上启状。其中姜弘立叙明战争过程，以及曾亲至赫图阿拉见努尔哈赤的情况。他对后金军的作战能力有很高的评价，称：

表1 萨尔浒之役明军四路之战斗序列及出边时间地点表

方向	兵力及主将	其他将领	誓师出边时间地点表
开、铁 左北路，北路	主将：马林（原任总兵） 兵力：《满洲实录》作4万	潘宗颜 （开原兵备道佥事，监督）	二/二十八巳时（九至十一时） 出铁岭三岔口
沈阳 左中路，西路	主将：杜松（山海关总兵） 兵力：《满洲实录》作6万	张铨（广宁分巡兵备副使，监军） 龚念遂（原任参将） 李希泌（后营游击）	二/二十九申时（下午三至五时） 出抚顺关口
清河 右中路，南路	主将：李如柏（辽东总兵） 兵力：万余	贺世贤（管辽阳副总兵事参将） 阎鸣泰（辽宁分守兵备参议，监督）	三/一巳时（九至十一时） 出清河鸦鹘关
宽甸 右南路，东路	主将：刘綎（总兵） 兵力：《满洲实录》作4万	康应乾（海盖道兵备副使，监督）	二/二十五寅时（三至五时） 出宽甸小佃子口
宽甸 朝鲜军	姜弘立（都元帅） 兵力：1.3万	金景瑞（副元帅） 乔一琦（管镇江游击事都司，监军）	

资料来源：《明神宗实录》，卷579，页5b—7a。万历四十七年二月乙亥日

臣等临阵，目见其用兵，则其锋甚锐，有进无退，矢不及连发，炮不及再藏，此胡之不可与野战，难以形言。

可见后金的战法，在于号令严明，只进不退。此外，后金军也利用骑兵快速攻击的特性，充分把握射击的时间差，在敌人重新装填弹药之前，就已经冲垮敌军的阵营。

后金军依八旗制度调遣，其八旗与旗主对照表如表3。

■ 萨尔浒山之战

据明军监军张铨等人奏报，沈阳路主将山海关总兵杜松等于二月二十八日，率兵3万由沈阳出抚顺所，二十九日至抚顺关，原应按申时（下午三至五时）率兵出边，但杜松违背约定，自行先出关。三月一日，杜松所部抵达萨尔浒地区，掌车营枪炮的龚念遂部并未渡河，而驻扎于斡珲鄂谟。杜松渡河后为敌所引诱，生擒敌军14名，焚克二寨，遂亲率一部攻击吉林崖（界凡山）后金军，将主力屯驻于萨尔浒山，由监军张铨指挥。

后金军则于三月一日辰时（七至九时）出兵，努尔哈赤得知沈阳路明军情形后，立刻派遣两旗兵力增援吉林崖，并自率六旗攻击萨尔浒山的监军张铨所部沈阳路明军主力。虽然萨尔浒山的张铨部立刻加强工事，并使用火器，但仍未能阻挡后金军的攻势，终被击溃。

杜松退往二道关后，忽然出现后金埋伏骑兵3万，杜松奋战数十阵，希望占领山头制高点，但又出现伏兵，杜松面中一矢，落马而死。至此，沈阳路明军已不支溃散。

留在后方的龚念遂、李希泌领车营骑步兵1万，在三日也至斡珲鄂谟处安营，绕营凿壕列炮，龚念遂所部使用的是大战车，防御力较佳，但已无杜松部骑兵策应，无法抵御后金骑兵的优势进攻。后金军皇太极率骑兵冲入龚念遂战车阵中，龚念遂等人皆阵亡。《满洲实录》卷五有《四王破龚念遂营战图》，描绘龚念遂车营被后金骑兵冲破的一瞬，是难得的图像史料，但图中明军战车系轻战车，似有误。

■ 尚间崖、斐芬山之战

开铁路马林部离开开原后，应于三月二日抵达二道关与杜松部会师，但至二日中午仍驻扎于三岔口外的稗子谷。当马林部开始往二道关前进时，杜松部已被歼灭。马林于当日晚间至王岭关附近。三日晨，马林闻知努尔哈赤率兵前来，遂率兵万人前往尚间崖，并派遣开原道监察御史潘宗颜率领数千人前往尚间崖东面三里的斐芬山，与在斡珲鄂谟的龚念遂部互成犄角，相互声援。明朝方面的史料对于马林部的情况交代不多，但《满洲实录》对于马林部次日战前的描述是：

> 马林方起营，见大王兵至，遂停，布阵四面，而立绕营凿壕三道，壕外列大炮，炮手皆步立大炮之外，又密布骑兵一层，前列枪炮，其余众兵皆下马于三层壕内布阵。

可见马林部未使用战车，且马林部的阵形是将大炮放在阵外，骑兵则在内，大炮和炮兵没有任何保护。交战不久，后金军迅速击败马林部。《满洲实录》卷五有《太祖破马林营战图》，绘有马林部被后金骑兵击败后，明军枪炮四散于地的情形。

当马林屯于尚间崖时，潘宗颜部1万军驻扎于三里外的斐芬山，以战车和火器固守。努尔哈赤领下马步兵向潘宗颜部仰攻，顺利破坏战车。双方鏖战至中午，潘宗颜中箭而死。而原定支援马林之叶赫部闻知明军败讯，遂仓皇退兵。《满洲实录》卷五亦有《太祖破潘宗颜战图》，绘有后金以步骑协同攻击潘宗颜车营的情况。

■ 阿布达哩冈伏击战、富察之战

努尔哈赤在击败杜松和马林二部后，集结兵力攻击宽甸路刘綎所部。刘綎所部明军万余，并有朝鲜所派都元帅姜弘立和副帅所统领的万余朝鲜兵。二月十九日，朝鲜军左右营开始渡江。二十三日，朝鲜全军渡过。实际渡江朝鲜军之数量，经姜弘立查勘，共为：

表2 萨尔浒之役朝鲜军战斗序列表

都元帅姜弘立标下	中军前金使	吴信男	领平壤炮手200名
	从事官军器副正	郑应井	
	前郡守	李挺男	
	听用别将肃川府使	李寅卿	
	折冲	李掬	
	别将昌城府使	朴兰英	
	别将折冲	柳泰瞻	领骑兵400名
	别将折冲	申弘寿	领京炮手及降倭兵100名
	响道将	阿耳	领兵40名
	万户	赵英立	
副元帅标下	中军虞候	安汝讷	领随营牌兵800名
	别将折冲	金元福	
	别将折冲	黄德彰	领别武士新出身军800名
	军官	韩应龙	领自募兵160名
	军官	金洽	领立功自效军50名
	响道将	河瑞国	领兵80名
中营	中营将定州牧使	文希圣	领兵3350名
	中军江西县令	黄德汝	
左营	左营将宣州郡守	金应河	领兵3480名
	中军永柔县令	李有吉	
右营	右营将顺川郡守	李一元	领兵3370名
	中军云山郡守	李继宗	
运粮	连营将清城佥使	李穧	骑兵5000名（分为10营）

资料来源：李民寏撰，《栅中日录》，页446~447

"三营兵一万一百余名,两帅标下二千九百余名。"二十五日,大雪,朝鲜军至亮马佃。

二月二十六日,朝鲜军与明军刘綎部会合。姜弘立以粮食几尽为由,要求等待补给前来,但为刘綎所拒。二十七日,明军先行,至平顶山下营。朝鲜军则在拜东岭十里许下营,士卒因粮食几尽和长途跋涉,状况不佳。为了追上明军,姜弘立下令各营留下600人,设为老营,将步卒的负担和难以运输的军器留下,其余部队全力追赶明军。二十八日,朝鲜军主力通过牛毛岭。由于树木茂密,加上后金军于大路上砍倒树木,阻绝明军和朝鲜军前进,一路并遭遇零散后金军的偷袭,行军十分缓慢。

因路途艰险,刘綎所部直至三月四日才到达宽甸东北富察一带。《满洲实录》载刘綎部在出宽甸时,先遭遇并包围由牛录额真托保、额尔、纳尔赫三人所统领的守卫兵五百,取得小胜。

而努尔哈赤的防守策略,则是先留下四千兵力防守赫图阿拉,派遣皇太极等率领右翼四旗兵,埋伏于阿布达哩冈山林中,阿敏则率兵埋伏于阿布达哩冈南面的谷地。计划待刘綎部通过一半时,追击其后部。代善则率领左翼四旗兵,在冈北隘口前迎击明军。

努尔哈赤派遣冒充杜松部的材官前去刘綎部,伪称杜松部告急,催促刘綎前进。刘綎误认杜松已进逼赫图阿拉,遂命部队疾行,进入已为后金军埋伏的阿布达哩冈。后金军所采的战术与先前相同,充分争取制高点,由皇太极领右翼兵登山担任先攻,阿敏则后攻,后金军兵力约3万骑,自密林中伏击明军。明军则企图占领制高点阿布达哩冈,并结阵,但因受代善和皇太极夹攻,双方激战,直至酉时(下午五至七时)。而尚未来得及布阵的二营,也为后金军所消灭。《满洲实录》卷五有《四王破刘綎营战图》,图版中描绘出地面弃置的佛郎机和溃逃的明军。

同日,属于刘綎部的康应乾所部步兵已经完成布阵,驻于富察旷野处,士卒"皆执筸铳、竹竿、长枪,披藤甲,朝鲜兵披纸甲和柳条盔,枪炮层层布列"。后金军代善发起攻击。

两军接战时,突然刮起大风,造成火药烟尘反吹向明军,而后金军则利用此时机,大举冲入明军阵中,明军大溃,康应乾仅以身免。而乔一琦所部亦被后金军击败,逃入朝鲜军营中。《满洲实录》卷五有《诸王破康应乾营战图》,描绘两军交战前的态势,可见康应乾部虽有布阵,但并未设置障碍物或使用战车,步兵直接暴露于敌骑之前。

清河路明军之撤兵与战役之结束

南路的明军由李如柏所统领,出鸦鹘关后,行军缓慢,至虎栏关就按兵不动。虽然经略杨镐在得知杜松和马林两军溃败后,即命刘綎和李如柏回师,但刘綎稍后即被后金击溃,尚未能得知撤军的消息。而李如柏虽被少数后金部队骚扰,但仍能保存实力退回防线。

此役中,明军损失据辽东监军陈王廷御史查报疏所载:"阵亡文武等官共三百一十余员,阵亡军丁共四万五千八百七十余名,阵亡马骡共四万八千六百余匹,阵亡战车一千余辆……"而后金仅损失两千余人。

萨尔浒之役之战术检讨

万历四十七年三月一日到五日,两军鏖战五日,最后由后金取得了大胜,辽东局势自此产生了根本的变化。从战略而言,明朝近十万的讨伐军惨败,使明朝丧失了抚顺以东的控制权,后金的铁骑主宰了此一区域,唯一能够给明朝支援兵力和物资的盟邦朝鲜也噤若寒蝉。

虽然后代史书中多将四路之间不协调和争功冒进视为最重要的败因,但萨尔浒之役中,明军装备了相当数量的战车和火器却收效甚微,并未受到应有的注意。《督师纪略》曾载:"辽东向习弓矢,置火器不讲,至于车营,则九边英锐,无不以为耻。"这种心态上的偏差,使得明军放弃了自己的优势,轻视了敌人的战斗能力。

表3　八旗与旗主对照表

旗别	八固山旗主	兵装
正黄旗	努尔哈赤	
镶黄旗	努尔哈赤	
正蓝旗	莽古尔泰 (努尔哈赤三子)	
镶蓝旗	阿敏 (努尔哈赤弟舒尔哈齐次子)	
正红旗	代善 (努尔哈赤次子)	
镶红旗	岳托 (代善长子)	
正白旗	皇太极 (努尔哈赤四子)	
镶白旗	杜度 (努尔哈赤长子褚英长子)	

战后不仅经略杨镐、巡按御史陈王廷和户科给事中官应震都提及杜松不应远离车营,《明纪北略》也认为杜松渡浑河时放弃车营,致使无法有效防御后来后金伏骑的冲击。明季野史《山中闻见录》则指出,是后金奸细将明军战车和火器焚毁,致使杜松部无法坚持下去。

《明纪北略》则说明了刘綎战败,为了加快行军,而放弃使用鹿角,尽管刘綎火器冠于其他各军,面对满洲铁骑,在没有任何防护之下,其结果可想而知。杜松急于渡河放弃战车,马林布阵错误,也未使用战车,而刘綎则连鹿角都不愿使用。这些现象说明了各路主将对于战车和防御战的忽视。

当时部分明朝官员也批判这些名将,如湖广襄阳府推官何栋如称:"曾知中国之战长技在火与车,散则为阵,合则为城,近则可战,退则可守,皆茫然不知也。"指出这些名将只懂武艺,不懂战术优势,更不懂得运用战车。

另一个问题则是战车部队的缺乏训练。提督学校御史周师旦上奏指出了车营训练的不确实,"乃今之所为训练者,臣知之矣,只能袭其形似,摆□四门方阵,其金鼓震也,旗帜翩翩也……卒然有警,则又改为一堵墙,沟其地而堑之,置火器其上,奈军士脚跟不定,每欲望敌先溃,犹然左右也,而心不知。故虏每见其营脚动,即扑马直前,刃矢两下,我兵率自相躏轹以死。"周师旦虽指出车营士兵训练问题,但长期练兵的大量开销,又非朝中所乐见。因此,兵员素质的问题

与明军交战的镶红旗军精锐。依照八旗制度划分而成的8个集团,不仅是军事集团,同时也是社会集团,并具有行政组织单位的功能。也就是说,这种制度是将军事组织与社会组织结为一体,继承自亚洲内陆游牧民族的传统

插图／伊藤展安

始终没有获得解决。

在另一方面,《山中闻见录》的作者彭孙贻也指出两个值得注意的现象。第一是刘綎出师前,因旧兵所携佛郎机各火器、袖箭、药矢等诸械船运未到,曾经向朝廷奏请等待兵器到齐才可出关,但兵部严旨令其即行。因此,刘綎所部在武器装备上并未充分。徐光启在战后的奏疏也指出:"杜松矢集其首,潘宗颜矢中其背,是总镇监督尚无精良之甲胄,况士卒乎?"可见明军在战前军资准备确实根本不足。

可见明军之败,在将领的素质、士卒的训练和器械的准备上都有致命缺失,这些因素都对萨尔浒之役的胜负产生影响。

萨尔浒之役是后金军集中兵力打击多路敌军的经典战役。而后金在战术上的成功,主要得力于对四路明军的侦察和监视工作甚为成功,得以掌控四路明军的进程,并在必要时利用奸细操纵明军行进的速度。同时后金既知明军骑兵和车兵的战术特性不同,又了解辽东镇士卒不喜战车的性格,因此一直诱使明军的骑兵和车兵分离,先将骑兵解决,然后围困车兵,用优势骑兵冲击失去骑兵翼护的战车营。

无疑,萨尔浒之役的影响极为重大。明军自此不敢再轻视后金军的实力,在辽东镇大造战车,并改良战车战术。部分有识之士开始寻求新的终极武器,转而自海外引进大口径的红夷大炮,并聘请葡萄牙佣兵教战。而后金也积极寻求火器的技术和战术,明与后金开始走向新一轮的武器竞赛。

李自成起义

崇祯十四年至十六年的河南战事

李自成 vs 明／1641～1644 年

■揭竿而起

明朝中期以后，由盛转衰。明朝后期，明神宗荒淫昏庸，不理朝政，宠信宦官，政治腐败。外患接踵而起，国家连年用兵。神宗又爱好享乐，大兴土木，奢侈浪费，国库空虚。因此，朝廷加征各种杂税，又派遣宦官前往各地主持采矿。宦官为非作歹，以致人民生活痛苦。朝廷又发生党争，致使上下离心。熹宗宠信宦官魏忠贤，政治继续腐败。神宗、熹宗时，土地兼并情形严重，皇亲贵戚、掌权宦官以及豪门士绅霸占大量土地，人民生活更加痛苦。思宗虽然除掉魏忠贤，但缺乏干才，仍然重用宦官。

思宗崇祯元年，陕西发生大饥荒，加上官吏贪污，苛捐杂税，以致民不聊生，不惜铤而走险。张献忠、高迎祥、李自成等纷纷聚集饥民起兵造反，到处打家劫舍、攻城略地。若干逃兵、溃兵、叛兵也加入贼军的行列。高迎祥自称闯王，李自成自称闯将。贼军遭遇明军剿捕，四处流动作战，因此被称为"流寇"，先后转战至山西、河北、河南、江西、湖广等地。明军招抚战略失当，流寇时而接受招抚，时而再次起事。崇祯九年（1636），陕西三边总督洪承畴、陕西巡抚孙传庭在陕西大破流寇，高迎祥被俘杀，关中群寇共推李自成为闯王。崇祯十一年（1638），洪承畴、孙传庭先后在四川、潼关大破李自成，李自成全军覆没，逃入深山。同年，总兵左良玉也在河南大破张献忠，张献忠接受招抚，投降明军。流寇之乱似乎即将平息。然而，是年清军大举入寇，明廷调派洪承畴前往关外抵御，担任蓟辽总督，孙传庭调任保定总督。于是，流寇东山再起。崇祯十二年（1639），张献忠联合已经投降的罗汝才等十余股流寇，一起叛变。崇祯十三年（1640），张献忠等又从湖北进入四川。崇祯十四年（1641），又回军湖北，攻陷襄阳、光州等地。

崇祯十三年，李自成经由湖广进入河南。这时河南一带发生饥荒，数万饥民跟随李自成。崇祯十四年正月，李自成攻陷河南府（洛阳），士民被杀数十万人。这时，举人牛金星、李岩投效李自成，李自成任牛金星为军师。李岩劝李自成，攻取天下要以人心为根本，请不要杀人，以便收取天下人心。李自成采纳，因而屠戮稍微减少，又拿出所夺取的财物赈济饥民。李岩又制作歌谣说"迎闯王，不纳粮"，使儿童歌诵互相传播，于是归附李自成的人日益增多。

■项城之战　火烧店之战　崇祯十四年九月

崇祯十四年，明廷任命傅宗龙为陕西总督，讨伐李自成，又命保定总督杨文岳前往会师。傅宗龙抵达关中，和巡抚汪乔年调遣军队，而陕西兵已经调发一空；于是，傅宗龙命在河南的陕兵李国奇、贺人龙部归其调遣。

九月四日，陕西总督傅宗龙率领总兵贺人龙、李国奇部陕兵两万人，和总督杨文岳所率领的总兵虎大威等部保定兵两万人，在新蔡会合，并在洪河架设浮桥，准备前往项城（今河南项城南）。次日，明军渡过洪河，进至龙口（新蔡北）。是日，李自成也率领贼军在洪河上游架设浮桥，准备前往汝宁（今汝南）。李自成侦知明军抵达，便将精锐埋伏在孟家庄（项城西南）附近的松林内，而派

（作图／林加丰）

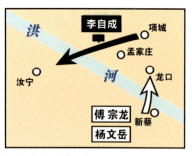

项城之战之❶　九月五日

项城之战之❷　九月六日

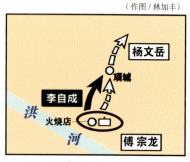

项城之战之❸　九月七～十九日

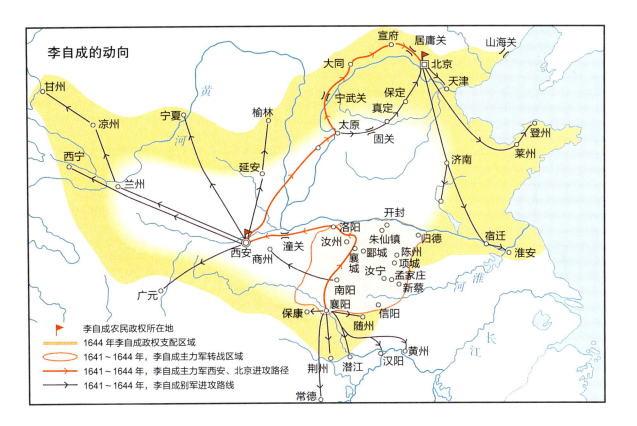

遣一部贼军假装经由浮桥西进。傅宗龙以为贼军要渡河进向汝宁，初六日，便和杨文岳领兵北进，意图截击贼军。是日，明军抵达孟家庄。贺人龙、虎大威说马力已经疲乏，因此主张次日再行战斗。傅宗龙同意。明军便解下铠甲休息，并散至附近村落放牧马匹。树林中贼军伏兵乘机向明军发起突击。贼军奋勇冲杀。贺人龙有骑兵一千人却收兵不战，李国奇迎战未能获胜，陕兵、保定兵全部溃败。贺人龙、虎大威向北逃奔，李国奇跟着北退。傅宗龙、杨文岳率领亲军合兵退往火烧店（孟家庄附近），构筑营垒。贼军进攻傅宗龙营垒。明军使用火炮击退贼军。傅宗龙驻营西北，杨文岳驻营东南。是夜，杨文岳的保定兵自动溃散，他被部将拥着逃往项城，次日又逃往陈州，剩下傅宗龙单独对抗贼军。九日，傅宗龙传令贺人龙、虎大威回头救援自己，贺人龙等不理，领兵退往陈州。贼军挖掘壕沟围困傅宗龙部。明兵粮食用尽，便宰杀马骡、割取贼军死尸食用。十八日，明军火炮、箭用尽。是夜，傅宗龙率领6000人突围而出，贼军跟踪追击，明军四散溃逃。十九日，傅宗龙被俘。贼军挟持傅宗龙到项城城门外，自称秦督亲兵，让守军开门放行。傅宗龙大叫，称自己是秦督，不幸被俘，左右都是贼兵。贼兵便抽刀砍掉他的

耳鼻。傅宗龙终于遇害。接着，李自成攻陷项城。

是役，是李自成进入河南后的第一次大捷。李自成运用佯动诱敌、伏击等灵活战法，击败明军。明军则将领胆怯，不听号令，不肯互相救援。

襄城之战　崇祯十五年一～二月

崇祯十四年，项城之战后，李自成率领贼军先后攻陷商水、南阳、邓州、许州、鄢陵等地。这时，流寇罗汝才等部都投靠李自成。十二月，李自成围攻开封，开封明军坚守。明将总兵左良玉则攻陷李自成军所占据的临颍。崇祯十五年（1642）正月，李自成撤除开封之围，领兵南下攻击左良玉，并将左良玉包围在郾城。明朝陕西三边总督汪乔年奉令讨伐李自成。他集结了步骑兵3万人，由总兵贺人龙、郑嘉栋、牛成虎率领，东出潼关，救援左良玉。二月，明军抵达洛阳。汪乔年意图前往襄城（郾城西北100余里），引诱贼军解除郾城之围前来决战，而他则和左良玉一前一后夹击贼军。于是，汪乔年将步兵和火器留在洛阳，而率领骑兵两万人，日夜赶路抵达襄城。汪乔年领兵驻扎城郊，总兵贺人龙、郑嘉栋、牛成虎则分别领兵驻扎城东40里处待命。李自成闻报，留下一部贼军监视郾城，而亲自率领主力数十万人迅

速前往襄城攻击汪乔年军。汪乔年军扎营尚未稳定，突然遭到攻击，明军大败溃散，总兵贺人龙、郑嘉栋、牛成虎不战而逃。左良玉则躲在郾城不敢出击。汪乔年率领败兵一千余人退入襄城固守。贼军围攻五日，李自成命部众挖掘墙洞，填埋火药，炸开城墙，攻进城内。汪乔年被俘遇害。李自成气愤儒生协助明军守城，将190名儒生处以割鼻、断脚的酷刑。

是役，李自成在河南再度粉碎了明军的围剿计划，并掳获战马约两万匹，收降秦兵数万人，声威大震。是年二月，明军在松山之战被清军击败，洪承畴被俘。清军南下，流寇作乱，明朝在内乱外患的双重打击之下，情势岌岌可危。

■ 朱仙镇之战　　崇祯十五年七月

襄城之战后，三月，李自成率领贼军陆续攻破河南东部陈州、睢州、归德等城池十余座；四月，再次围攻开封。明廷闻报，命督师丁启睿立即救援开封。七月，丁启睿和保定总督杨文岳率同总兵左良玉、虎大威、杨德政、方国安等军十余万人，号称四十万，前往救援开封，在朱仙镇（开封西南45里）会师。李自成闻报，留下一部贼军继续围攻开封，亲自率领主力前往朱仙镇。丁启睿军在朱仙镇北方驻营，贼军在朱仙镇西方驻营，兵力号称一百万，双方营垒相望。李自成为了切断明军的退路，又派遣一部贼军前往朱仙镇东南方，挖掘壕沟，深阔各一丈六尺，环绕一百里。这时，明朝援军是从各路临时拼凑来的，不能互相协同。丁启睿要求各将领攻击贼军，左良玉见贼军兵势浩大，表示贼军矛头锐利，不能加以攻击。丁启睿说，开封被围攻得很紧急，岂能持久，必须展开攻击。将领都畏惧，而请次日早晨再展开攻击。是夜，左良玉趁机掠夺其他友军军营的马骡，然后率领他的军队向南撤退，其他明军跟着陆续溃逃。李自成命贼军等左良玉军通过之后，再从后方跟踪加以攻击。左良玉军庆幸贼军追击缓慢，于是快速行进八十里，逃到贼军预先所挖掘的沟堑地带，李自成亲自率领贼军从后方展开攻击，左良玉军阵形大乱。左良玉的士兵纷纷下马渡越沟堑，互相践踏，贼军从后方展开冲击，左良玉军大败，遗弃马骡一万匹，器械不计其数。左良玉逃往襄阳，丁启睿、杨文岳逃往汝宁。贼军追击了四百里，李自成又收降了明军数万人。接着，继续围攻开封。明廷闻报，下令将督师丁启睿逮捕下狱，总督杨文岳革职听候查办。

当时，总兵左良玉部是明朝在河南最强劲的军

此图基于明代孙承宗所编《车营扣答合编》当中关于军队渡河的叙述，将渡河作战模式绘制而成。军队渡河时，首先要在此岸组成状似环抱河流的半圆形阵营，以保护渡河士兵不受敌军攻击。而到达对岸的士兵，则会沿着河流摆出阵营，用以保护之后渡河上岸的士兵。若在此岸遭遇敌军攻击，便要让此岸兵力的一部分前去防备，并派骑兵绕至敌人背后进行攻击。而若是对岸遭受敌军攻击，就要让已经渡河的士兵前去防备，并且趁敌军不注意让此岸的兵力渡河，绕至敌军背后袭击

队。左良玉起初骁勇善战，多次击败流寇，崇祯十三年，明廷授予他"平贼将军"印信，此后逐渐骄纵，不听上级指挥，并且养寇自重。是役明军失败主因，便是左良玉不服从督师丁启睿进攻的命令，私自逃跑。此役之后，左良玉的精锐丧失略尽。而李自成战法灵活，基本上摧毁了河南明军主力，在战略上处于主动地位。

■ 郏县之战　　崇祯十五年十月

襄城之战陕西总督汪乔年遇害以后，明廷命兵部侍郎孙传庭接任陕西总督。五月，孙传庭抵达关中，召集将领来西安开会。会中，孙传庭下令将总兵贺人龙扣押捆绑，历数他遇敌溃逃以致连续损失

明代渡河作战的要领

两位总督的罪过，然后将他处斩。各将领才知道畏惧。接着，孙传庭日夜整治军队，做剿平流寇的准备。不久，明军在朱仙镇大败，李自成继续围攻开封，明廷命总督孙传庭出兵救援开封。孙传庭上奏说：军队新近招募，不堪使用。明思宗不听，孙传庭不得已出师；九月，抵达潼关。同月，李自成决开黄河引水灌城，开封被水淹没，城内士人平民溺死数十万人。开封一片汪洋。李自成见开封已无法作为打天下的基地，就率领贼军撤离，向西南方前进。这时，马守应、贺一龙、蔺养成等五部流寇也投靠李自成。

孙传庭见李自成已经朝向西南方前进，便率领总兵牛成虎、左勷、郑嘉栋、高杰等军进向南阳，意图拦截贼军。李自成闻报，也转向西方，准备迎战孙传庭军。十月，双方在郏县遭遇。孙传庭部署三支伏兵等待贼军，左勷率领左军，郑嘉栋率领右军，高杰率领中军，准备伏击贼军。牛成虎率领前军首先同贼军交战，接着假装败退引诱贼军追击。贼军追击进入明军设伏地带，牛成虎领兵掉头战斗，高杰率领伏兵出击，协助牛成虎。左勷、郑嘉栋又率领伏兵从左右两方侧击贼军。贼军被击败，向东逃走。明军斩获贼军首级一千余颗，追击了三十里。明军追击到郏县的冢头。贼军故意在退路上遗弃大量的铠甲、兵器、辎重，明军见到，争先恐后夺取，无法维持队形，指挥混乱。贼军发现明军叫嚣，队伍杂乱，于是乘机掉头展开反

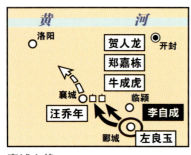
襄城之战

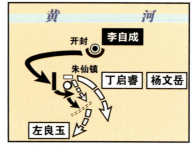
朱仙镇之战

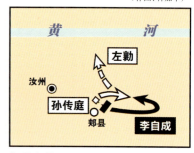
郏县之战

（作图：林加丰）

击，左勷、萧慎鼎部首先败溃，其他各部明军跟着溃退。明军副将孙枝秀杀死了数十名贼军骑兵，最后被贼兵包围，骑马冲击突围不成，坐骑跌倒而被俘遇害。参将黑尚仁被俘，不肯投降而遇害。明军损失数千人，小将小校战死的有70余人。贼军所掳获明军的战马超过本身所损失的。孙传庭先逃往巩县，再退回关中。然后，将萧慎鼎逮捕斩首，又罚左勷赔马2000匹。由于左勷是左光先的儿子，所以免除死罪。（左光先曾在孙传庭麾下担任总兵，数度击破贼军。）是役，天下大雨，粮食补给不上，明兵采食柿子食用，又冻又饿，这也是明军战败的原因之一。河南人称是役为"柿园之役"。

汝宁之战　　崇祯十五年闰十一月

崇祯十五年十月，明军兵败郏县。这时，清军越过长城南下，京师北京告急；明廷征调各镇（总兵）兵入援京师，无暇讨伐贼军。李自成乘机收降其他各股流寇，兵力大为扩充。同月，李自成攻陷南阳，并实施屠城。接着，李自成转向汝宁进攻。朱仙镇战败后遭到革职的前保定总督杨文岳和知府傅汝为驻守汝宁。闰十一月十三日，李自成主力进到汝宁城外五里处驻军。杨文岳和总兵虎大威率领保定兵屯驻城西，四川兵屯驻城东。是日，李自成首先攻击城东四川兵，双方激战一日夜，四川兵战败溃逃。然后，贼军集中兵力转向城西攻击保定兵。总兵虎大威中炮而死，保定兵逐渐支持不住，杨文岳退入城内。次日，贼军在四面使用云梯强攻汝宁城。城头守军发射如雨般的弓箭、炮弹、礌石，贼军死伤惨重，但攻击仍然不停。不久，贼军多路同时进攻，终于攻上城头，占领汝宁，杨文岳被俘。李自成下令将杨文岳捆绑，用大炮加以轰击，杨文岳被贯穿胸部而死。李自成又实施屠城，士人平民被杀的有数万人，还将城内公私房舍焚毁殆尽。

是役，李自成歼灭了杨文岳军；于是，黄河以南河南地区的明军野战部队被消灭殆尽。接着，李自成率领贼军朝西南方前进，经由泌阳进向襄阳。

襄阳之战　　崇祯十五年十二月

总兵左良玉在朱仙镇大败后，逃往襄阳。当时，明思宗命督师侯恂据守黄河，图谋李自成，而令左良玉率领他的军队前往会合。左良玉畏惧李自成，迁延不敢前往。等到九月开封失陷，明思宗迁怒于侯恂，将其免职，却不敢怪罪拥兵自重的左良玉。左良玉屯驻襄阳后，强行征发襄阳郡人民当兵，补充他的军队。又有部分投降的贼军归附他，使他的军队达到20万人。但他的亲军爱将大半已经死亡，而投降的贼军又不太接受他的节制，他本人也逐渐衰弱多病，已经不能同李自成军对抗。而他的军队中，由官方正式供应粮饷的只有2.5万名，因此襄阳一带民不聊生。

这时，李自成意图攻占襄阳作为夺取天下的基地。十二月，李自成和罗汝才合兵40万人，经由唐县西进。左良玉屯驻襄阳近郊，又在樊城（襄阳北方汉水北岸）大量制造战舰，准备逃往鄂州。襄阳人怨恨左良玉剽掠，因此纵火焚烧他的战舰。左良玉大怒，掳掠荆州、襄阳富商的船只，装载辎重、妇女，亲自率领他的军队在樊城高地驻营。这时，贼军声势浩大，襄阳民众都焚香携带牛酒去迎接贼军。十二月三日，贼军骑兵数万人进到樊城，向左良玉军进攻。左良玉从高地发射火炮，打死贼军1000余人。贼军改变战略，主力迂回到樊城西方70里的白马滩渡越汉水。左良玉退兵南岸，构筑水栅，又派遣一万人扼守浅滩。贼军10万人渡过汉水，明军无法遏阻。左良玉乘夜拔营逃遁，率领舟师沿着汉水南下，步骑兵则在左右两岸掩护跟进。初四日，李自成率领贼军进入襄阳，民众携带牛酒欢迎贼军。接着，李自成分兵攻陷夷陵、宜城、荆门。同月，李自成领兵抵达荆州，士民开门迎降。

十二月二十四日，左良玉抵达武昌，纵容士兵大肆剽掠，火光照耀江中。宗室士人民众逃窜到山谷中，大多被土匪杀害。崇祯十六年(1643)正月中旬，左良玉才领兵撤离武昌；接着，李自成攻陷承天(钟祥)。然后，李自成又派兵攻陷潜山、京山、云梦、黄陂、孝感等州县。左良玉继续退往九江。李自成自号奉天倡义大元帅。

李自成在河南时，攻陷城池便加以焚毁。渡过汉江以后，图谋以荆州、襄阳作为根基，改襄阳为襄京，整修襄王宫殿自己居住；又创设官署，分封部下官爵、名号。于是，河南、湖广、江北各流寇都听从李自成的号令。是年，李自成又先后杀害不太顺从他的流寇头目罗汝才、贺一龙、蔺养成等人，合并了他们的军队。接着，自称新顺王。

▣汝州之战和孙传庭军的覆没　崇祯十六年七～十月

崇祯十五年，陕西总督孙传庭在郏县战败，退回关中以后，计划防守潼关。因此，孙传庭大规模的招募壮士，实施屯田，整修器械，囤积粮食，命每三家出壮丁一个充当军士，又制造"火车"两万辆。"火车"用来装载火炮、器甲，作战时又可以抗拒骑兵，停止则环绕自卫。工役苛刻紧急，夜以继日，陕西人民不能忍受。而关中年年饥荒，屯驻大军缺乏粮饷，士大夫不满孙传庭严峻的作风，不喜欢他在陕西，因此在朝廷传播说陕西督帅养寇。于是，明廷一再催促孙传庭出兵讨伐李自成。崇祯十六年，李自成在襄阳称王。五月，明思宗又命陕西总督孙传庭兼任督河南、四川军务；不久又晋升其为兵部尚书，改称督师，又加兼任山西、湖广、贵州以及江南、北军务，催促他出兵愈加紧急。孙传庭不得已，只好出师。这时，李自成已经占据河南、湖北十余郡。

八月十日，孙传庭领兵东出潼关。他率领主力，由总兵牛成虎作为前锋，副总兵高杰率领中军，总兵白广恩率领火车营，进向洛阳；总兵王定、官抚民率领延绥、宁夏兵作为后卫；河南将领陈永福防守新滩，四川将领秦翼明从商州前进，作为犄角。孙传庭又命总兵左良玉前往汝宁夹击贼军。但左良玉按兵不动。九月八日，孙传庭军抵达汝州，贼军守将投降。这时，李自成贼军营寨在唐县，精锐则全部聚集襄城，一部屯驻宝丰。孙传庭军首先攻破宝丰，又分兵攻占唐县，将贼军眷属杀害殆尽。明军转战到郏县，李自成率领1万名骑兵迎战，贼军大败，李自成几乎被俘。明军攻陷郏县，李自成退回襄城，明军进逼襄城。这时，贼军士气低落，但明军一直露宿和贼军相持，而长期下雨导致道路泥泞，粮车不能前进，明兵饥饿。攻破郏县时，获得若干瘦马，立即被明兵啃光。李自成又派遣轻骑兵袭击汝州西北的白沙，切断明军补给线。大雨七日七夜不停，孙传庭的后军在汝州因缺粮而哗变，流言四起。孙传庭不得已，只好退军回去迎取粮食，而留陈永福殿后。孙传庭撤离后，陈永福的士兵也抢着撤退，陈永福加以斩杀也不能禁止。贼军展开追击，不久追上明军。孙传庭率领明军回头迎战。李自成列阵五层，第一层是饥民，其次是步兵、骑兵，再其次是骁勇骑兵，家眷在第五层。明军击破贼军阵势三层，贼军骁勇骑兵拼命死战，明军阵势稍微动摇。推运火车的明兵大叫说军队打败了，接着弃车逃跑。火车有的倾倒，阻塞道路，贼军向明军展开冲击，明军大败溃退，李自成军展开追击，明军一日一夜狂奔400余里，逃到孟津，明军死亡4万余人，损失兵器、辎重数十万件。孙传庭逃回潼关。

十月，李自成率领起义军乘胜攻破潼关，再次大败明军，孙传庭战死，高杰逃走，总兵白广恩投降。贼军势如破竹，攻陷西安。接着，李自成在西安建国号为大顺，又占领陕西全境。

崇祯十七年(1644)二月，李自成率领起义军东渡黄河，攻克太原、大同、宣府，进入居庸关。三月，李自成攻陷北京，明思宗自杀，明朝灭亡。接着，清军进入山海关，河山变色。

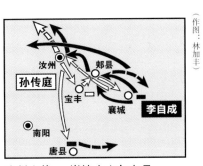

汝州之战　崇祯十六年九月

南京之战
郑成功 vs 清／1659 年

▎期盼能卷土重来的再次北伐

清顺治十六年（1659）七月七日，郑成功率领国姓爷军抵达南京江宁府。他先在三月二十五日集结全军于温州附近的盘石卫，沿着海岸地区北上进入长江，于扼守南京的瓜州、镇江战役中取得大胜，紧接着便在反清复明的士气高涨中前进至南京。

虽然在前一年，他曾率领由 300 艘船、17 万人组成的大舰队从厦门出发准备进攻南京，不过却在杭州湾中的羊山海域遭遇大风，包括郑成功儿子三人在内的大军全军覆没，损失极为惨重。正因如此，这次再度北伐也可说是期望能够卷土重来。

十二日，郑成功自己在岳庙山布阵，并且将精锐配置于狮子山、仪凤门、第二大桥、汉西门（石城门）等处，将南京城完全包围。此时，敌军的防卫指挥官——江南总督郎廷佐，下令将城外的建筑物全部烧毁，周围的居民也全部迁入城内并且完全封锁，以坚壁清野之计防堵郑成功。

在国姓爷军中，有"倭枪队"与"铁人"等特殊部队。不用说，前者是使用从日本传来之火枪的部队；后者是穿着仿效日本的甲胄，并且持用锐利日本刀的无敌部队。这些部队不仅兵器与装备来自日本，据说其中的成员也可能包括从锁国中的日本偷渡过来的武士。

不过，郑成功在此则犯下了没有立刻展开攻击的错误。这是因为他接受了郎廷佐所提出的：依清律"守城过三十日，罪不及妻孥"请求，另外也相信了松江总督马进宝担任内应的情报，等着与他会师。

郑成功最信任的心腹甘辉向他建言："久屯城下，师老无功。"希望尽速攻城。郑成功却因为不想单以力服人，而想让对手心服口服，因此没有听取他的意见。但是国姓爷军在此期间士气低落，之前的势如破竹反而使他们变成"狃于小胜，不用上命"（随同北伐的朱舜水所言）的状态。

▎进攻南京失败，转而攻取台湾

七月二十三日，此日是郑成功生日隔天，军纪因此稍有懈怠，他接到了崇明总兵梁化凤部队突破防线，朝着南京前进而来的急报。崇明岛位于长江出海口，由于郑军在瓜州、镇江打了胜仗，反而忽略了这个岛。当时的判断，造成了这种完全出乎意料的结果。

虽然国姓爷军急忙加强守备，不过他们却遭到来自南京城内的意外反击。关于这件事有两种说法。一种是城内的清兵挖掘隧道通至城外，出现在仪凤门外的草丛中且突袭郑军，也就是使用了"穴城"之计。另外一种在《明季南略》等书中可看到，使用更具戏剧性的"突门"之计。南京城北边有座神策门，后来用砖头塞起，外表看起来跟一般城墙没什么两样。而城内的清军则悄悄把外表的灰泥刮除，当发现郑成功这方有机可乘时，便一口气把砖墙推倒，向城外攻击。

不管是哪种方法，总之军队因为遭受奇袭而陷入混乱，而且后方又有梁化凤部队夹击，国姓爷军退至观音山，打算重整军队。不过此时梁化凤则进攻在该山上布阵的左先锋杨祖，使其全军覆没。另外，先前的镇江战役中被郑成功打败而怀恨在心的管效忠，也在山上击败提督甘辉的部队，与此同时位于山下的左虎卫陈魁及附近的各部队皆吃了大败仗。这都是严格的军规不允许独断独行，各部队受限所致。

在如此凄惨的战况中，身在观音门的郑成功无奈只好于七月二十四日让残存部队撤退至镇江。

此战中，除了前述甘辉、陈魁之外，包括后提督万礼、五军张英等国姓爷军的中枢人才皆丧失殆尽。另外，清朝在之后为了封锁郑成功资金来源的贸易交流，便强迫沿海地区居民迁移至内陆，可说是第二次坚壁清野的"迁界令"。

攻取南京的失败，使郑成功的反清复明作战遭受极大挫折，因此他下决心要移至新地点。两年之后，他进攻荷兰占领下的台湾，并且将之收复。

连环船（火药攻击船）的战法

连环船是明代的军船，因为船体可分割成前后两个部分而得此名。这种船是为了在水上战斗中更有效率地使用火器而发明出来的，出击时在前方部位装满火药，冲撞敌船之后用船首的钩子钩住敌船船身，然后再点燃火药。只要把船体分离，留下前端之后撤退，钩在敌船上的前部船身满载的火药就能引燃敌船，使其陷入火海中。由于是靠人来操作，所以成功率极高，设置完毕之后也能让人员全身而退，减少损失（厦门博物馆藏）

【战争与中国】

实践

《孙子兵法》的影响力
观天望气与战略
宗教起义与民众起义

《孙子兵法》的影响力

正因为是极具普遍性的军事原则，所以更加注重读者的资质

成书于遥远战国时代的经典兵书《孙子》，它真的对后来的战争造成过影响吗？
且看"军事机密"之外的"秘密"！

○桂陵之战。假装攻击敌人后方，先行占据有利位置，进而采用随心所欲的阵形以逸待劳的最佳范例。虽然魏军先采取行动，不过后发的齐军却以"迂直之计"重挫魏军

■虽然是最高机密……

春秋时代末期，仕于吴国大展身手的孙武所传下的《孙子》十三篇，自古以来就是评价极高的兵书。不过在实际战斗中，《孙子》又是如何发挥作用的呢？在此除了就《孙子》与实际战斗的关系加以探讨之外，还要探究《孙子》对于后世所带来的影响。

不过，要在中国史上进行过的无数场战斗当中，举出确实受到《孙子》影响的战役，实在是一件极为困难的事。因此此时先不讨论这个部分。

真要说的话，就算有某位主帅曾经基于《孙子》等兵书来进行实际军事作战，这样的事迹也不一定会流传至后世。因为作战行动基于何种原则进行，本来在军事上就属于最高机密，当事人自然不会随口说出自己是根据《孙子》的哪一篇记述来拟定作战的，所以也不用期盼留下任何记录。另外，即使当事人真的说了些什么，也不能全然相信。在这样的背景之下，我们将针对现有资料，来探讨《孙子》所造成的影响。

■桂陵之战与《孙子》

首先，要从战国时代中期，仕于齐国的孙膑所指挥的战争说起。

孙膑的兵法，自从《孙膑兵法》于1972年在山东省临沂县铜雀山汉墓中出土之后，在研究上即有所进展，基本上认为它是继承自《孙子》的十三篇兵学理论。

在《孙膑兵法》中的《擒庞涓》里，对于孙膑所指挥的齐军在桂陵地区击败庞涓指挥的魏军，有着很详细的战况描述。以下，参考浅野裕一氏所著的《孙子》（讲谈社学术文库），来说明这场桂陵之战，并且探讨孙膑的战术与《孙子》有何关联。

此战役是因魏惠王欲攻取赵都邯郸开始的。魏惠王首先命令庞涓以8万兵力占领一个名为茌丘的地方，而此地刚好位于齐国援军通往邯郸的路线上。因为魏惠王预测赵国在遭受魏国侵略时，会向齐国求援，所以便先下手为强。

同时，齐威王则命田忌率领8万兵力出击至齐国与卫国的边境附近，从南边迂回推进至邯郸。不过庞涓又占领了卫国的北部地区，再度挡住齐军的去路。

此时田忌打算先击破位于卫国的魏军，然后继续挺进邯郸，不过军师孙膑却建议他向更南边迂回，并攻击魏国的城邑平陵。然而平陵不但是个难以攻陷的军事都市，再加上齐军如要攻击平陵，补给线势必通过魏国的军事据点——市丘，使齐军有被孤立的危机。即便如此，孙膑仍坚持采用此计，主因是故意让庞涓以为齐军对于军事一无所知，才会做出这种拙劣的决策。

田忌采用孙膑的策略,让齐军往平陵推进。孙膑另指示军中最不擅长军事的两位大夫前去攻击平陵。他之所以下达这样的指令,就是故意求败。两人的部队果真大败。这时,孙膑则亲自率领由轻战车构成的部队推进至魏国都城大梁的郊外,进行激怒庞涓的作战。而且在这支轻战车部队中,还伴随一部分从平陵齐军分出来的步兵部队,当然这也是让庞涓误以为齐军自行分散兵力。

庞涓得知齐军部队已经来到大梁郊外,勃然大怒,决定将其一网打尽。他舍弃了脚程较慢的辎重部队,以强行军的方式往平陵南下。孙膑此时则秘密转移,在桂陵地区等待魏军自投罗网。最后,齐军生擒庞涓大获全胜。以上就是记载于《擒庞涓》中桂陵之役经过。

此篇并没有提及孙膑一连串的作战跟《孙子》有什么关联,不过两者却有着完美的契合度。首先可以确定的是,继承了孙武兵学的孙膑,在此巧妙地应用了《孙子·军争篇》中谈到的"迂直之计"。

"迂直之计"就是"故迂其途,而诱之以利,后人发,先人至,此知迂直之计者也",意思是采取绕远路的方式,同时以小利诱使敌人上钩,才能让之后采取行动的己方,比先行动的敌方更早抵达战场,也可用"以迂为直,以患为利"来表现。

若能在战场上以逸待劳,就能使战斗往对己方有利的方向进行。不过要比先采取行动的敌方更早到达战场,实行上却是一件非常困难的事,绝对没有想象中容易。孙膑是如何运用"迂直之计"的呢?

首先,孙膑在通往邯郸救援的道路两度被阻挡后,决定要往更南边迂回,向平陵方向推进,便是符合"迂其途"的叙述。不过从结果来看,最后这些齐军又朝向与魏军爆发战斗的桂陵而去,成了走在直行路线上,此为"以迂为直"。

而孙膑故意往补给线会被截断、部队会陷入孤立危险的地方前进,再攻打难以攻陷的平陵,还刻意损失两位大夫,就是故意表现出己方不利、敌方有利的情势,让魏军误以为对于军事一无所知的齐军已经陷入绝境,诱使他们发动总攻击。也就是说,孙膑采用了各式各样的欺敌方式来布局,隐藏自己真正的意图,诱导敌人往自己选好的战场而去。最后,他之所以率领轻战车部队挺进至大梁郊外,也是要借此激怒庞涓,让他下达总攻击的命令。

庞涓因为敌军出其不意地推进至国都,顿时失去冷静,下定决心立刻对平陵的齐军进行攻击,让部队南下。

在《孙子·军争篇》中,有这么一段文字:"日夜不处,倍道兼行,百里而争利,则擒三将军;劲者先,疲者后,其法十一而至。五十里而争利,则蹶上将军,其法半至;三十里而争利,则三分之二至。"被激怒的庞涓,采取了在《孙子》中最忌讳的强行军,使他在战力急遽减弱之下,往齐军以逸待劳的桂陵急速前进。

如此一来,后采取行动的齐军先抵达了战场,形成可从容等待魏军到来再攻击的状态,漂亮地将"迂直之计"成功发挥。

韩信的背水阵与《孙子》

秦帝国灭亡之后,项羽和刘邦争夺霸权,不断进行剧烈战斗。其中最为有名的则是韩信在与赵国交手的井陉之战中所采用的背水阵,这应用了在《孙子·九地篇》中提及的战术。下面根据《史记·淮阴侯列传》,介绍井陉之战的经过,探讨此役与《孙子》的关系。

汉王刘邦在彭城之战被项羽打败后,魏、齐、赵等国便陆续背叛他改投项羽。韩信奉刘邦之命,前去平定魏国,接着率领数万兵马与张耳一起攻破代国,继续往赵国推进,准备通过太行山支脉上的井陉。

为了防堵来袭的汉军,赵王在井陉的出口处集结了号称20万的大军。广武君李左车则对赵军主帅成安君陈余进言:"由于井陉之道较为狭窄,汉军的队列必会拖长,辎重部队定被摆在主力后方很远之处。我可率领3万士兵绕道而行,切断他们的辎重部队。在此期间,则要加强我军主力阵地的防御,避免跟汉军主力交战。只要拖成持久战,不出十日便能将粮道截断,将因远征而疲惫不堪的汉军击垮,取韩信、张耳两将。如果不采用我提的策略,反而会被他们抓走。"不过,重视义军而不打算采用奇计的陈余,认为韩信兵力不过数千,根本放不在眼里,否决了李左车的计策。

韩信得知李左车的策略不被采用之后相当高兴,让部队推进至距离赵军前方30里处停了下来。入夜之后,韩信命轻骑兵2000人绕至可看见赵军阵地处,潜伏于此。韩信说道:"一旦我军主力开始败退,赵军一定会追出来,届时阵地兵力不足,你们要趁此机会夺其阵地,然后把手上的汉军旗通通插起来。大破赵军之后,我们一起饱餐一顿吧!"部下虽然皆不相信韩信所言,不过还是听命行事。

另外,韩信又派1万名士兵先行出发,在背对河川的地方布阵。赵军看到这种截断己方退路的愚

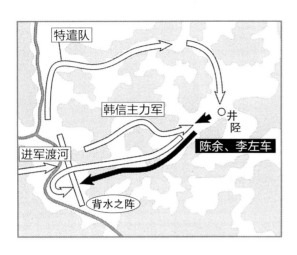

⚑井陉之战。先佯装败逃，将敌人引入"背水之阵"，又让特遣队从敌后袭击，韩信的战略相当成功。士气高昂，是打胜仗的主要原因

蠢阵形，皆放声大笑。

翌日晨，由韩信、张耳率领的主力出没于赵军阵地前方，赵军接受挑战出阵迎战，双方展开激烈的对战。接着，韩信与张耳便开始佯装败走，前去与背对河川布阵的部队会师。赵军此时出动全军前往追击。汉军因为背对河川已无路可退，所以拼死奋战。赵军踢到铁板之后便停止攻击，准备撤回阵地。

此时，赵军阵地早已被韩信派出的2000骑兵占领。看到己方阵地插满汉旗的赵军陷入慌乱，又遭到前后夹击，吃了败仗。

战斗过后，韩信说道："兵法中不也说过'陷之死地而后生，置之亡地而后存'吗？我至今尚未取得下属信任，只是强迫随便在市场召集来的众人去作战罢了！因此，若是在生地（还有退路之意）作战，我军士兵必会径自逃之夭夭，故选之于死地战斗。"

韩信在此引用的句子，虽然有几个字词不一样，不过应该是指《孙子·九地篇》中的"投之亡地然后存，陷之死地然后生"。等于说，韩信将《孙子·九地篇》中提及的战术应用在井陉之战里，取得了胜利。

事实上，《孙子》本身是依据春秋末年的吴国战争局势、形态为背景来撰写的。而吴国战争形态的特色之一，就是征集大量农民作为步兵，编入军队作战。因此，针对没有作战意识的士兵，如何让他们拼死奋战，《孙子》相当重视，《九地篇》里提到如何让士兵们能够拼命作战。也可以说，若战争发生于本国领土，或是与本国边境距离较近的敌国领土内，那么己方士兵多会抱持着苟且偷生的心态，纷纷弃械逃亡。因此，孙武认为在进攻时就要深入敌国领土内部，让士兵们陷入"投之无所往"，也就是无处可逃的状况。唯有如此，才会让士兵们醒悟，只有取得胜利才有生还的机会。因而无所畏惧，听命奋战。

回归正题。当时韩信所率领的士兵在战意上已十分低落，所以借着背水布阵，士兵们了解已没有退路了，要生存就只能拼死奋战。

或者也可以说，韩信之所以能成功以寡击众，即是活用了《九地篇》的战术。

▰ 曹操与八幡太郎义家

曹操曾经整理过《孙子》篇章，还加以注释，因此推测在实战中也曾将其加以应用。举例来说，曹操在官渡之战中，就曾运用巧妙机动的作战方式以少量兵力成功战胜袁绍。

当时的曹操为了救援被孤立在白马的刘延出击至官渡，但他并没有直接前往白马。他首先在延津渡过黄河，假装绕至袁绍后方，再回头突袭正在围攻白马的颜良，取得了胜利。曹操所采用的战术基于荀攸的建议，也是《孙子·始计篇》中所提到的"近而示之远"（其实是在接近敌人，不过却要装作正在远离敌人）战术应用。

而曹操之所以在赤壁之战中吃了败仗，其原因之一就是太小看孙刘联军，在没有充足准备的状态下对战。这也犯了《孙子·军形篇》中所提到的"败兵先战，而后求胜"之错误，可见曹操并没有将《孙子》完全加以应用。

另外，在日本也有运用《孙子》的实例。例如"后三年之役"中，八幡太郎义家进攻由清原武衡把守的金泽城（秋田县横手市）时。

当一排野雁飞降至刚收割完稻谷的田野上时，突然受到惊吓四散飞走。义家观察到这个现象后便得知有伏兵，反过来将之包围，经过激战后以胜利收场（《古今著闻集》）。义家之所以能够察觉伏兵，是因为他想起老师大江匡房曾说的"当军队在野地埋伏时，会打乱飞雁的行列"，而匡房所教的这个知识，正是《孙子·行军篇》中的"鸟起者，伏也"。

如此能将《孙子》融会贯通的人，以及在实战中进行兵法应用的例子，绝对不在少数。

▰ 《孙子》的特性

由于《孙子》中并没有记载具体的战斗与战争实例，因此《孙子》与实战的关系的确较难掌握。不过因此批评《孙子》对实际作战全无用处的人，在

山东滨州故里的孙子像

《孙子》十三篇概述及其名句

始计篇——总论。说明开战要符合政治、季节、地利、指挥官、法律等。

作战篇——以经济的观点来说明战争。"兵闻拙速，未睹巧之久"等。

谋攻篇——解说理想的获胜方法。有"知己知彼，百战不殆"等名句。

军形篇——立于不败态势的方法。"法：一曰度，二曰量，三曰数，四曰称，五曰胜。"

兵势篇——指导将领如何取胜。"故善战者，求之于势，不责于人，故能择人而任势。"

虚实篇——唯有能够掌握左右战争的无形虚实变化法则，才有办法获胜。"故兵无常势，水无常形，能因敌变化而取胜者，谓之神。"

军争篇——说明如何在战役中取胜。除了本文中的"迂直之形"外，较有名的还有"风林火山"。

九变篇——解说如何对应战场上的各种状况。"城有所不攻，地有所不争"等。

* 除此之外，还有行军篇（敌情分析）、地形篇（地形作战）、九地篇（地形对应）、火攻篇、用间篇（侦察、设哨、反间）。

见解上太过于浅薄，没有确实了解《孙子》的内涵。

《孙子》这部著作，不是谁读了都能马上加以应用的具体战术指南。这是孙武根据自身的军事知识与经验，将军事上的大原则撷取出来所集合而成的。《孙子》未将具体战斗实例列出，主因是避免一旦提出个案，读者将会深陷此实例，而忽略本质上的问题，不会加以运用。

如同前文所述，《孙子》是由春秋末仕于吴国的孙武所写成的兵法，其背景是以当时吴国的战争形态为主。随着时代推移，《孙子》预想的战争形态，势必会跟实际上所进行的战争产生落差。例如在孙膑、韩信的时代，战场上已出现孙武时代所没有的骑兵，且战争的规模也逐渐扩大。战争形态上已和孙武预想的不一样了。

即便如此，《孙子》仍然广为流传，普遍受到各将军的青睐。包括孙膑、韩信、曹操，甚至远在日本的义家，都能将《孙子》运用于各式各样的战争中。可见《孙子》在中国兵学上已稳坐经典地位，且拥有相当大的影响力。之所以这样，完全因其所述军事原则具有极高的普遍性。若《孙子》只适用于特定状况的战争，那它就跟其他大部分中国古代兵书一样，随着战争形态的演变而消失于时代的洪流中。

战争为何物？人、国家又该如何？这些在今日仍使人们感到疑惑之处，在《孙子》中皆有一种解答。

借用出现于《孙子》开头《始计篇》中的句子来说，就算每位将军都听过《孙子》，但是在这些将军当中，仍会出现打胜仗与打败仗的人。至于为何会如此，《孙子》写道："知之者胜，不知之者不胜。"也就是说，只是听过记载于《孙子》中的军事原则，却没有彻底加以理解的将军，即无法取得胜利；而能将所学的原则融会贯通，内化为本身智慧的将军，才会获得胜利。

《孙子》这本诞生于中国的优秀军事思想典籍，相信也会继续被人们阅读下去。其中不能忘记的一点，就是能否将它活用于现实当中。不管是在哪个时代，这都是读者需要面对的课题。

图解档案
宋代的阵形

以方阵为基础
防御最坚强的
宋代阵形尽在此！

文／来村多加史

牝阵

➡ U字形或是V字形的阵式，是箕阵的发展。其两翼向着前方展开，可以从三个方向攻击敌人，最适合用来包围。在宋代则变形为从方阵前方的两个角让队列斜向突出的形式

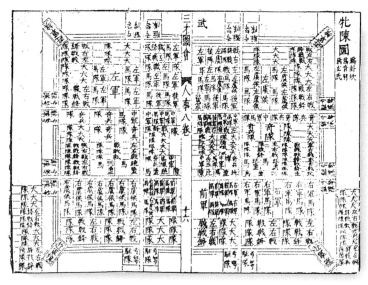

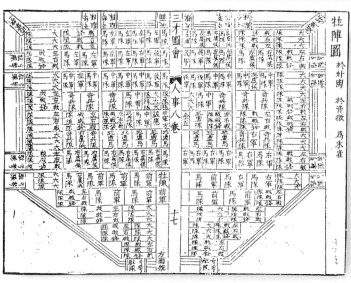

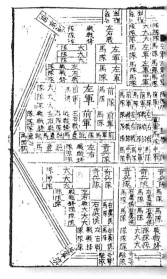

牡阵

➡ V字形的阵式，是锥阵的发展。展开方向跟牝阵相反，适合用来进行突击。以前军与右军的一部分来构成锥形，本队则保持可以四面防御的方形阵

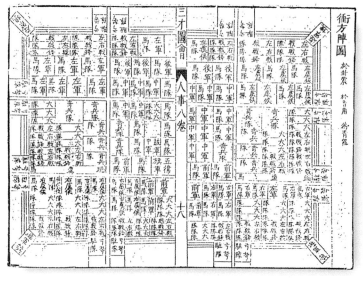

冲方阵

➡ 竖阵或直阵的发展，适用于发生在狭小土地上的战斗。宋代是以四面防御的方阵作为基础，将阵形稍微拉长变形构成

*这些阵形的总兵力为：
步兵：110280 人
骑兵：30650 人
其中前、中、后军的步兵各为 680 人，其他则为 240 人
前、后军骑兵：10000 骑
（其中前、后侦察队：40 骑）
左右两翼：20000 骑
左右两翼侦察队：650 骑

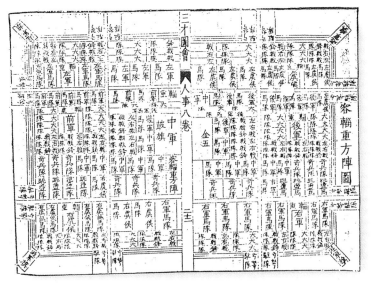

容辎重方阵

也就是所谓的方阵。原本是攻击型的阵式，不过在宋代却把它变化成将辎重队置于中央保护的四面防御型方阵

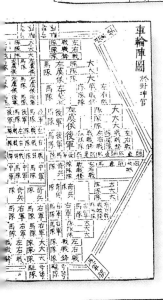

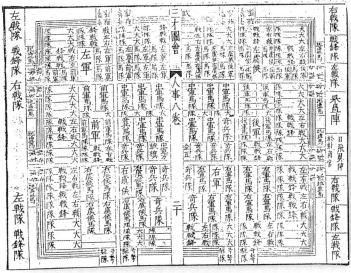

车轮阵

圆阵的发展，适合用来防御。原本是环形的阵式，不过在宋代则变化成将方阵的前后略往斜向突出，形成龟甲形的阵式

罘罝阵

罘罝是捕兽网的意思。这是一种让前后两翼横向展开，在因草木茂盛而视野较差的地区，一边探察敌人的动静，一边行军的阵形。原本位于中央的本队要采取适合攻击的纵列队形，不过在宋代则变化为将四面防御型方阵的前后两端略往左右扩展的形式

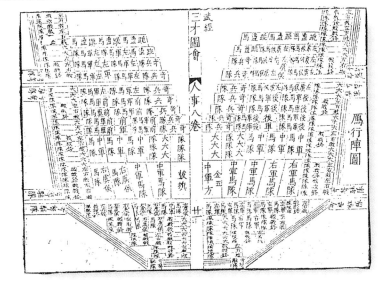

雁行阵

将前后展开成梯状，适合往左右迂回的阵形。宋代依然是以四面防御型方阵作为基础，让前军的一部分突出为锥形，殿军的一部分往斜后方张开双翼的形式

观天望气与战略

司星历
候风气
知人心去就之机

古代的中国，不论是在国家经营还是用兵战略上，
观天望气都是不可或缺的一项技术。
这具体是一种什么样的技术呢？

马王堆西汉墓陪葬品中的《天文气象杂占》帛书。这是一本讲述观天望气的书，剪影是云的形状，以圆形为主的图像则是代表出现于太阳或月亮周围的气

■ 观天望气是军事战略的要点之一

传有《六韬》《三略》兵法的传奇军师姜太公，据说也是一位能够通过观察星辰动向与读取云气的方式，将战争导向胜利之路的观天望气专家。《大唐开元占经》这样引述姜太公所说的话：

> 凡兴军动众陈兵，天必见其云气，示之以安危，故胜则可逆知也。其军中有知晓时气者，厚宠之。……察气者，军之大要。

不管姜太公是否真的讲过这样的话，但军队中有观天望气的专家，且负责一部分战略责任，则是不争的事实。

在古代中国，人们认为上天的意志会于地面、人事上显现。如果违逆的话，各种事情就会出现延迟、腐败、毁坏等状况；而若顺应天意，胜利与富贵荣华就会自己送上门来。正因如此，同理用在军事上，察知天意也被认为是获取胜利的关键。那么，到底又该如何察知天意呢？古人认为仰望星宿、读取流云、察知风动是其方法，他们深信在这些现象中会反映出天意。

就观察天意来说，最重要的就是天文现象。天文的意思是记载于"天"上的"纹样"，除了代表"上天旨意"之外别无他解。因此不仅是中国，在各个古文明圈中，都会培养出掌管天文、占星的专家，并将之重用为管理时间的掌权人。而从天文里发展出来的其中一个部分，就是本章所要讲解的望气术。

所谓望气，指的是读取隐藏于气象现象背后之天意的技术。具体而言，其所观察的对象包括云、太阳以及月亮的光晕。

在引起全世界话题的马王堆西汉墓陪葬品当中，有一本称作《天文气象杂占》的帛书（写在绢布上的书册）。由于墓主被推定为西汉初期的官员，因此这本书至今已有2200年的历史了。

这本著作的风格相当特殊，画有各种类似动物的形象，配上以圆形为基础的图形，并加以注解。事实上，这是一本介绍观天望气的书，各种形象其实是云的造型，而以圆构成的图形则代表太阳和月亮所显现出的气。

至于其中比较有趣的部分，例如赵国、中山国会是牛形的云气，而卫国则是狗形云气，越国是龙形云气，依此，每种显现出来的云气会对应战国时代的不同国家。

由于帛书中并没有记载这些云气的判读方法，因此无法得知实际上是如何使用的。不过既然国家与云气相呼应，因此应是借着云势和色泽的变化，来推知该国的现状。

比如哪个国家怀有野心，哪个国家打算背叛、国力状态如何、若与该国作战谁会胜利等，应该都能以该国云气来推断。事实上，在马王堆的帛书中，还记载与国家云气不同的其他几种云气，至于对这些云气的解释，有些是说位于这种云气方位者能获胜，有些则说若猛兽状的云气位于城池上方，该城就无法轻易被攻陷。

■ 读取千变万化的云气

对于没有固定形状的云来说，它不仅可以变成任何造型，也会因为大气的状态、时间、气候、观测场所等各种条件而呈现出各种不同的颜色。所以，

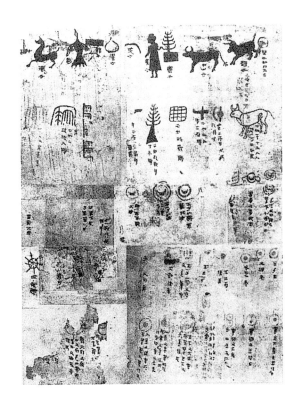

在实际应用于战场上时,为了对应这种千变万化的云气,会出现相当详细的解释。

真的有这么一回事吗?看来还真有几分可信。具体的实例,我们可在唐贞观年间编纂的《晋书·天文志》中看到。此书不仅解释各种各样的云气,且从观测法到跟距离有关的知识都有记载。虽然这并不全都跟军事有关,但是在解释核心中依然包括与军事有关的问题,因此云气占卜主要应用在战场上的这点,即能从这本书中获得印证。以下就举几个例子来看看。

有一种气称为"猛将之气",会以状似龙或猛兽的形象、火烟形象、白色的沸腾形象等方式出现。另外,有时也会呈现为上黑下红,像是黑旗一样的形状,或是状似张弩,这些全都称为猛将之气。只要出现这些气,然后转变为山状的话,就代表将军有深谋远虑。

还有一种称为"军胜之气"。这种气会像堤防、坡道一样,前后附着在地面上,一旦这种气出现,将军与士兵都会勇气倍增。因此,如果这种气出现在己方,就会具有十足胜算;若出现在敌方,就代表对方相当难缠。

至于"负气"的色泽接近马肝色,或是呈现出死灰色。它有时会像盖子一样笼罩,或是像躺着的鱼。当这种气出现,那么此军便无法获胜。

而若在坚固的城郭上有黑云如星,即称为"军精"的现象,代表吉兆,有大喜事。反之,若城中聚气并显现于城外,或在军营上产生状似多数人头的云,且呈现出红色的话,就是"屠城之气",代表该城或军营即将被攻陷。若是敌方军营出现此气,意谓正是我方发动攻击千载难逢的好时机。

若"气如雄雉临城",那么该城就会出现投降者。"黑气"代表有伏兵,"战气"则为青白色的膏状之气,要是如人无头,如死人卧,如丹蛇等之状,此气出现必引发大战,使将军被杀……

云气并不只是光看形状与颜色就行,还要注意观测的时辰。

如果敌军在东方布阵,就要在日出时观测;若是敌军在南方布阵,就要在太阳位于南方中天时观测;西方要等日落,北方须在半夜观测,要确认敌方之气在该时间点处于何种状态。

此观测时辰,基于五行之说。东方是万物萌发的方位,相当于五行之中的"木",时辰是日出时分。因此若敌军于东方布阵,就会受到东方之气影响,所以要在东方正气出现的日出时分读取云气。至于其他方位的布阵,也是依据相同理由来决定观测时辰。

不过,若气同时出现于对峙中的两军之上,又该如何解释呢?碰到这种状况,气位于较高处的一方胜于较低处的一方,气较厚的一方胜过较薄的一方,气持续较长胜过较短的一方,较饱满充实胜过较空虚的一方。

获知敌方动静的指引

虽然云气的解读法还有后续,不过因为实在讲不完,所以就在此打住。虽然以现代人的观点来看,这根本就是无稽之谈的迷信。但在古代中国对于要在战场上取胜而言,这确实是一种不可或缺的技术。因此"司星历,候风气,推时日,考符验,校灾异,知人心去就之机"(《六韬》)的专门人才就会随军而行。

坂出祥伸氏写道:

> 望气与军事可说是密不可分,特别是对于在塞外地区与匈奴作战的部队来说,推测这(跟云气占卜相关的望气书)应该会被用来当作得知敌军动静的指引书。……经过战国时代的兵荒马乱,望气术因而急速发展,虽然没有确定是在什么时间,但在战国至秦汉这段时间,

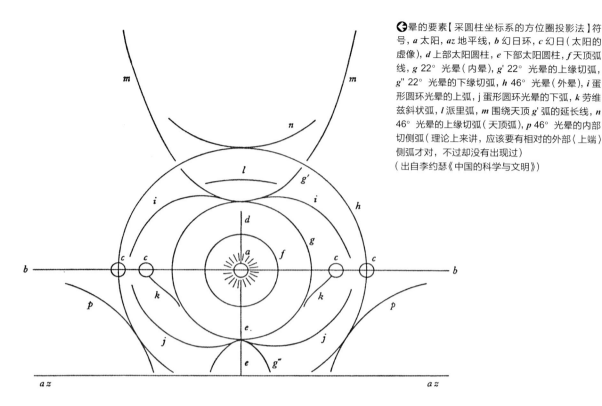

◐晕的要素【采圆柱坐标系的方位圈投影法】符号，a 太阳，az 地平线，b 幻日环，c 幻日（太阳的虚像），d 上部太阳圆柱，e 下部太阳圆柱，f 天顶弧线，g 22°光晕（内晕），g' 22°光晕的上缘切弧，g" 22°光晕的下缘切弧，h 46°光晕（外晕），i 蛋形圆环光晕的上弧，j 蛋形圆环光晕的下弧，k 劳维兹斜状弧，l 派里弧，m 围绕天顶 g' 弧的延长线，n 46°光晕的上缘切弧（天顶弧），p 46°光晕的内部切侧弧（理论上来讲，应该要有相对的外部（上端）侧弧才对，不过却没有出现过）
（出自李约瑟《中国的科学与文明》）

推测应已出现让望气者随军而行，并担任将军的辅佐之制度。（《古代中国的占卜法》）

坂出氏根据《淮南子》一书来推论望气者随军行动制度。《淮南子》成书于战国与秦汉时代，由淮南王刘安编著。在《兵略训》里即提到望气。根据该书所言，对于将军来说，若要妥善执行用兵、行军等职务，有八种技术是不可或缺的，其中之一就是"天道之术"，说明如下：

> 明于奇正，赅阴阳、刑德、五行、望气、候星、龟策、禨祥，此善为天道者也。

在此列举上述技术可分为：
①基于阴阳五行说的战术——代表包括奇袭战法等奇策意义的奇正，以及代表治兵术的刑德。
②观天望气术——相当于占星术的候星，以及读取云气、晕、风等的望气术。
③占术——龟策就是占卜，禨祥则是预言。

奇正与刑德对于战术来说当然是必备能力，不过候星、云气也被并列在其中，这点相当值得注意。前文提及的马王堆西汉墓天文帛书正好跟《淮南子》是同时代的产物。可以理解，当时解释云气是相当受到重视的。

当太阳相斗时都城就会被攻陷

在望气占卜中，除了天上的云气之外，还有另外一个重要的观察对象，即出现于太阳或月亮上的气。古代的中国人认为，在太阳等天体的周围会围绕着一股气，而这股神秘的气，其实只是一种称为"晕"的现象罢了！这是光在通过大气中各种冰晶时发生折射、反射所形成的光晕现象。

根据李约瑟（Joseph Needham）所言，欧洲最早的光晕现象记录是在1630年。不过中国却早在纪元前就已经开始观察并记录晕气，用来当作国家与战争的吉凶指引。前面提到的马王堆西汉墓天文帛书，其内容有三分之二以上都是在讲这种晕气占卜，而《晋书》也有对晕气占卜的详细解说。

晕气可分为出现在太阳周围的、月亮周围的，及出现在其他星体周围的。其中若以太阳作为中心，则可如上图所画的那样，有许多种晕气。

古人把这种晕气细分成很多种类，并且赋予独特的名称，将潜藏在其中的信息应用于经营国家及战争上。在《中国的科学与文明》（第5卷《天之科学》）中，李约瑟语带惊讶地写道：

> 在《晋书》中叙述"10种晕气"（十辉）的

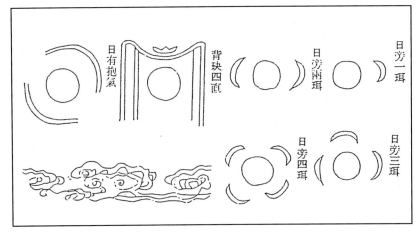

↑《天文大成管窥辑要》第九卷所记载的"日旁之气"
（出自《中国古代的占卜法》，坂出祥伸著）

页面中，几乎把构成太阳光晕的要素全部冠上了专用名称……其命名包括将完整的光圈称为晕，多个太阳（数日）会排列在弥（"完整的形状"，也就是幻日圈）上。46°的光晕一部分侧弧称为珥，22°光晕则称为抱，整圈光晕称为璚（大拇指用的戒指）……当然，各种预言占卜，都是从这些光晕的状态来推断的，而其观测的正确性着实令人惊讶！就这样，一共有26个专有名词流传到了17世纪，以结论而言，的确无法否认这已经大幅超越17世纪欧洲人对于太阳光晕现象进行的精密研究。

上文只提到一部分，其实记载于《晋书》中的晕气还有日载、背、直、履、序等许多种类，这些又是如何被解释的呢？

举例来说，在《晋书》里将"珥"解释为"青赤气员而小，在日左右为珥"，若是位于太阳西侧，西军就会获胜，位于东侧则由东军取胜。

"数日"（多个太阳）是最不吉利的晕气之一。在《晋书》中如此写道：

> 数日俱出，若斗（注：看起来很接近），天下兵起，大战。日斗，下有拔城。

"抱"的说明为"日旁如半环向日为抱"，在解释上比较困难，以下是用颜色来说明解释范例：

> 日抱黄白润泽，内赤外青，天子有喜，有和亲来降者。

- 色青黄，将喜。
- 赤，将兵争。
- 白，将有丧。
- 黑，将死。

上述只有对单独晕气进行解释，不过基于引起晕气现象的气象条件，实际上晕气可能会同时出现好几种。

不管是在《晋书》，还是之后的望气相关兵书、占术书，画出的晕气也是由多种光晕组合而成，并且各自冠以名称。举个例子：

> 若是出现太阳旁边有"抱"，加上两个"珥"、一条"虹"，及贯穿"抱"直达太阳的晕气时，顺从虹的方向发动攻击者即可获胜，并杀敌将。

当解释变得如此复杂时，实在无法由没有受过训练的人来判断。因而出现负责专门观天望气之人，并跟随军队行动，渐渐变成理所当然的事。

至于靠着这种晕气来预言的历史实例，在《晋书》中也有多个。愍帝建兴二年（314）正月辛未日辰时，太阳掉落至地上，接着连续有三个太阳从西边出来往东方前进。建兴五年正月庚子日，有三日同辉，虹横贯天空，太阳周围有多重光晕，左右带有两珥。根据占卜，表示"白虹，兵气也。三四五六日俱出并争，天下兵作"。

在丁巳之日，也有出现相同数量的太阳，占卜的结果则为"三日并出，不过三旬，诸侯争为帝。日重晕，天下有立王。晕而珥，天下有立侯"。果不出其然，三个月之后，江东便改建武为年号，成立西晋占据曹操与刘备的领域，并接连引发战乱。

上述这种观天望气对于古代中国来说，不论是在国家经营还是用兵战略上，都是不可或缺的技术，且相当受到重视。进而衍生出包括观察天文与运用干支的占星术、相地的地理风水师、占术的易占，再加上作为一切理论基础的五行占术，形成一套几乎可以称为"森罗万象解读学"的复杂占术体系，并且长年支配着中国。

●图解档案

明代的北疆防卫

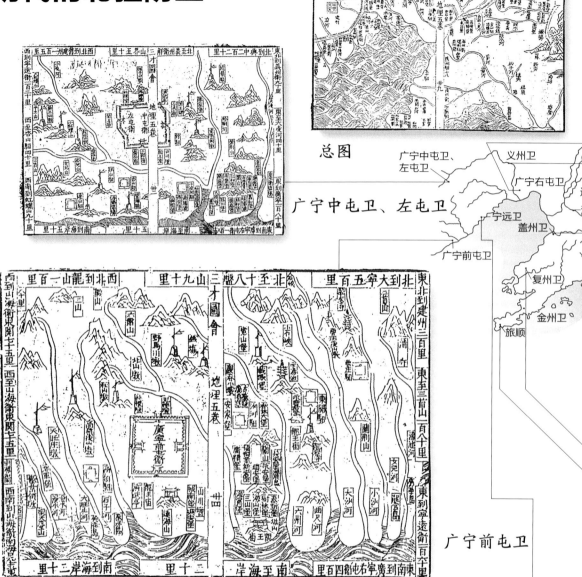

对抗北方的少数民族，自古以来就是中国历代王朝的重要之事。这些图片画的是明代辽东方面的防卫，通过在普通地图中无法看见的防御网，可以清楚看到以据点为中心，围绕着许多瞭望台与要塞的防御状态。

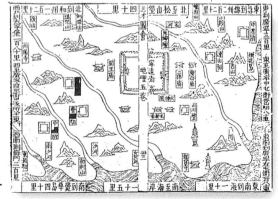

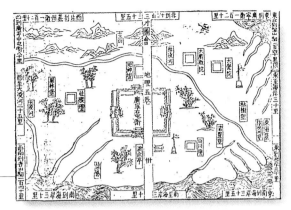
广宁右屯卫

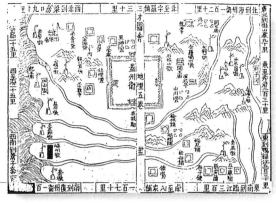
盖州卫

义州卫
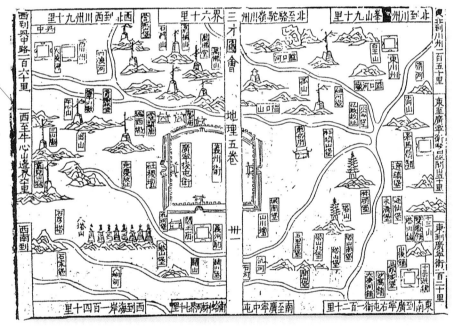

旅顺南城

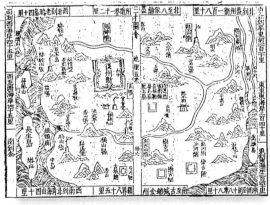
复州卫

宗教起义与民众起义

强大的民众力量
被教义赋予方向
成为改朝换代的原动力

打着创造新世界的旗号
组织起为苛政所苦的民众
引发社会变革的两次大乱

纵览悠久的中国历史，可以发现民众三不五时就会发动起义，而若起义扩大至全国，便会使当时的统治政权产生动摇，甚至导致王朝走向灭亡。虽然每一场起义的发生原因、经过及最后的结果皆不尽相同，但事实上具有许多共通点。其中最大的一点，是皆导因于政治、社会的混乱，还有就是常常会与宗教扯上关系。

从暴虐的皇帝、辅佐愚昧皇帝或年幼皇帝的人在政治上恣意妄为、官僚势力的派系斗争等原因引起的政治混乱，到因治水不力而引发的洪水、为弥补政府浪费所课的重税，再加上其他天然灾害等，民众多会在这种情况下寻求心灵上的寄托，进而走入宗教，这是相当合理的事情。当然，并不是所有的起义皆属于宗教起义，不过的确有许多或多或少带有宗教色彩。

限于篇幅，无法将历代宗教起义逐一介绍，但若只列举出起义名称、宗教名称及核心人物，也没有太大的意义。因此，就以两场规模大、足以对当时产生重大变革的起义作为代表，让读者间接了解当时民众的悲惨遭遇及处于乱世之中的小小心愿。

■ 黄巾起义

东汉末年的中平元年（184），在现今山东、河北、河南、江苏、安徽、湖北等地，有新兴宗教"太平道"的信徒数十万人一起举事。由于他们头戴黄色头巾，因此被称为"黄巾起义"。然而这个"太平道"，又是以什么教义作为号召呢？

引发黄巾起义的原因，可以从太平道的教义中略知一二。太平道的教主，也就是黄巾起义的首领张角，出身于冀州的巨鹿（今河北省南部），其他事迹不明。他不知道通过何种渠道取得了秘藏于宫中的《太平清领书》。现在道教重要经典之一的《太平经》可说与之关系匪浅。以下就要依据《太平经》《后汉书》等史书，来看看张角的教法与活动。

张角行黄老之道，自称"大贤良师"，并培育弟子。黄老之道的"黄"是指黄帝。黄帝是中国制度、文化的创始人，也是实践无为自然的理想型帝王，因为习得长寿不老之术而受人崇拜。把这个跟老子崇拜相互结合，便成为流行于东汉时期的黄老信仰。张角在黄老信仰中加入了新元素，编出符合新兴宗教之名的教诲，获得了数十万信众，这个新元素就是"治病"。

张角曾经治疗在乱世中生病的人。事实上宗教人士行医的例子并不罕见。在明清时代造访中国，以耶稣会为主的传教士们，同样带来了西洋医术。不过张角治疗疾病的方法，并不依靠精湛的医疗技术，而是重视病人的精神、心理层面，且采用两种独特的修法——"跪拜首过"与"符水咒说"。

这到底是什么样的修法呢？

所谓的"跪拜首过"，就是要病人跪在地上，再以头叩地面的方式，反省自身过错，请求神明原谅。等于说，太平道的教义主要强调举头三尺有神明，一旦神明发现人们犯罪，就会使人生病以示惩戒。若想把病治好，就要忏悔告白进行彻底自我反省才行。这种想法在从前的中国思想中并未出现过。另外，还要加上"符水咒说"的修法。把自白的罪状写在符纸上，然后掺入圣水中喝下，并且咏唱咒文祈求治愈。

综上所述，太平道是通过强调精神、伦理的跪拜首过，及具有咒术性质的符水咒说这两种相辅相成的修法来治疗人们的疾病，累积了相当多的信徒。

张角把获得的信徒，依照地域组织成一种名为

"方"的集团，人数以六千至一万人为单位。例如若在巨鹿郡则为"巨鹿方"。除了信仰方面之外，"方"也成为相互扶助的基础。起义之后，"方"也会直接构成军团。当时，由于豪族大行土地兼并，因此农民赖以生活的乡里社会逐渐崩坏。农民们正为自身的生存空间感到迷惘时，通过配属至"方"，得以加入新的社会共同体。同时在信徒之间，广为流传着"苍天已死，黄天当立，岁在甲子，天下大吉"这句口号，使信徒们在潜意识中深植着在甲子之年，黄天之世即将降临的暗示。

太平道原打算在甲子之年(184)的甲子之日（三月五日）起义，与宫中的宦官约好到时密切呼应。不过后来出现了背叛者，有一位弟子向朝廷密告，使几位骨干遭到逮捕并处刑，迫使张角提前决定要中止还是要马上动手。张角选择了后者。所以没等到预计日期，他就对全国"方"下达命令，依计举兵。虽然相当仓促，不过指令仍切实执行，可知太平道教团的组织命令系统相当完备。举兵之后，张角便将自己的名号从宗教上的"大贤良师"改成"天公将军"，其弟张宝为"地公将军"、张梁为"人公将军"。

黄巾军烧毁了各地的官府且击败东汉军队，在起兵初期战况辉煌，不过后来张角因为生病（尚待确认）而死亡，两位弟弟也接连阵亡，镇压部队的皇甫嵩将军一口气将战局逆转，于年内就把黄巾军的主力歼灭。不过各地以黄巾为名的余党，依旧持续举事，使东汉王朝逐渐走向灭亡。

红巾起义

虽然元朝军事力量强大，不过到中期，中央的权力斗争浮上台面，政权开始产生动摇。又加上统治阶级挥霍无度，到处搜罗财宝，天天供佛炼丹，财政出现拮据情况，只好采用大量发行纸币作为对策，从而导致物价飞涨，进一步对农民的生活造成压迫，使其对统治者的反感情绪也越来越沸腾。这种情绪，最后终于导致爆发了红巾起义。

众所皆知，红巾起义是由白莲教引发的。中国从很早之前就已出现这个以白莲为名的宗教组织，他们尊信弥勒佛，相信一旦天下陷入大乱，弥勒佛就会降临乱世救济众人，其中也掺杂摩尼教的思想，认为明王也会出现。

白莲教为了获取信徒，施展所谓的"术"。较具代表性的有炼金术、符术、治病术、幻术、照水术等。炼金术是一种从劣等金属冶炼出金的技术；符术是用符咒来预言吉凶祸福，并且降福消灾；治病术所用的方法不明，不过治病在太平道也被当作核心；幻术是以焚香的方式制造出幻觉，让人看见金银宝山，说服他们信教之后即可一辈子衣食无缺；照水术是先预言"弥勒佛降临，新世界到来之后，某甲就会成为将军，某乙则会成为妃子"，然后水面上就会浮现出将军姿态的某甲，以及穿戴华美服饰的某乙容貌。而这些法术，很多都是自古便流行于民间，且被道教吸收。炼金术也不仅限于中国。

对于深受统治之苦的农民来说，沉醉在拥有这种教义与法术的白莲教当中，也是很自然的事情。

1351年，黄河大泛滥，元朝统治者们依然沉浸于西藏佛教中，且政治腐败，在治水上出现懈怠。虽然当时元朝也展开了治水工程，不过都是以征集农民的方式来进行的。最后，被洪水所害的是农民，被酷吏鞭笞去收拾善后的也是农民，他们对于统治者的负面情绪已经到达了极限。白莲教的首领韩山童认为，此时正好是进行反元的最佳时机。而在他举兵之前，恰好有一则"石人一只眼，挑动黄河天下反"的歌谣流传，没想到最后真的在黄河的治水工程中挖出了一尊只有一只眼睛的石人，使得人心大为动摇。不过也有传闻说这尊石人其实是韩山童在老早之前埋进去的。

如前文所述，白莲教认为弥勒佛降临救济世人的条件，首先得具备"天下大乱"的前提才行。虽然事情已经顺利进行至此，但后来因为计划提前走漏，韩山童被捕处刑。

失去首领之后，其弟子刘福通、杜遵道继续举兵造反，除了信徒之外，农民也陆续加入他们的行列，叛军数量很快就攀升到五六万人。他们为了识别友军，在头上包有红色头巾，因此被称为"红巾军"。另外，白莲教拥有焚香之术，所以也被称为"香军"。有一种说法认为，这是因为当时"红"与"香"两字的发音相同所致。虽然现在以北京话为基础的普通话里，这两个字的发音不同，不过"香"在广东话的发音则是"Hon"。举兵于华北的红巾军，似乎将广东地区的"红"巾与烧"香"混合为"香军"。当然，当时与现今的发音已有所变化，而且就算拼音都一样是"Hon"，不过北京话的"红"与广东话的"香"也不是完全相同的发音，因此这项说法不太被接受，不过依然是个有趣的观点。

回归主题。为了呼应刘福通的红巾军，全国各地都发生了起义。这些叛军喊着反元口号，并自称为"红巾军"。其中起义于安徽的郭子兴麾下，有一位后来建立明帝国的人，他就是朱元璋。起义后第五年的1355年，刘福通拥立韩山童的儿子韩林儿于亳州称帝，并依据白莲教明王出世的教义，称他为小明王。另外，由于韩山童是宋徽宗的第八世孙，遂将国号取为"大宋"。实权其实掌握在刘福通手上，且刘福通相信一旦有了小明王这个傀儡，便能确保他在各地红巾军的核心立场。果然，在起义后的数年之间，叛军势如破竹。不过好不容易占领的地区却无法妥善维持，等到元军展开反击时，即土崩瓦解，各地的红巾军也各自分散，呈现出割据的状态。

在这期间，朱元璋开始崭露头角，迅速扩大势力，最后终于灭了元朝，建立明朝。从统一的过程及他所采行的现实政策——偏向儒教而不是白莲教，中途甚至还镇压白莲教这点来看，即无法断定朱元璋到底是不是白莲教信徒。事实上这点确有争议，至今无法单纯论定。

■宗教起义的共通点

所有的民众起义，都可说是不满情绪爆发所致，但却很少可以看到其最后的走向。不过，这里举出的两场宗教起义则不然，它们都拥有相当明确的计划。在黄巾起义中，太平道喊着黄天世界即将到来；红巾起义则是为了让白莲教所说的弥勒佛救世实现。这两者都不是突然发动的。

太平道不仅把信徒组织成军团，还喊出"苍天已死，黄天当立，岁在甲子，天下大吉"的宣传口号，将迎接黄天之世到来的起义日期，定为甲子年中平元年(184)的三月五日甲子日。甲子是天干地支六十种组合中的第一顺位，象征历法已转过一轮，开始新的周期。另外，写在官府墙上的"甲子"两个大字，也暗示非教团民众在甲子之时会有大事发生，进而发起了起义。

至于，掀起红巾起义的白莲教其基本教义就是建立在弥勒佛降临之说上，对于身陷苦难的民众而

主要的宗教、民众起义

公元	事项	王朝
前209	陈胜、吴广起义	秦
18～27	赤眉起义	西汉～东汉
184～	黄巾起义	东汉
874	王仙芝起义	唐
875～884	黄巢起义	唐
1351～1366	红巾起义	元
1465～1487	白莲教起义	明
1622	徐鸿儒（白莲教）起义	明
1627	陕西农民起义	明
1628	高迎祥与农民起义	明
1631～1645	李自成参加农民起义	明～清
1796～1805	白莲教起义	清
1813	天理教徒在华北起义	清
1850～1864	太平天国起义	清

言，正好符合他们盼望救世主的期待。接着，他们又宣传"若要弥勒佛降临，天下必须先大乱"，将发动起义的理由正当化。另外，因为韩山童也继承了汉族王朝宋朝的血脉，所以红巾起义的目的，便同时带有推翻元朝，建立新的汉民族国家之色彩，借此在发动起义时便能获得民众支持。

黄巾起义与红巾起义，都是以民众在苦难中作为心灵寄托的宗教为基础，并且对于起义之后出现的新世界有明确的愿景，也致力于事前宣传活动，让人们相信新社会到来在望。同时，起义军也以有秩序的方式加以组织，在准备上可说是相当周到。

上述几点是宗教起义的共通特征，也正因如此，才使社会产生巨大变革。

【名将的智慧】
兵家

李世民
李靖
郭子仪、李光弼
岳飞
忽必烈
朱元璋
秦良玉
戚继光
努尔哈赤
郑成功

李世民

598～649

作战中不可或缺就是主帅的资质。
在此从中国历代"兵家"中，
举出 **11** 位具有谋略的人物，介绍他们的事迹。
首先便要从打下大唐帝国基础的唐朝第二任皇帝说起……

唐太宗（598～649）在历史上广为人知，是唐朝的第二任皇帝。他的治世期间以年号称为"贞观之治"，是中国史上难得一见的盛世。不过，他除了是优秀的统治者之外，同时是杰出的军事家，对唐建国有着决定性的影响。

李世民是李渊（唐高祖）的第二个儿子，李氏自北魏以来便是名门世家，因此李世民自幼便通晓军事且善于骑射。隋末，各地燃起了起义烽火，群雄割据于州郡，李世民也极力建议当时担任太原留守的父亲李渊举兵。

关于李渊举兵，曾有这样的传闻。李世民曾跟隋炀帝行宫晋阳宫里的官吏串通，让宫女等在李渊的寝室中而与之发生不洁之事，然后拿这件事情威胁父亲，终于让他举兵。

617 年五月，李渊决定从太原举兵进攻关中，率领 3 万兵马沿汾水南下，李世民则以右领军大都督的身份参战。他们在霍邑（今山西省霍州市）打垮了隋将宋老生的抵抗，却数度为之后的推进方向烦恼。李渊当时想要回师太原，李世民却决定继续策马进军，部队因此进入了关中，并于十一月攻击隋都长安。翌年，618 年炀帝在江都被杀，李渊登上帝位，宣布唐朝建国，任命李世民为尚书令，还封他为秦王。

在唐朝建国的一连串战斗中，李世民一直活跃于最前线。这些战斗的特征皆属于对付坚固壁垒的持久战，以及靠骑兵进行的突击、追击战。

在唐朝建国的 618 年六月，盘踞于陇西，自称秦帝的薛举，对唐的泾州（今甘肃省泾川以北）展开袭击，逼近至高（今陕西省长武以北）。李渊命李世民为元帅，带领八路总管之兵前往迎击，却在浅水原吃了大败仗。此战失败主因是李世民突然生病，且麾下将领恃其兵力而轻敌。八月，薛举死亡，改立其子仁杲（一作仁果）。薛仁杲在折墌城（今甘肃省泾川东北）设置本营，继续进攻。

李世民下令若敌方再度进军，要坚守壁垒，禁止交战，让战况陷入持久战。因为李世民已经看穿薛军在补给上有困难。

两军对峙 60 余日后，薛军便陷入饥饿当中，早先打胜仗的高昂士气已消耗殆尽。这对于唐军来说，便是展开反击的时机。李世民向浅水原派出诱饵部队，引诱薛军出动。果然，薛军在攻打诱饵部队时，难以攻下坚固的壁垒。李世民算准时机左右夹击，薛军十万余部队因此溃灭，留下数千名死伤者，逃回了折墌城。这时，李世民亲自率领两千轻骑兵展开追击，超越败逃的薛军，一举冲向折墌，占领泾水南岸，截断通往折墌城的道路。薛仁杲无法收容败兵重建部队，最后投降。

619 年九月，隶属于突厥马邑（今山西省朔县）的刘武周占领太原，挥军南下河东。刘军的攻击使唐军陷入苦战，李渊甚至想要放弃河东，李世民则反对并选择出击。十一月，他自龙门渡过结冰的黄河，在柏壁与刘武周的大将宋金刚对峙。

李世民得知宋金刚的部队是孤军深入，有着兵粮短少的弱点。他分派部队前去切断宋军粮道，并让主军进行防御，不踏出壁垒一步。对峙半年之后，宋军的兵粮终于见底，必须撤退。李世民见时机成熟，便开始展开前所未有的猛烈追击战。他在吕州（属山西省霍州市）大破宋军，又以一昼夜 200 里（约 110 公里）的疾速猛追，在雀鼠谷拦到了宋金刚。两军在此一日八战，唐军大获全胜。据说在这场追击战中，李世民两天没吃东西，三天没脱下铠甲。

刘武周因为害怕战败，便自太原退兵逃回突厥，太原宣告收复。

620 年七月，李世民前往讨伐在洛阳称帝的隋朝将军王世充。他首先花了八个月的时间把洛阳四周全部控制，并于翌年二月把王世充包围孤立于洛阳。

三月，在河北自立为夏王的窦建德率领十万余兵马前来救援王世充，战局急转直下，唐的将军们开始主张撤退，李世民却果决地以兵分两路的方式迎战。他将主力部队交给弟弟李元吉，让他留下来包围洛阳，自己亲自率领 3.5 万精兵奔向虎牢关（今河南省荥阳的氾水镇）。

李世民仍凭借虎牢关的险阻地形坚守阵地按兵

昭陵（陕西省礼泉县）
唐太宗李世民的陵墓

不动,双方对峙了一个多月。窦军几次前来挑衅,唐军皆不为所动,窦军的士气便开始减弱。眼看时机到来,李世民亲自率领轻骑兵渡过汜水,迂回过敌阵,从背后袭击窦军本营。遭到突击时,窦建德正在召开军事会议。因为唐军乘虚而入,窦军陷入大乱,窦建德被捉。李世民的部队回到洛阳后,认清援军已无希望的王世充宣告投降。至此,河南、河北全都纳入了唐的势力范围。李世民的果敢决断,使唐朝得以平定华北地区。

李世民认为作战要先能持久,以等待取胜的机会,并要靠猛烈的追击战彻底歼灭敌军。因此,曾跟他打过仗的敌人都无法东山再起。像这样固守阵地进行持久战,及有效活用骑兵进行的突击、追击战,是李世民的作战特色。但更重要的一点,就是李世民在陷入不利的状况,或在战况有剧烈变化时,依旧不断评估敌我力量以寻求胜算,且凭着自身的勇气与行动力身先士卒将作战付诸实践,可说是位智勇兼备的将军。

在战场上立下汗马功劳的李世民,接着又须面对新的挑战,也就是皇位斗争。李世民的功绩显赫,兄弟之间的鸿沟很深。他的兄长皇太子李建成与弟弟齐王李元吉,私下联手想要铲除李世民。李世民及其幕僚对此深感危机,便打算以武力解决。626年六月四日,李世民派兵埋伏在长安宫城的北门——玄武门。

这场称为"玄武门之变"的政变,最后由李世民获胜。李世民被立为太子,并于八月逼迫父亲退位,自己登上皇位,时年29岁,他终于将自己以军事手段建立的唐朝掌握在手中。

而过去与士卒一起驰骋在战场前线的李世民,即位之后,只能于宫中等着听麾下众名将的胜利捷报。

这些力抗周边民族强势压境的名将中,包括李靖、李世勣(李勣)、尉迟恭等人,从前多数都属于与唐敌对的势力,他们后来皆臣服于李世民所具备的人格魅力。另外,还有许多优秀的臣子,支持着李世民的外征与内政,为贞观治世的繁荣做出贡献。

李世民作为一位将军实属优秀,同时也具有难以比拟的君主资质。

李靖

571～649

年纪轻轻便精通《孙子》《吴子》，
拥有敏锐的洞察力，采取积极果敢的行动乘虚而入。
"出其不意"的战法，其精髓又是如何？

李靖（571～649），字药师（《旧唐书》将药师当作本名），雍州三原（今陕西省三原东北）人。是唐初年众多将军中，唐太宗李世民最为仰仗的名将。

他自幼通晓兵法，隋朝名将韩擒虎是他的舅舅，当他跟李靖讨论兵法时，曾感叹："除了你之外，没有人可以和我讨论孙吴的兵法。"左仆射杨素也认可李靖的才能，他曾抚着自己的席子说道："总有一天你会坐上这个位子的。"不过李靖并没有在官场上有太多作为。隋朝大业末年，李靖即将50岁，才当上马邑郡丞。就当时来说，他完全偏离于仕途道路。

任职马邑时，李靖察觉太原留守李渊（后来的唐高祖）意图造反，便打算向炀帝报告。后来李渊进攻长安，断了道路，还抓住了李靖。李渊毫不犹豫地决定要将李靖斩首，李靖却在上刑场时，喊道："公起兵为天下除暴乱，欲就大事，以私怨杀谊士乎？"此时站在李渊身旁的李世民（后来的唐太宗）善于挑选良将，他看李靖胆识过人，便强烈要求父亲将李靖纳入自己麾下。因此，李世民便获得了能够肩负起军事重担的名将，而李靖也拥有了比他年轻近30岁的终生君主。

李靖以将帅来说最具特色的一点，就是擅用颇具效果的奇袭战法。

所谓奇袭，就是趁敌方不注意时加以攻击的方法。李靖能够洞察敌方将帅的心理，迅速看穿他们因疏忽而产生的军事漏洞。一旦发现敌军疏漏，便要趁此"不可失机"，立刻发动攻击。由于在攻击上采用远距离迅速移动的急袭战法，因此敌军通常根本没有足够时间反应就被击破。以下就来看看著名战役的实例。

619年，李靖奉唐高祖之命入蜀，攻击当时控制长江流域、号称南方最大势力的萧铣。

李靖首先讨伐在蜀地作乱的外族，以巩固地盘，然后建造舰队，以从蜀顺长江而下攻击萧铣。621年二月，李靖被任命为行军总管，兼任萧铣平定军主帅赵郡王李孝恭的长史（参谋长）。以实质而言，全军的指挥已全掌握在李靖手中。

九月，长江进入秋季的丰水期，夏季的稳定水面变为激流。不管是不是熟悉长江水流的人，只要看到此时江面的状况，都不敢在这时出船。萧铣因此认为唐军不会从蜀展开攻击，便解散士兵，让大家回归农村。不过，李靖就是在等使萧铣松懈于军备的丰水期到来，他对看到长江上游激流而恐惧的众将斥叱道：

"兵贵神速，机不可失！"

李靖亲自率领2000余艘军船驶入危险的激流，军船飞也似的冲过了长江三峡。

李靖的进攻完全命中萧铣军的虚处，萧铣根本来不及统整部队，就直接向压境而来的唐军投降。

李靖对萧铣的常识性判断采取反其道而行，顺着长江水流，一举将部队刺向萧铣咽喉，因而取得了胜利。

李世民即位后，629年，李靖踏上了让他留名青史的战场，前去攻击令唐朝隐忧多年的东突厥。

是年十一月，李靖被任命为定襄道行军总管，成为攻击东突厥的总帅。他率领五路总管，加起来总共有十几万。在总管当中，还有位和李靖齐名的优秀将领李世勣（李勣）。

翌年正月，李靖自马邑（今山西省朔县）出击，朝恶阳岭（今内蒙古和林格尔县之南）前进，由李靖亲自率领精挑细选的3000轻骑兵。此恶阳岭紧邻颉利可汗的根据地定襄（今和林格尔县西北）。

抵达恶阳岭后，李靖便趁着深夜袭击定襄。遭到突袭的突厥军瞬间崩溃，转掉马首向北方逃走。此时李世勣也自云中（今山西省大同）出击，在白道（今内蒙古呼和浩特市西北）拦截从定襄撤退的突厥军，大获全胜。

颉利可汗一直退至阴山北边的铁山（今内蒙古白云鄂博一带），才终于停下马，收容败兵。

这场战役过后，颉利可汗便表态归顺唐朝。唐太宗接受他的归顺，一边派遣鸿胪卿唐俭等人前往突厥安抚，一边指示李靖收起刀枪，率兵去迎接颉利可汗。

李靖在白道与李世勣部队会师，并商讨尔后对

李靖墓（陕西省礼泉县）
身为唐朝的功臣，陪葬于昭陵之侧

篇章，引用了李靖的兵法，对于研究唐初军队编制与战术来说是价值极高的资料。宋朝元丰年间，神宗把《李卫公问对》（又称《唐太宗李卫公问对》）跟《孙子》《吴子》等兵书，一起收进《武经七书》当中。这本书是以唐太宗和李靖关于军事的问答对话所构成的兵法书。虽然被认为是宋朝阮逸的伪作，不过后世的兵家依然相当重视。

策，突然决定趁颉利可汗因唐朝派出使者而有所轻忽时进行袭击，趁此机会一举歼灭突厥。这不仅大大违背太宗指示，也会让唐朝使者陷入危险，因此有些将军表示反对，而李靖则说："此兵机也，时不可失。韩信所以破齐也。如唐俭等辈，何足可惜！"

李靖让1万骑兵携带20天的粮食，向铁山急奔而去。

阴历二月初，蒙古高原依然笼罩在严冬之下。在严寒当中，李靖军持续往北奔驰，越过了阴山。和李靖想的一样，颉利可汗因为唐朝使者前来，有所疏忽。

李靖军在雾中前进，颉利可汗发现唐军骑兵出没时，李靖军的先锋部队已经推进至距离可汗帐篷仅七里的距离了，颉利可汗只得仓皇逃走。李靖率领的主力部队冲进战场，突厥军便完全崩坏。在这场战役中，突厥军有1万余人阵亡、十几万人成为俘虏。幸运的是，使者唐俭平安无事。

颉利可汗依旧率领着1万多兵马逃至更北方的碛口（今内蒙古二连浩特市西南），却早已有李世勣的部队在那里等待。突厥的大酋长们全部向李世勣投降，颉利可汗最后也被抓起来并送至长安。

因为李靖的当机立断，才打了这场大胜仗。在此之后，唐朝北边数十年都没有发生大规模战争。

李靖凭借推知敌人心理乘虚而入，并获得胜利。而且在这场战役中，选的还是最困难的时期，尤其在面对骑马民族时，更是破天荒地采用了以骑兵进行远程偷袭的战法，可说是场史无前例的作战。

李靖后来被封为卫国公，辞官后，太宗仍会征询他的意见。不过他并不夸耀权势，直到649年过世之前，都紧闭家门谢绝访客。

在唐朝杜佑的《通典》中有《卫公李靖兵法》的

697~781 · 708~764

郭子仪、李光弼

郭子仪在游击战时展现出了优秀的用兵才能，李光弼则于守城战中发挥出卓越的才华。他们并肩作战，把唐朝从灭亡的深渊中解救出来

潼关十二连城遗址
（陕西省潼关县）
长安最大的屏障潼关被安禄山攻破，长安因此而陷落

郭子仪（697~781）与李光弼（708~764）都是平定安史之乱中的武将，他们的青年时代在玄宗皇帝的"开元盛世"中度过，而在时代由胜转衰之际，便开始以武将身份大显身手。

郭子仪出身于华州郑县（今陕西省华县），字子仪。其父历任各州刺史，郭子仪则选择了武将之路。天宝初年，他参加武举并及第。安史之乱前一年，郭子仪被任命为天德军使，兼任九原太守与朔方节度右兵马使。他的身材相当高大，史书评其为"体貌秀杰"。

李光弼是营州柳城（今辽宁省朝阳）人。他的父亲李楷洛原是契丹酋长，在武则天时入朝仕唐，因为立下武勋而被封为蓟国公。李光弼被史书形容为"严毅沉果，有大略，幼不嬉弄"。他治军非常严格，只要有人打破军规，即使有赦令也要将其斩首。不过他的肚量也很大，即使是投降来的将军，也会不带偏见地加以任用。另外，当他出战至河北时，看见遗弃的尸体覆满荒野，便将酒倒至地上痛哭哀悼。

李光弼除了善于骑射之外，对于班固的《汉书》也读到手不释卷。他一开始是被任命为左卫郎，在安史之乱之前升至朔方节度使副使，不过却决定辞职。当乱事爆发后，他在郭子仪的推荐之下出任河东节度使副使，与郭子仪并肩出击河北地区。

755年，安禄山率领15万兵马在范阳（今北京附近）叛乱，河北地区瞬间被叛军的铁蹄踩躏，叛乱爆发后只过了一个月，东都洛阳即被攻陷。在一开始的战役中，唐军只能无力地惧怕着贼军西进。不过，安禄山部队后来即踢到铁板。郭子仪在朔方击破贼将，点燃了反击的烽火。翌年，郭子仪与李光弼意图夺回河北。郭子仪展开巧妙的游击战，李光弼则以寡兵固守要冲。两人夺回了河北十余郡。不过就在此时，扼守关中东侧的潼关被击破，贼军攻陷长安。玄宗逃亡至蜀，其子肃宗则于远方的灵武即位。郭子仪赶赴肃宗麾下，李光弼则率军返回太原防守。

李光弼在游击战中展现出了优秀的用兵技巧，而守城战方面更是获得相当高的评价。他在安史之乱中，坚守常山、太原、河阳等城市，其中最有名的是太原守城战。

757年，李光弼被任命为北都太原留守。此时，史思明从西北压迫范阳与洛阳防线，准备进攻太原，且打算绕至北方威胁肃宗的根据地灵武。与蔡希德、高秀岩一起率领十几万兵马进攻太原。当时李光弼只有不到1万名士兵，但需防守的太原城墙却长达40里（约20公里）。

李光弼首先动员太原居民在城池周围挖掘壕沟，然后将挖出来的沙土制成数十万个日晒砖，用来修复与补筑被破坏的城墙。另外，他还制造出需要靠200人驱动的"抛石车"，听说这可以抛射巨石的兵器，一次就能击杀数十人。

同时，他还指导矿山技师，在太原城内挖掘数条地道，遂行"地道战"。

某天夜里，史思明在城下开设宴会，并让小丑在舞台上愚弄天子。这是为了引诱李光弼出城，李光弼却利用地道抓走了这个小丑。而对着城池大骂的贼军将领，也被守军从地道抓走，拉至城墙上砍掉首级。像这样从地底下出其不意发动的攻击，着实使贼军伤透脑筋。

后来，安禄山被自己的儿子安庆绪杀掉之后，史思明便将包围太原的任务交给蔡希德，自己回到范阳。史思明离开后一个月，屡遭地道突袭的贼军士气衰弱，而死守太原的士兵则战意高昂，欲出城一战。李光弼此时便编组敢死队出击，将失去战意的贼军打垮，蔡希德留下了7万尸体逃之夭夭，太

让仆固怀恩率领回纥骑兵迂回战场绕道贼军背后去,击垮贼军,成功夺回了长安。

接着,唐军乘胜东进,想要一举光复洛阳。

安庆绪让严庄带领洛阳兵马,与从关中撤退的张通儒会师,两军在新店(今河南省三门峡市)爆发激烈冲突。正面迎战的唐军,被敌方15万贼军势力压倒,郭子仪再度让回纥骑兵进行迂回攻击。据说强大的贼军在背后遭受突袭时,也惊叫道:"回纥人来啦!"且迅速败逃。唐军靠着这场胜利,迫使安庆绪放弃洛阳。郭子仪巧妙地运用骑兵,成功夹击,打赢精强的敌军。在这场胜仗中,当然也不能忘记大力相助的回纥军。

几年之后,成功阻止回纥军进攻唐朝的并不是唐军,而是郭子仪单枪匹马前去说服。

两京收复之后,肃宗便把第一等功绩给了郭子仪,却引来了宦官势力的嫉妒。翌年,在包围安庆绪逃入的邺城(今河南省安阳)作战中,郭子仪只以节度使的身份参战。他没有担任主帅,而是由不熟悉军事的宦官鱼朝恩执掌指挥,史称邺城之战,最后战败。之后,郭子仪被解除兵权,而之后挺立于唐军最前线的,就是李光弼。不过他因为朝廷强行要求出战而败北,使得平定叛乱又因此多花了数年的时间。

安史之乱后,在与贼军的战斗中一直让作战指挥陷入混乱的宦官们,跟李光弼之间的鸿沟越来越深。李光弼因不想与宦官们同流合污,数度不理会入朝命令。

即使李光弼与郭子仪齐名,战功也被世人誉为"唐中兴第一",但却因遭到朝廷怀疑其拥兵自立,抑郁地留在徐州,并就此终了一生。听说他"愤死"而亡,享年57岁。

在李光弼死后,就只剩郭子仪能够继续支撑已经倾斜的唐朝。他镇压住仆固怀恩的叛乱,在吐蕃与回纥联军逼近长安时,前去说服回纥,化敌为友,将敌军击退。

郭子仪在朝廷担任宰相时,展现出了优秀的政治手腕,致力于重建唐朝,第九代皇帝德宗甚至尊他为"尚父"。781年六月,郭子仪以85岁高龄病逝。

原成功守住。

李光弼的守城战术并非消极地打持久战等待援军,而是积极想办法让敌军疲劳,借此自行制造反攻机会,在没有援军的情况下打垮包围军。这场胜利保住了唐军的左翼,为同年唐军展开的反攻战做出贡献。

至于郭子仪方面,他在游击战中展现出了优秀的用兵才能,特别是巧妙善用出身边境的士兵与回纥士兵,让他们充分信任自己。其中最值得一提的,就是757年九月开始的两京(长安、洛阳)收复战。

肃宗任命郭子仪为天下兵马副元帅,将军队的指挥权交到他手上,在4000回纥骑兵的支援下前去夺回长安。15万唐军与回纥军,一同在香积寺(长安南边)北边与李归仁率领的贼军对峙。此时郭子仪

岳飞

1103～1142

率领勇猛果敢的岳家军力抗金军，
为了达成光复夙愿，将后半生献给战场，
最后因莫须有的罪名被捕入狱，死于非命

岳飞庙中供奉的岳飞像
（河南省汤阴县）

曾经有一群英雄，被人们称作"抗金名将"。他们在面对强大的金军时挺身力抗，就算身后有官僚说三道四，依然骁勇善战，把宋朝从灭亡边缘救了回来。在这些英雄当中，创下无与伦比的战果却以悲剧结局的，就是受众人拥戴的岳飞（1103～1142）了。

岳飞，字鹏举，出生于相州汤阴（今河南省汤阴县）的贫穷农家。他自幼习练武术、枪术、骑射等，同时不忘学问，能诗善赋，就当时的武人而言相当难能可贵。

北宋宣和四年（1122），岳飞加入义勇军与辽兵作战。等到北方新势力金开始南下之后，他再度参加募兵，将自己的后半生奉献于对金作战的战场上。

南宋的军势，因为接连打败仗，及众将军的背叛、抗命，军队体制崩坏，对南宋效忠的几位将军只能以自身实力来对抗金军。岳飞就这样一边转战各地，一边培养自己的军队。著名的"岳家军"是南宋最强的军团，兵力最强时曾达10万。

岳飞作为一名军事主帅，其特色是在战略上采取积极防御，于个别战役中采用果敢的攻势；战术上是采用"先谋"——于战斗前拟定周详的作战计划，及"出奇"——出乎敌人意料发动攻击。

对于军事能力较差的宋朝来说，面临金军攻击时，总是处于被动立场。南宋与其说是要收复失土，还不如说是防卫南部，因此，这时该采用什么样的防御方法就是个问题。

岳飞并不赞同只沿着淮水和长江拉起防卫线，并默默承受敌军攻击的消极性防御。他所提倡的是以进攻的方式衡量敌军力量，如果情势转为对己方有利的话就反攻、追击，并趁机收复宋朝失土的积极性防御法，还将之付诸实行。

对于个别战斗来说，其他将军基本上都是靠着城池或天险来阻止敌军进攻，等待敌军自行消耗严重而撤退，这属于以防御为主的作战。岳飞则采取主动进攻，让部队前进，在游击战中重挫敌军。这种作战方式并不光凭勇气作战，而是必须在事前先拟定好具有胜算的计划，以确实获得胜利。以下就来看看岳飞参与过的著名战役。

1133年冬，金与其傀儡政权齐（刘豫）军队进攻南宋的北方防卫要地襄阳（在今湖北省），并且击败了襄阳镇抚使李横的部队，齐将李成占领襄阳及周边诸郡。金军控制襄阳之后，继续往四川与陕西东进，企图踏平南宋。

岳飞此时主张收复失去的襄阳等六郡，进一步规划光复中原的策略。这个意见得到采纳，因而展开宋朝南迁后的第一场大反攻作战。翌年四月，岳飞从江州（今江西省九江）率领3万余兵马北上。韩世忠与刘光世也自两淮出击，牵制防守襄阳的李成部队。五月六日，岳飞一举攻入郢州（今湖北省钟祥），并且在此兵分两路，派部将张宪等人攻击东方的随州，自己则率领主力朝襄阳前进。李成截获这消息之后便弃城逃亡。十七日，岳飞进驻襄阳。

六月初，李成获得了增援，于新野（在今河南省）集结众多兵力，企图夺回襄阳。岳飞对此先派遣部分兵力出击清水河（位于襄阳西北），充当诱饵引诱敌军攻击。李成军不疑有他进攻而来，此时岳飞则亲自率领部队迂回至李成军背后进行夹击，数量占上风的李成部队因此溃乱，岳家军成功击退敌军。

七月，岳飞向郑州（今河南省南郑县）进军。金为了阻止南宋军继续北上，派出了援军与李成部队会师，兵力加起来增至数万。另外，他们于郑州西北构筑了30余处防御阵地，打算与南宋军进行决战。岳飞首先派遣王贵与张宪从东西两翼进军，以夹击的方式冲击敌阵。接着再派王万与董先的部队进行突击，攻破了敌军。十七日，南宋军控制郑州。之后，岳飞乘势夺回了唐州（今河南省唐河）与信阳（今河南省信阳），失去的六郡得以光复。不过对于岳飞来说，这些战争只不过是光复中原的前哨战罢了。他把这些地方当作进攻中原的策源地，开始进行屯田。

1135年夏，岳飞前往镇压控制洞庭湖一带的湖贼杨幺。杨幺拥有内藏人力驱动车轮形船桨的外轮船大船队，依此击败了装备较差的南宋军。而前往讨伐的岳家军则是以步兵为主体的部队，原本就不

善于水战，且没有能与之对抗的船舰，此时岳飞便想出一计。首先，他鼓励贼兵投降。因为当时岳家军已在连年战斗中培养出不败神话，而且对待降兵一直很宽容，再加上岳家军是当时军队中少数绝不会出现掠夺暴行的护民部队，所以许多贼兵直接不战而降。所以在开战之前，杨幺的部队就已损失过半。对战开始，岳飞用浮草与流木阻塞贼军港口，使外轮船无法航行，完全封锁住敌军优势。杨幺虽然拥有多艘优秀的战舰，却完全败给了搭乘简单竹筏进攻的岳家军。

1140年，金朝宗弼撕毁缔结于1137年的和约，兵分四路开始南进。岳飞打的最后一仗，即是与宗弼的对战。

岳飞派遣部将，与在河北持续抵抗金军的义勇军取得联系，让他们扰乱金军的后方，然后亲自率领10万岳家军于六月底北上，才过不到一个月，便收复了黄河以南的广大领土，并且包围了盘踞在汴京（今河南开封）的金军。岳飞在郾城、颍昌地区集结兵力，准备与金军主力决战。

在这场战役中，宗弼善用了一种称为"拐子马"的重装甲骑兵，以往对战的军队根本没有办法抵挡得住这种攻击。岳飞令步兵看准马脚砍击，成功击退"拐子马"。金军的强大骑兵部队在此地消耗殆尽，主力遭到击破。

在正处于优势，将战事顺利推进的时刻，南宋皇帝高宗却听从宰相秦桧的建议，与金和谈。不仅对追击金军的各部队下达撤退命令，好不容易收复的失土也因此被迫放弃。

"十年之功，毁于一旦！"

岳飞的悲声并未传到高宗耳中。过去如此积极等待收复失土的机会，在用尽战略、拼死搏斗后好不容易才到手的胜利，就因为遭到谗言而全数丧失。

1141年，回到临安的岳飞不仅被夺去兵权，还被罗织罪名逮捕下狱。1142年一月二十七日，岳飞在狱中遭到杀害，年仅39岁。

韩世忠得知岳飞死讯之后，便向秦桧逼问原因，秦桧在无计可施之下，脱口说出了"莫须有"这三个字，从此之后，"莫须有"就成为冤罪的代名词。

传说岳飞背上刺有"精忠报国"四个大字，他一生从未偏离这四个字，成为南宋主战派最大武勋功臣。不过以朝廷官僚为主体的和议派，打算活捉岳飞献给金，以达成和议目的；甚至还想要解散岳家军，重新编组出中央军。

忽必烈

1215～1294

任用汉人知识分子，
欲脱离过去杀戮与掠夺的历史，
骑马民族首次统治中原

忽必烈（1215～1294）是由外族首次统治中国全土的元朝之第一任皇帝。若以祖父成吉思汗建立的蒙古帝国算起，他则是第五代领袖。

其兄长蒙哥继位为蒙古帝国第四代领袖之后，任命忽必烈为漠南汉地大总督，并将中国方面的统治权交到他手上。

1252年，忽必烈受蒙哥之命，以兀良合台为副将，进攻大理国。忽必烈的7万大军沿着四川与西藏东侧的交界南下，于十月搭乘竹筏渡过金沙江。虽然部队饱受疫病之苦，却依然挺进至大理国，包围太和城。忽必烈派出劝降使者，大理国重臣高祥却将使者斩杀，自己逃走。蒙古军内部原本对此主张进行报复性杀戮，不过忽必烈却听取汉人近臣张文谦的建言全力禁止。后来，高祥在被抓到后因为拒绝投降而被斩杀，不过也被视为忠臣而给予厚葬。兀良合台进攻昆明，抓住国王段兴智，灭了大理国。1254年，忽必烈将后续事项交给兀良合台，自己则回到了北方。

在这场大理远征中，忽必烈并未执行蒙古军惯常的杀戮与掠夺。自幼亲近汉人文化的忽必烈，从很早开始就招募汉人知识分子当作幕僚，并听取谏言，学习汉人统治方法。

回到根据地的忽必烈，下令刘秉忠于开平府筑城。这是身为游牧民族的蒙古人继哈拉和林城之后，新建立的定居点。

与此同时，蒙哥决定进攻南宋。兀良合台将部队推进至安南国（今越南），如此一来，北方有忽必烈军、西方有蒙哥军、南方有兀良合台军，从三面将南宋包围起来。1257年九月，蒙哥将首都哈拉和林交给幺弟阿里不哥，亲自率领4万军队向四川进发。他将阵营设于祖父成吉思汗的临终之地六盘山（位于甘肃省），继续往合州前进，欲沿着长江东进。

忽必烈自开平府出击，是在1258年十一月的时候。当时到达汝南（河南省内）已是翌年七月十二日，进军有些迟缓。忽必烈在汝南停下脚步，按兵不动。他对兄长蒙哥的想法略有疑虑，感觉自己在平定南宋后将会身陷危险，同时麾下也有一些汉人反对攻打南宋。

就在此时，传来了蒙哥在攻击四川的钓鱼城作战中阵亡的消息，使蒙哥欲使三军自北、西、南进攻，并于鄂州（今湖北武昌）会师，然后进攻南宋首都临安（今浙江杭州）的战略受挫。忽必烈却让部队开拔，开始往鄂州进军。他们渡过淮水，突破大胜关，又渡过长江，包围了鄂州。其作战目标是切断长江流域的南宋军，挡住来自下游的援军，并与西军和南军取得联系。

不过，当时西边的本队已开始准备撤退，忽必烈又为何要冒着危险进军呢？除了不要让兀良合台的部队被孤立，当然还有其他目的。其中最重要的，即是继位问题。

为了在蒙哥死后与留在哈拉和林的弟弟阿里不哥对抗，忽必烈势必要把兀良合台的部队纳入自己麾下。九月二十九日，位于合州的本队开始撤退，忽必烈旗下却有多支部队会合，十月之后，兀良合台军也终于挺进至潭州（今湖南长沙）。南宋朝廷为之震惊，命令宰相贾似道前往鄂州救援。贾似道却打算和谈，让忽必烈赶忙撤退。回到开平府的忽必烈召开了部族会议，于1260年六月宣布即位。

于隔月在哈拉和林宣布即位的阿里不哥，开始和忽必烈进行了长达四年的继承人战争，阿里不哥几乎丧失所有的兵力，粮食与物资也消耗殆尽，最后终于宣告投降。

继承皇位的忽必烈，在1268年开始攻打南宋。他采用了南宋降将刘整的献策，进攻位于汉水中游的襄阳与对岸的樊城。

江南地区跟草原地带不同，是个遍布大河与湖沼的地方，而且南宋还有优秀的水军。等于说，不擅水战与在湿润夏季作战的骑马军团，难以投入作战。更大的问题在于，南宋城郭的防卫能力强。如果针对高耸坚固城墙与护城河守护的都市以短期决战方式进行攻击的话，就会死伤严重，这点在兄长蒙哥于四川的败北中已有前车之鉴。

蒙古军首先在距离两城100公里以外的地方展开包围，为了与南宋水军对抗，还建造出了5000

艘船，培养了 7 万水军。南宋命范文虎带领 10 万援军前往支援，仍被击破，使得守将吕文焕所率领的襄阳守军完全陷入孤立。

虽然吕文焕努力支撑，蒙古军在这场攻防战中投入的新兵器回回炮，成为胜负的关键。这是一种弹射式的巨大投石机，由伊利汗国派遣来的技术人员打造。可见蒙古军在远征各地时，也学习了许多兵器知识。这种投石机所发射的巨石雨，着实让城中守军陷入恐慌。1273 年二月，襄阳终告陷落。投降的将兵们受到厚待，吕文焕因而宣布效忠忽必烈。

攻陷最大军事据点襄阳之后，由伯颜所率领的 20 万部队在吕文焕的引导之下沿着长江进击，南宋诸城陆续不战而降。降将吕文焕告诉他们蒙古军严禁杀戮与掠夺，且会保障投降者生命安全及身份地位。因此，在没有遭遇激烈抵抗之下，南宋首都临安于 1276 年二月开城投降。

根据传言，成吉思汗曾经在死前留下进攻南宋方法的遗言，内容为"从北进攻会因河川与山岳形成险阻，较为困难，应从西边沿着河川进攻"。

蒙古军以强大的铁马军团而闻名，尤其擅长骑射，主要武器为射程距离可达数百米的弓。他们会携带远射用及近射用的箭各 30 支，也会使用环刀与枪。一个分队是以先锋队、本队、后方部队三队编组而成，先锋队会进行突击杀戮敌军，然后让后方的本队去掠夺所有物资。不过这种战法仅集中于成吉思汗时代，且只限于在平原地形上所进行的战争。

此时，忽必烈对日本提出朝贡要求，遭到镰仓幕府再三拒绝，因此便进行了两次远征。从留存于日本的资料中可以看到，被称为"元寇"的元军采用集团战法，有可以发射被称为"震天雷"的手榴弹式的铁炮，也会使用毒箭等武器。

另外，在元朝成立初期造访中国，在忽必烈处当了十数年官的马可·波罗所写的《马可·波罗游记》中，也记载蒙古骑马部队的战斗过程：

> 他们不以退却为耻，而是会先假装撤退，然后在马上向后放箭，使敌军蒙受重大损害。箭雨会降临在心想已取胜而掉以轻心的追击军头上，且突然掉转部队，开始大声嘶喊进攻。当敌军以为他们已撤退而觉得胜券在握时，事实上就已输了。

1294 年，忽必烈过世。

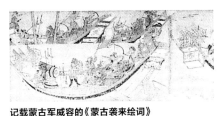

记载蒙古军威容的《蒙古袭来绘词》
（日本宫内厅三之丸尚藏馆馆藏）

朱元璋

1328～1398

一介草民投身于农民起义军，最后登上皇帝高位的少见英杰。并能巧妙运用幕下的优秀人才

明太祖朱元璋（1328～1398）出身于贫苦农民家庭，却成为统治中国的帝王。朱元璋的母亲陈氏怀着朱元璋时，曾经梦到有人给她一个发出红光的药丸，吞了下去。朱元璋出生时，整个房间也笼罩在红光之下。在此后的夜里，朱家依然不定时发出红光来，村人甚至还以为是发生了火灾。

朱元璋17岁时，当地大旱引起饥荒，他失去了父母与长兄，只好到庙里去当和尚。不过在大家都食不果腹的局势中，也无法期待寺庙有什么收入，结果朱元璋还必须去托钵化缘才行。

他所出生的元朝，遂行蒙古人的种族歧视主义。汉人被视为榨取的对象，税金与强行索贿的状况要比其他朝代更加严重。人民生活极为困苦。为了抵抗异族统治与榨取，在各地皆有起义，其中以韩林儿为首的"红巾起义"最为严重。在朱元璋的家乡濠州，有一个叫郭子兴的人也参与了这场起义。朱元璋经过苦思之后决定参加郭子兴的部队，后来适时崭露头角，成了郭子兴的得力助手。虽然朱元璋更具实力，不过他一直跟着郭子兴。

郭子兴死后，朱元璋继承了他的军队，于1356年占领元朝统治江南的据点应天（今南京），自称吴国公。朱元璋之所以能将力量发展至此，主因是他严令禁止部下掠夺，一旦违反，任何人都被处斩。他这种跟一般掠夺者划清界限的态度，让许多知识分子前来投靠。尤其是相当优秀的儒学者刘基、宋濂，也都来助他一臂之力，使朱元璋能从一地之王发展成为一国之君。

在朱元璋欲构筑基盘的江南，有江州的陈友谅与苏州的张士诚势力。跟两者相比，朱军显得较为弱小。刘基对他建议："张士诚只求自国的富裕与安稳，不过陈友谅对领土具有野心。因此首先应该讨伐陈友谅。"正定方案，陈友谅就朝应天进攻而来。刘基对朱元璋献策道："先将敌军引诱深入我方地盘，然后再以伏兵攻击他们。"于是朱元璋便让一个部下假装内应，诱使陈军深入，果然使之大败。

1363年，与元军交战而变得衰弱的韩林儿大宋国，被张士诚军突袭，向朱元璋请求援军。刘基认为陈友谅尚具有威胁性而表示反对，朱元璋则因顾虑张士诚的势力会因此扩大，所以决定前往救援，击退了张军。不过此事结束后，陈友谅却率领大型战舰从长江顺流进攻，在鄱阳湖与朱元璋爆发激烈冲突。

虽然朱元璋败势明显，不过他趁敌军进入下风处时，靠着装载火药的小型船只进行突击放火。陈军的战舰因较大，所以不灵活，最后遭到毁灭性的打击。朱元璋阻塞湖口，切断敌军退路，并在敌军欲逞强突围时发动总攻击，陈友谅战死，该役史称"鄱阳湖之战"。

消灭陈友谅之后，与张士诚一战终于来临。以作战而言，武将常遇春主张一口气进攻至张士诚的首都苏州，朱元璋却制止了他，并表示："湖州的张天骐、杭州的潘原明有如张士诚的左右手，如果苏州陷入危机，他们一定会尽全力赶来救援。一旦发展至此就很难取胜。因此首先要夺取湖州，将敌人的羽翼剪除后，再对首都进行攻击。"

朱元璋列出张士诚的八条罪状，称自己起兵有理，且一如往常严禁掠夺。如同前述作战计划，他先进攻湖州，堆起沙包切断敌军粮道，还击败了张士诚亲自率领的援军。同时掌控了杭州，让首都苏州陷入孤立。朱元璋并未一口气进攻，而是展开数圈包围。在此期间，他曾发出劝降告示，张士诚却充耳不闻，打算拼命突围。但终究大势已定，张士诚被抓，在护送途中自杀身亡。

1367年，回到应天的朱元璋终于决定讨伐元朝。十月，朱元璋与徐达、常遇春诸将领召开军事会议。急躁的常遇春主张乘胜之势，一口气进攻元朝首府大都。朱元璋依然制止了他，并说道："元朝虽然衰弱，但终究是拥有百年命脉的王朝，相信必会坚守到底。如果我军着手攻击大都，且陷入长期战斗的话，不仅补给会有困难，也会引来周边敌军的支援。因此首先要进攻山东，断绝后顾之忧，接着再将部队退至河南，切断敌军羽翼。然后攻破要冲潼关，截断来自长安的援军通路，将大都孤立，如此一来便能取胜。"

中华门
（南京市）
始建于朱元璋时期，现只留有基座

这如同之前对张士诚的作战方式，是种先控制周边地区，以让首都孤立的策略。

十月二十日，徐达、常遇春等渡过长江进入山东，在此同时，朱元璋则于各地发出内容为"我们是为了驱逐外族，让天下回到汉族手中，并救济人民而举兵。军律相当严格，绝对不会做出掠夺等行为，因此大可不用逃难"的檄文，笼络人心。

朱元璋特别命令徐达，一定得将敌军切断。意谓必须控制通往大都市的交通要冲，且派驻精兵把守，让援军无法通过。徐达遵照这样的命令，控制山东全域。1368年，朱元璋在应天称帝，定国号为明，是为洪武帝。徐达、常遇春在平定山东之后，便往河南进军。他们越过虎牢关，在接近洛阳时，碰到了5万元军严阵以待。当时首先打破局势的是常遇春，他以单骑操弓冲入敌军之中，撂倒敌军先锋。徐达见此机会便率领大军进攻，趁着混乱，大败元军。明军一口气推进至洛阳，且不经一战便取得洛阳。如此一来，大都毫无屏障，进攻时机已经成熟。朱元璋自水陆两方指挥大军北上，推进至大都东郊的通州。此处距大都仅约20公里，虽然诸将主张速攻，不过主帅郭英则认为应慎重行事。

翌日起了大雾，郭英首先派兵埋伏，并亲自来到通州城下。与元的大军交锋过后，故意退却诱敌深入，再靠伏兵让元军陷入混乱。最后通州终于攻陷，明军逼近大都。元顺帝大为惊恐，不听家臣劝谏便赶紧放弃大都，北逃至上都。明军就这样不费吹灰之力夺取了大都，元朝宣告灭亡。

朱元璋虽出身于农民叛军，不过却能做到不掠夺、维持既有秩序，因此能获得像刘基这样的知识分子协助，也能将"勇谋绝伦"的徐达、猛进的常遇春这两位性格正好相反的武将适才适用。朱元璋本身虽具天子的气度，不过他能够完成天下统一，身边优秀的人才确实发挥效力是最大原因之一啊！

兵家 **159**

秦良玉

1574？~ 1648

继承丈夫统率军队，
并于北方击退由努尔哈赤率领的后金军。
虽然为政治腐败而忧心，不过依然效忠于明朝

秦良玉（1574?~1648）是位巾帼英雄。说起中国的女性将军，南北朝时期的花木兰最为有名。秦良玉是被明朝赐官的将军，这在中国历史上极其稀有。

她的出生地四川虽划归明朝版图，不过在治理上是由朝廷授予土著酋长官职，容许其自治。这种酋长称为土司，是世袭制，如果没有嫡子的话，就要由弟弟或是妻子继承。这种地区在中央势力衰弱时，很容易陷入不稳定的状态。土司中具有野心的人，会趁机宣布独立，与官军对峙。而有时官军也会收取贿赂，不投入全力去扫荡贼军。

秦良玉自幼跟随父亲学习武艺，善于骑射。她也通晓诗文，可说是智勇兼备。她的丈夫马千乘，家族代代担任重庆东部的石柱县土司。此时四川其中一位土司杨应龙发动叛乱，官军陷入苦战。她跟随夫婿以官军的身份参战，遭到夜袭时反而将敌军击退，并夺回了七个村落，功绩相当耀眼，她本人却不居此功。后来马千乘不幸因为被冠上无实罪名而死于狱中，又加上其子马祥麟年纪尚幼，秦良玉就继承丈夫的位置，成为石柱县的土司。

秦良玉一方面颁布严格军律，以不危害人民作为第一要件。她平常处事稳重优雅，一旦站上前线，发出的军令使得部队肃然遵从。她所率领的石柱军被称为白杆兵，令附近的部族敬畏三分。

当时，明朝正被由努尔哈赤所率领的女真族后金攻打。1620年，石柱军被调至北方进行防卫。秦良玉与兄长秦邦屏、弟弟秦民屏随军出征，但部队却在意图夺回沈阳进行渡河时遭到后金军攻击，导致秦邦屏战死，秦民屏虽然捡回一命，不过军势却告瓦解。翌年，秦良玉亲自率领3000精兵北上。虽然军粮不甚充足，不过石柱军在铁的纪律规范下，沿途一物不取，赶赴战地。她在严寒地区为伤兵准备了1500件冬冬衣，并亲自把守要冲榆关。战斗极为激烈，终于成功击退敌军。北方战事告一段落后，下一战是四川平定奢崇明之乱。

奢崇明是通往云南、贵州要冲的永宁土司，为

流经重庆市的
嘉陵江（中国四川省）
秦良玉曾立下从奢崇明手中夺回重庆、成都的大功

了发起叛乱早已准备周全。他首先以征伐后金的名义征兵两万，再假装献给朝廷，行军至重庆时便发动叛变，并转眼之间占领该地。还有其他土司也参与了行动，而奢崇明则派使者拿着金银财宝引诱秦良玉加入同盟。秦良玉先斩了这名使者，再讨伐叛乱。她派给秦民屏等4000兵马，让其不舍昼夜赶往重庆，而自己率领6000人溯江而上赶至成都。

成都此时战况告急，多位土司因为贪图奢崇明的贿赂而按兵不动，只有秦良玉一边夺回各个都市，一边赶往成都。最后援军终于开始抵达，后来有一部分看见秦良玉动向的土司也加入作战。敌军虽然建造出云梯等武器企图突破城墙，不过地方长官朱燮元以投石器先行反制。最后在敌军内部取得暗桩，让其与位于城外的秦良玉一同发动总攻击，终于解除成都的危机。秦良玉的战功获得了朱燮元的认可，她继续致力于扫荡奢军残部。

经过这一连串战事之后，秦良玉上奏说："乃行间诸将，未睹贼面，攘臂夸张，及乎对垒，闻风先遁。败于贼者，唯恐人之胜；怯于贼者，唯恐人之强。如总兵李维新，渡河一战，败衂归营，反闭门拒臣，不容一见。以六尺躯须眉男子，忌一巾帼妇人，静夜思之，亦当愧死。"

上奏批评长官是个没用的胆小鬼，着实有相当的气魄，不过这除了能看出她诚实耿直的性格之外，也充分现出当时官军的士气低落状况。《明史》记载，上奏之后，她得到"帝优诏报之"的回应，由皇帝下诏厚待之。

1630年，秦良玉与侄子秦翼明带着私财赴北京担任警护。朝廷为报其忠义，允许她们参与。

这时，明朝已无法维持国家的统治，就连秦良玉的家乡四川，也有匪贼蹂躏太平与巫山等都市，等到秦良玉赶回时，匪贼早已逃之夭夭，如此戏码不断重复上演。不过这也证明了她的镇守相当重要。另外，当时在盗贼中也有其族人混在里面，这是一位逃狱者，她看穿后，将之逮捕交给长官。在此之后，听说再也没有逃狱者了。

此时的四川巡抚是邵捷春，率领弱卒2万防守重庆，相当依赖秦良玉。之后，绵州知事陆逊之辞官回乡时，秦良玉为他备酒，说道："邵公不知兵。吾一妇人，受国恩，谊应死，独恨与邵公同死耳。"陆逊之问起原因，秦良玉答曰："邵公移我自近，去所驻重庆仅三四十里，而遣张令守黄泥洼，殊失地利。贼据归、巫万山巅，俯瞰吾营。铁骑建瓴下，张令必破。令破及我，我败尚能救重庆急乎？且督师以蜀为壑，无愚智知之。邵公不此时争山夺险，令贼无敢即我，而坐以设防，此败道也。"陆逊之深感赞同。

四川有张献忠四处骚扰各城，秦良玉虽然再三应战，却皆陷入苦战，因为官府实在已无余力。举例来说，申请追加军粮，府库却空空如也；而秦良玉虽熟知四川地形，不过当她要在几处要害重点配置守军时，能调遣的士兵却已不敷使用。张献忠最后进行总攻击时，四川很快被攻陷。当时她已为了永年王朝而与贼军奋战，如果这时顺贼所意，那么自己的人生将会失去意义，所以便躲进了老巢石柱。就算张献忠再厉害，仍无法踏进一步，因而保住了独立。张献忠死去之后不久，秦良玉也过世了。

虽然秦良玉那惊人的奇袭战术与优秀的兵法理论并没有流传后世，不过她兼具勇气与智慧、光明正大而不谄媚长官、不夸耀功绩、慈爱人民、体恤兵卒的性格，简直备齐了将军所需的所有条件，因此她成为一位靠着铁的纪律统率军队的稀世巾帼英雄。

兵家 161

戚继光

1528～1587

以随机应变的战法迎敌，经常获得胜利。
以"鸳鸯阵"等独创阵形攻击倭寇，
还在北方构筑要塞，成为边防名将

戚继光（1528～1587），字元敬，谥号武毅，登州（山东省蓬莱市）人，明朝抗倭功臣。家贫，自幼即有出众的才能。

1552年以后，中国南部沿岸受到倭寇的大举侵略。明朝当时采行的是一种锁国政策，在贸易自由上有所限制。因此包括部分商人、日本商船甚至是葡萄牙人在内，都开始以沿岸小岛为基地，进行地下贸易活动。像这种走私集团，在遭到明朝军队毁灭性的打击之后，性质就开始转变为类似海盗了。

戚继光被赋予击退倭寇的任务，但当时的沿海警备形势相当恶劣。原本负责管理军队的官员相当腐败，军纪涣散，就连老兵都不堪一战。因此在1559年，戚继光亲自前往浙江省金华、义乌地区，募集当地农民，施以训练。还招募沿海地区的渔民为士兵，组织水军，建造了约40艘军船，充实船舰与兵器，培养出一支抗击倭寇部队。

戚继光制定了严格的军律，除了赏罚分明之外，主张官兵应有同等待遇，颇受士兵拥戴。另外，他还专注于研究战术。为了让刚组好的部队充分发挥军队效用，必须制定出合理的战术才行。首先，他按照士兵大致的年龄、体格，分派不同的武器，并以此为基础编出一种称为"鸳鸯阵"的阵形。这是以各自手持长短不同武器的12人为1组，然后以随机应变的方式换用武器扰乱敌军。他之所以重视阵形，是因为南方地形多湖泊沼泽，无法采用以军马一口气冲向敌军本营的作战方式。戚继光便根据手上的兵力状况、战场的地理特征来建构军队。

这支部队训练完成后，成为一支勇于迎敌、不掠夺人民的高水准部队。人们称其为"戚家军"，所到之处大受欢迎。另外，戚继光也呼吁一般民众配合他对抗倭寇。平常财产与生命饱受倭寇威胁的人民皆积极呼应，纷纷组织起自卫团，协助戚家军对付倭寇。

1561年，倭寇船队大举袭击浙江省的台州。因明朝官军吃了败仗，村落被掠夺，不过戚家军以迅雷不及掩耳之势夺回台州，斩了敌将。戚继光不放过这个机会，亲自率领主力阻止倭寇反击。他以鸳鸯阵切断敌军，然后用各个击破的方式将倭寇歼灭。此役之后，浙江的倭寇活动逐渐平息。立下这项功绩的戚继光晋升为都指挥使，并肩负起更为重大的海防责任。他为了增强兵力继续募兵，使戚家军成长为将近6000人的军团。

1562年，倭寇的攻击矛头指向了浙江南边。倭寇从温州、南澳等地登陆，并以破竹之势攻陷福建各城。倭寇以距离海岸很近的黄屿岛为根据地，觊觎沿岸地带。通往该岛的水路既窄又险，官军无法积极发动攻击，总督胡宗宪因此请戚继光前来帮助。戚继光利用退潮的时机发动奇袭，斩杀倭寇2600人，夺回了黄屿岛。倭寇遂将根据地移往牛田及周边地区，阵营零星分布于30里的地带中，因此无法一网打尽。于是，戚继光便散布以下信息："戚家军远从浙江来到福建，兵马皆已相当疲累。再加上先前的战斗使得兵力减弱，如果不暂时休整的话，就很难持续作战。"

倭寇听信了这样的传言，因而放下戒心。戚继光兵分四路，悄悄包围倭寇军。主战力为三支部队，其中一支由戚继光亲自率领。剩下的两支部队其中一队负责防止敌军埋伏偷袭，另一支部队则配置在切断敌人退路的位置上。入夜之后，戚继光让突击部队着轻装，悄悄逼近敌军。他们首先放倒敌军步哨，将熟睡中的倭寇层层包围。敌军刚睡醒便开始放火，倭寇被烧死了大半，只好慌慌张张撤退，不过退路上却早已有戚家军部队等着他们。最后，戚家军不仅切断了敌军，烧毁他们的船只，更救出了许多百姓。他们将倭寇一扫而空，奏凯而归。

戚继光回到浙江之后，马上又有倭寇侵袭福建。他们占领了兴化城、平海卫等地，且不断进袭掠夺，让福建总兵官俞大猷陷入苦战。戚继光又被召回福建，打了这场"平海卫战役"。获得戚家军协助的明军转而反击，一口气夺回了平海卫与兴化城。在此之后，虽然零星遭到倭寇攻击，不过大多将之击退。

由于戚继光立下一连串军功，再加上1567年

《倭寇图卷》
（东京大学史料编纂所藏）
描绘出明军与倭寇的战斗

海禁令解除，贸易重新开启，倭寇转而式微。朝廷遂任命戚继光为总兵官，镇守北方。戚继光抵达赴任地点蓟州之后，看到的却是官军慵懒、士兵废弛，而且人力配置也相当混乱——让年轻人去担任门卫，老人列于战斗部队中。于是，戚继光感叹道："这块土地上的军队数量虽多，但有跟没有一样。"

他也批判军事训练根本没有按照兵法进行。"蓟州的地形大致可以分为三类。其一是广大的平原，二是稍有起伏的土地，三则为险峻的山谷。平原适合战车作战，起伏地形则适于骑马战，在山谷中靠步兵最为妥当。如果能够妥善利用地形，就能防止敌军入侵。不过这里的士兵却不熟悉骑马战斗"。"所谓的训练，是有正确方法的。看起来美观的，并不实用。反过来说，若以实用性作为第一优先考量的话，美观根本就不是问题。"他认为要创造出一支真正能派上用场的军队，就要先从意识改革开始做起。以军人来说，施行意识改革最有成效的，就是戚家军了。

此时的戚继光，获朝廷允准，盖起了边境防卫所需的瞭望台兼要塞，负责建造的士兵们却日渐不服从军纪管理。戚继光为此从浙江叫来戚家军中的一军，让他们整队集合。有天，下了整天大雨，这3000精锐部队却屹立不摇，一动也不动地站着。边境部队对此大为吃惊，终于明白了军纪的重要性。

完工后的瞭望台坚固雄壮，内部分为三层，分别有供士兵休憩、储存武器和兵粮之处，还研发出战车与拒马机（阻止马匹进攻的机具）等武器。至于战术方面，首先要以火器阻挡敌军前进，然后再让步兵设置拒马机，阻止骑马队进入，并以长枪应战。等敌军开始退却之后，再派出骑马队将其赶出境。蓟州的大将在以往的17年内已经替换过10人，不过在戚继光上任后的16年之间则是长保安泰，且深得当时的内阁首辅张居正信赖。不过在张居正死后，戚继光马上遭到弹劾而落寞下台。

戚继光的作战，在针对从海上进攻而来的倭寇时是力求彻底歼灭，在防守北方边境时则是贯彻专守防卫。指挥过这两种完全不同的战争形式的戚继光，将他丰富的经验写成《纪效新书》（十八卷）与《练兵实纪》（九卷），成为后世用兵者学习兵法的教科书之一。

1559 ~ 1626

努尔哈赤

为报父祖之仇而举兵，
投身于战场长达 **40** 年。
靠着灵活运用骑兵战略击破敌军

努尔哈赤(1559~1626)是清朝第一任皇帝。他原本以金为国号，到了第二代皇太极时则改称清。努尔哈赤出身建州女真族，姓爱新觉罗。

明朝女真族的分布，辽东有建州女真，长春有海西女真，黑龙江则有野人女真，虽然皆受明朝的间接统治，不过依然各自称王，相互争斗。

1583 年，努尔哈赤的祖父与父亲，在明朝将军李成梁消灭反抗明朝的阿台时遭到杀害。努尔哈赤后来发现这是部族中的尼堪外兰居中搞鬼，便举兵进行报复，而他此时手上只有父亲遗留下来的 13 组甲胄，以及未满百人的士兵。

举兵后的努尔哈赤也遭到其他部族的妨碍，不过每次都以机智化解灾祸，并逐步合并周边各部族。1586 年，他击败宿敌尼堪外兰，并于翌年建筑佛阿拉城，以此为根据地。1588 年，他陆续收服哲陈、津河、完颜三个部族，统一了建州女真，此时他的兵力已达 1.5 万人。努尔哈赤将全军分为"环刀军""铁槌军""串赤军""能射军"四军，并制定严格的军律，战斗力相当高。

明朝到了这个时候，已无法忽视努尔哈赤的势力，每年给他 800 两白银加以抚慰，并于 1589 年任命他为都督佥事。

另外，海西女真中的叶赫部、哈达部、乌拉部、辉发部四个部族，对日益强大的建州女真感到不安。叶赫部在 1593 年与其他三个部族联手，再加上蒙古科尔沁等三个部族，及长白山两部，总共以九个部族组织 3 万联军，准备发动攻击。努尔哈赤认为敌军是"乌合之众，其志不一，败其前军，军必反走"，在古勒山布阵，将兵力集中于该地。

正如努尔哈赤所言，发动突击的叶赫部将领被绊倒之后，遭到建州士兵斩杀，敌军因此溃败逃走。此役努尔哈赤获得了 4000 名士兵、3000 匹马、1000 组甲胄，是举兵以来最大的一场胜利。努尔哈赤乘势制服了长白山的珠舍里、讷殷两个部族，于 1595 年获得明朝龙虎将军的称号，为统一全女真族迈出一大步。此时的努尔哈赤仅在表面上忠于明朝，实则为建国培养实力。

沈阳故宫的大政殿
为清太祖努尔哈赤
最早建造的宫殿

1601 年，努尔哈赤趁海西的哈达部饥荒时出兵，制伏了哈达部。1607 年制伏辉发部，1613 年制伏了乌拉部。紧接着他进攻叶赫部，因为明朝援军加入叶赫军，因此只降了 19 座城便撤兵。当时他仍无法与明军对战，不过在之后局势为之大变。

随着统治区域的扩大，兵力也跟着增加，必须调整组织。努尔哈赤把既有的四支部队重新编组，成为"八旗军"。1601 年有黄、白、红、蓝四旗，到了 1615 年则新增镶黄、镶白、镶红、镶蓝四旗。镶指的是军旗的边饰，是以红色来装饰旗帜边缘，而红旗则是用白色饰边。

部队组织是以 300 人为 1 佐领，5 佐领成 1 参领，5 参领则为 1 旗，也就是说 1 旗是由 7500 人构成。部队以骑兵为核心，靠配置于前方的重骑兵进行突击，由后方的轻骑兵扩张战果。当初未配备火器，只有射程较短的旧式装备，不过却能充分活用骑兵的突击力与机动力，他们越战越勇，最后所向无敌。

努尔哈赤相当重视军律与军事训练，就连军马也亲自检查，并给予赏罚。八旗制度是一种兼具军事、行政、生产的军事化社会象征。

1616 年努尔哈赤即位，定国号为金(后金)。1618 年，努尔哈赤宣布对明朝的"七大恨"后，即开始进攻明朝。他攻击战略要点抚顺，然后攻陷清河城等据点。明朝为之恐慌，于辽东集结了 10 万大军，以杨镐为主将，兵分四路进攻赫图阿拉。努尔哈赤对此则采行"敌从数道而来，我则一路孤行"的方针。三月一日，努尔哈赤首先集中兵力对付杜松以孤军突击的西路军，在一天之内就将其歼灭于萨尔浒山下；二日，击败马林的北路军；四日，歼灭刘綎的东路军，剩下的南路军李如柏则逃之夭夭。

在这场战斗中，努尔哈赤的女真军在面对装备、兵力皆具有压倒性优势的明军时，能善用其优秀的机动性、及时收集情报，正确掌握敌军部队动向，且靠集中兵力于一处的方式，将敌军部队各个击破。

萨尔浒之役大获全胜的后金军，不仅势力迅速获得扩大，也成为改朝换代的前奏。

努尔哈赤乘着萨尔浒之役的胜利，攻陷开原、铁岭等地，制服了海西女真的叶赫部，统一了整个女真族。

1621年，努尔哈赤攻陷沈阳与辽阳。在沈阳之战中，他将战略着眼于两点上。其一，沈阳城是一座被好几层壕沟包围保护的坚固城池，而明军的战斗是以步兵为核心，使用大量火器，守城战可以撑很久。因此努尔哈赤便采行将明军引诱出城，使其陷入游击战的作战策略。一旦进入游击战，就能将八旗军最为得意的骑射发挥出最大的作用。

其二，沈阳与辽阳两座城池都收留了很多逃避饥荒的蒙古难民。努尔哈赤派出间谍在城里进行内应，在对战开始后，城内的蒙古人就掀起动乱，呼应城外的进攻，最后这两座城池很快宣告陷落。

就这样，努尔哈赤占领了辽东以东，准备开始征服全中国。

1626年一月，他突破了山海关，拥兵6万进攻宁远城。努尔哈赤虽然发出投降劝告，不过被守将袁崇焕严词拒绝，便展开强行突破。这座城池的防御相当稳固，最让后金军苦恼的是11门被称为"红夷炮"的最新型大炮。1604年明军与荷兰船舰交战时，因为被其威力所惊，遂于1621年开始在国内制造。当时的中国人称荷兰人为"红毛夷"，因此而得名。

袁崇焕在他亲手构筑的宁远城上配备了红夷炮。激战三日之后，后金军终于被迫撤退。该军损失甚大，就连努尔哈赤自己也身负重伤。

努尔哈赤自举兵以来一直能够以寡击众，势如破竹，连战连胜，不想在新兵器的威力面前，却束手无策。他在历经40年的战斗生涯中，初次尝到败北的滋味。

据说，因为在这场战斗中负伤，努尔哈赤的病情越来越重，最后于1626年八月结束了68年的生涯。

努尔哈赤在战斗中最为重视的，是花很长时间进行完善的作战准备，且尽可能削弱敌方兵力。情报必须及时收集、分析，制定能将高机动性发挥至最大限度的战略，以此击破敌人。

郑成功

1624～1662

郑成功（1624～1662），字明俨。父亲郑芝龙从事海上走私贸易而致富，娶日本人田川氏为妻。郑成功在日本平户出生。近松门左卫门著名的人形净琉璃剧本《国姓爷合战》，就是以郑成功为主角的。

郑成功在7岁时前往福建，后前往金陵（今南京）就学。1644年北京沦陷，明朝灭亡，他于翌年返回福建。

趁着明朝灭亡之际进入华北的清军，占领北京并建立了新的朝代。但是不服外族统治的一派则拥立皇族，展开反清运动。郑成功与其父亲也加入了反清复明的行列，并且获赐明朝皇帝的"朱"姓，这就是"国姓爷"称号的由来。不过郑芝龙于1646年决定降清，就算郑成功流泪苦谏也充耳不闻，父子关系因而决裂。

在与清军作战时，郑成功最寄予期望的就是水军。因为女真族擅长骑马打仗，不擅于水战。而福建的地形大多是延伸到海岸附近的丘陵，对于陆路移动来说相当不方便。因此，郑成功以金门、厦门为根据地实施水军训练，同时创设陆军。在此练成的军队拥有铁的纪律，是支精锐部队。清军曾经前往讨伐，却被反将一军，驻扎在福建的部队主力遭到歼灭。因此清朝改采怀柔政策，告诉他若肯投降，就授予靖海将军的官职，但若拒绝，便要连同其父亲在内诛灭全族。郑成功对此表示拒绝并趁着怀柔交涉期间北上，攻下从浙江舟山到广东揭阳地区。亡命政权的南明永历帝，为此封郑成功为延平王，以报其功。

1655年，清朝派遣大军前往福建，与当地驻军会师，再度前往讨伐郑成功。郑成功将清军引诱至海上，让他们陷入最不擅长的海战，翌年顺利于厦门附近击退清军。1660年，郑成功为了让南明帝回到南京，便进攻南京。他从海上进入长江，于镇江战胜并包围南京。不过清朝却成功争取到时间，使郑成功遭到惨痛败北，撤回厦门。而一旦回到海战，清朝又无法全数歼灭郑军。进攻南京失败的两年之后，清朝曾派遣水军进入福建，不过仍被郑成功击退。

郑成功的资金仰赖贸易，他与日本、吕宋岛等地区进行商贸活动。不过清朝除了进攻厦门给予压迫之外，还在1661年颁布迁界令，切断郑成功的补给。迁界令是一项强迫浙江、福建等东南沿海居民迁往内地，并且禁止出海的法令。

郑成功如果继续留在厦门，经济迟早会出现问题，而且厦门作为抗清运动的据点也实在太小，因此郑成功就把目光移至福建对面的台湾岛上。

台湾从明末开始即被荷兰占领，以台南为中心展开经营。此时受到英荷战争的影响，荷兰国力已

打着反清复明的旗帜，与投降清朝的父亲决裂。
利用自己的优势，与清军展开海战，
并且据守台湾，意图反攻，无奈壮志未酬身先死

供奉于延平郡王祠的郑成功像（台湾省台南市）

渐衰弱。虽说如此，由于台湾的港湾狭小，大型船只很难进入，且荷兰人又备有西洋式炮台，因此郑成功幕下诸将的意见便有分歧，郑成功也迟迟无法下定决心。此时，台湾有个名为何斌的人找到郑成功，他在台湾担任翻译，说台湾的土壤相当肥沃，且荷兰人的数量并不多，如果进攻的话一定可以得手，同时献上了详细的台湾地图。郑成功认为"这个机会简直就是天赐我也"，决定攻取台湾。之后，他准备了充足的军粮、建造新的军舰，同时派出侦察部队，打探航路状况与敌军配置等情报。

1661年，逃至缅甸的南明永历帝被清军捕获，中国全土几乎完全纳入清朝统治之下，对郑成功来说局势已刻不容缓。他先把部队从厦门移动至金门岛，然后进入澎湖岛。为了登陆台湾，必须选择从北线尾岛的南边或北边通过。其中一条路线是自北线尾岛与一鲲身岛（古岛屿名，今位于台南市西南海中）中间通过的南侧路线，这条水路较为宽广，水深也足够，不过一鲲身岛上却有荷兰军构筑的台湾城。

而另外一条路线则是通过位于北线尾岛北侧，称为鹿耳门的水路。这里虽然位于敌军监视范围之外，不过水路较窄，水位也较浅，一次只能通过三艘船。郑成功认为只要有何斌这个当他的引水人，就可以利用满潮时辰趁敌之虚进入水道内，切断台湾本岛的赤嵌城与台湾城，将之各个击破。

作战按照计划顺利进行，算准鹿耳门的满潮时辰，大小船只顺利通过，潜伏于内海。因大意而让敌军潜入的荷兰军赶忙以甲板船和大炮应战，不过郑成功部队却已直奔位于赤嵌城北方约3公里处的禾寮港，并成功进行登陆。紧接着，他迅速控制要冲，特别是确保住从鹿耳门进入内海的制海权，协助第二波部队登陆，同时切断了连接台湾城与赤嵌城的水路。多数台湾居民都向他们提供物资协助。

荷兰军集中兵力，在郑成功部队尚未站稳脚跟时转而反击。他们集合4艘战舰发动炮击，郑成功军集中炮火攻击荷兰主力舰赫克特号，将之击沉。此时通信船玛丽亚号为了请求援军，向巴达维亚航行而去。陆战则在北线尾岛展开激烈的攻防，相对于荷兰军只有240人，郑成功部队则有4000人，胜负早已相当明显。经过前后夹击，荷兰军几乎被歼灭。

荷兰军被包围在台湾城与赤嵌城中。赤嵌城上有4座炮台，而台湾城则是高性能的巨大要塞，炮台充斥四方。郑成功切断了两座城的联系，等待攻击机会到来。赤嵌城在台湾人的协助之下，连水源都被断绝，已难以支撑下去，最后终被攻陷。台湾城则分为正面与侧面、自水陆两方发动攻击作战。他们在城池南侧设置炮台，从一鲲身岛南端进行攻击。在巨大的炮台面前，仍有许多士兵被击倒，郑成功认识到强行突破的困难，决定改行持久战。事实上，郑成功也有补给的问题。如同先前所述，因为迁界令的关系，补给物资有所困难。郑成功只能从台湾内部屯田，靠着自给自足的方式来解决。

话说回来，郑成功开始进攻台湾的时候，正好是盛行西南气流的季节，因此前往请求支援的玛丽亚号花了很长时间才到达巴达维亚。等到荷兰的援军抵达，郑成功几乎已经控制了大部分地区，只剩下台湾城。荷军被击沉两艘战舰，没有取得任何战果便撤退回巴达维亚。荷兰援军的姗姗来迟，对于郑成功来说实属幸运。因为援军撤退，使荷兰军士气全消。1662年，久攻不下的台湾城终于陷落，荷军向郑成功投降。

郑成功在与清朝作战时一直挑自己拿手的海战，在与荷兰开战之前，也充分收集情报，避开危险的正面冲突，采行利用自然环境乘虚而入的作战方法。另外，就算他的经济来源被清朝切断，他也有办法解决。因此，他可说是位不蛮干、时时营造对自己有利状况的将帅。

● 图解档案

中国人口变迁史

世纪	国名	年度	公元	户数	人口	人口／户数	出处
2	后汉	安帝延光四年	125	9,647,838	48,690,789	5.05	《后汉书·郡国志》
		桓帝永寿二年	156	16,070,906	50,068,856	3.11	《帝王世纪》
3	三国蜀	后主炎兴一年	263	280,000	940,000	3.36	《三国志·蜀志》等
	三国吴	大帝赤乌五年	242	523,000	2,400,000	4.59	《晋书》等
	三国魏	元帝景元四年	263	663,423	4,431,881	6.68	《通典》等
	西晋	武帝太康一年	280	2,459,480	16,163,863	6.57	《晋书》等
4	十六国	前燕	370	2,458,969	9,987,935	4.06	《晋书》
5	南朝	宋武帝大明八年	464	906,870	4,685,501	5.16	《通典》等
6	南朝	后主祯明三年	589	500,000	2,000,000	4.00	《北史·周书》等
	北朝	齐幼主承光一年	577	3,302,528	20,006,886	6.06	
7	唐	太宗贞观十三年	639	3,120,151	13,252,894	4.24	《旧唐书·地理志》
8	唐	中宗神龙一年	705	6,156,141	37,140,000	6.03	《资治通鉴》
		玄宗天宝十四年	755	8,914,709	52,919,309	5.93	《通典》
9	唐	穆宗长庆一年	821	2,375,805	15,762,431	6.63	《旧唐书·穆宗纪》
11	宋	真宗咸平六年	1003	6,864,160	14,278,040	2.08	《宋会要》
		仁宗嘉祐八年	1063	12,462,317	26,421,651	2.12	《通考户口》
		神宗元丰六年	1083	17,211,713	24,969,300	1.45	《宋会要》
12	宋	哲宗元符三年	1100	19,960,812	44,914,491	2.25	《宋会要》
		徽宗大观四年	1110	20,882,256	46,734,784	2.24	《宋会要》
	金	世宗大定二十七年	1187	6,789,449	44,705,086	6.56	《金史》
		章宗明昌六年	1195	7,223,400	48,490,400	6.71	《金史》
13	金	章宗泰和七年	1207	7,684,438	45,816,079	5.59	《金史》
13～14	元			13,867,219	59,519,727	4.29	综合各种资料
14	明	太祖（洪武帝）朝	1368～1398	10,699,399	58,323,933	5.45	黄册
15	明	成祖（永乐帝）朝	1403～1424	9,867,204	53,165,705	5.39	黄册
		英宗（天顺帝）朝	1457～1464	9,403,357	54,325,757	5.78	黄册
		宪宗（成化帝）朝	1465～1487	9,146,327	62,361,424	6.82	黄册
		孝宗（弘治帝）朝	1488～1505	10,000,043	51,152,428	5.12	黄册
16	明	武宗（正德帝）朝	1506～1521	9,247,406	60,078,336	6.48	黄册
		神宗（万历帝）朝	1573～1619	10,030,241	56,305,050	5.61	黄册
17	明	熹宗（天启帝）朝	1621～1627	9,835,426	51,655,459	5.25	黄册
	清	顺治十八年	1661	—	76,550,608		综合各种资料
18	清	康熙六十一年	1722	—	103,053,992		综合各种资料
		雍正十二年	1734	—	109,421,848		综合各种资料
19	清	嘉庆十七年	1812	—	333,700,560		综合各种资料
		光绪十三年	1887	—	401,520,392		综合各种资料
20	清	光绪二十七年	1901	—	426,447,325		综合各种资料

出自《中国人口史》（文津出版社）

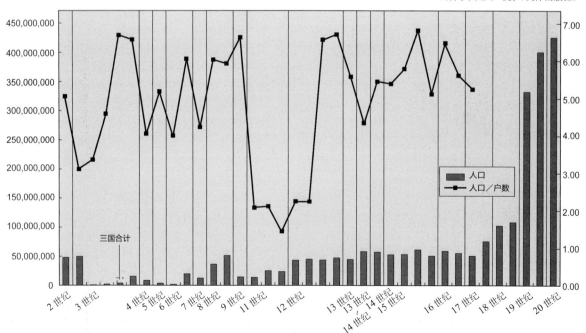

【中国历代兴亡史】

历代皇朝

魏、晋
南北朝
隋　唐
五代十国
北宋
金、南宋
元　明　清

3～4世纪

魏、晋

可说是一连串的战争史。
各王朝于战争中诞生,也在战争中灭亡。
我们既然已经读过战术与战略,
在此遍览历代皇朝的攻防史。
首先,从司马一族篡夺帝位讲起……

■三国的形势走向

以兴起于东汉灵帝末年(184)的黄巾起义为契机,开始陷入了群雄割据的状态,最后演变成魏、吴、蜀各自盘踞华北、江南、长江流域,形成三国鼎立,也就是"三分天下"的局面。在三国当中,魏最为强大,吴与蜀联手对抗之。

不过,吴蜀联盟却也因为争夺长江中游领地而不断产生纷争,使得合作无法长久维持。263年,魏国灭了蜀国。之后,魏与吴的国力孰强孰弱,一目了然。果然,不久之后吴也被魏所灭,看似将由魏建立起新的大一统王朝。

■曹操的家系

虽然魏国由曹操一手打下基础,不过曹操只是东汉的魏王,而不是天子。在东汉末期的数年中,朝廷实际上虽由曹操掌控,不过名义上他依然是侍奉东汉天子的重臣,且曹操终其一生皆无改变过这样的立场。帝位从东汉王朝的刘家转变至魏的曹家,是在曹操死后,由他的儿子曹丕完成的(220)。

仕于东汉安帝、顺帝、桓帝三代的宦官曹腾,有一个名为曹嵩的养子,而曹嵩的儿子即是曹操。也就是说,曹操出生于宦官家族。由于宦官是天子的侧侍官员,因此很容易接近权势,蓄积家产也相当便利,不过在一般人眼中,他们是一群不惜牺牲身体以换取出仕机会的不洁之人。所以,虽然曹操靠自己的力量一手建立起魏国,且成为能够左右天下的人物,但因为他是宦官的子孙,所以士人阶级依然瞧不起他。而且这种侮蔑即使在曹丕称帝之后依然存在。

不知道是否因为受到宦官的影响,曹操一门既不太提拔同族,也不崇尚迎娶其他名门女性以壮大门楣。220年,曹操于66岁去世之后,曹丕(文帝)继承父亲的爵位成为魏王,最后接受了东汉的禅让,开启了中国史上魏晋南北朝的时代,而其母却为娼妓出身。

曹丕治世只有短短六年,其继承者为曹叡(明帝)。

曹叡的母亲为甄氏,她父亲曾经担任县令,姑且算是名门,不过她原本已经嫁给袁绍的儿子袁熙,在袁绍一族被曹操所灭之后才由曹丕迎娶入门。虽然当时并未像后世一样严格要求"不事二夫"的教条,不过皇后是改嫁而来的这点终究属于特例,因此从曹家对于嫁娶之事不甚重视这点来看,在此可说是表露无遗。

曹叡没有子嗣,虽然曾收齐王曹芳与秦王曹询为养子,不过这两位皇子究竟是谁的骨肉,又是否真的流着曹氏血脉,当时是宫廷最高机密,至今无法得知。最后继承曹叡的是齐王曹芳,不过他登上天子之位时,还是个8岁的孩儿。

■司马一族的谋略

辅佐魏文帝、魏明帝、齐王芳三代天子的,是司马懿。曹丕即将死去之时,将后事托付给曹真、曹休、陈群与司马懿四人,由此可知当时司马懿身为掌管朝廷运作的权臣之一。239年,魏明帝曹叡去世时,同样将辅佐幼主曹芳的后事托付给曹爽与司马懿。曹爽是王室中握有实力者之一,刚开始以辅佐曹芳的名义独断朝政,不过在讨伐蜀国的作战失败之后,声望一落千丈。反倒是司马懿因为成功挡住蜀将诸葛亮的多次进攻,最后令蜀国灭亡,立下了大功。

249年,获得魏国家臣支持的司马懿,与儿子司马师、司马昭共谋政变打倒曹爽,将朝廷实权掌握在手中,并诛曹爽三族。从此之后,魏天子就成为徒具其名的空壳,政权完全被司马懿、司马师、司马昭及其儿子司马炎一家三代所夺。这段时间中,终于长大成人的天子曹芳,曾与侧近李丰、夏侯玄共谋讨伐司马家。李丰与夏侯玄最后被杀害,天子曹芳也被逼迫退位(254)。司马师重新拥立曹髦(明帝曹叡的侄子)登基,一

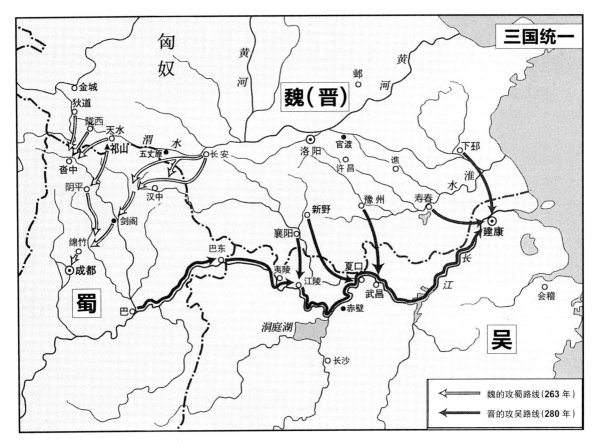

263年，掌握魏国实权的司马昭决心伐蜀，命邓艾、钟会率领18万大军进攻。虽然蜀将姜维等人拼死抵抗，皇帝刘禅却选择宣告投降。265年，司马炎接受魏的末代皇帝曹奂的禅让，建立了晋朝，并在280年派出20余万大军兵分六路进攻江南灭吴，使中国完成统一

样是个傀儡。260年，曹髦也想赶走司马氏，不过没有得到士人的认同，仅有几位宫中童仆跟他一起行动，所以很快就被司马昭的部下杀害。

曹髦之后，司马氏又改立曹奂为天子，不过此时天子的功能仅剩下等着在265年12月正式举行禅让仪式而已。

就这样，曹氏的魏就变成司马氏的王朝，并改国号为晋。

■ 以名门血脉完成中国统一

从司马懿以来侍奉魏朝达三代的司马氏的声望，反而比身为天子的曹家还要响亮。除了曹家被视为祖先是宦官之家外，天子的外戚中也没有名门，因此无法形成士人拥戴的核心。反观司马氏，不仅司马懿的妻子山氏是后来"竹林七贤"之一山涛之祖姑，且司马师的妻子是东汉末年大儒蔡邕的外孙女，就连司马昭之妻都出自东海郡的名门王氏。华北豪族众多，会背离曹家改向司马氏靠拢，就当时而言也是相当合理的事情。

晋朝的第一任皇帝晋武帝司马炎在取得帝位后，便准备着手统一中国。280年，晋军开始南下讨伐江南吴国，后来吴国境内人民陆续投降，中国很快就完成了统一。

自黄巾起义始，经东汉末年群雄割据将近百年后，中国终于完成了睽违已久的统一状态。

4～6世纪

南北朝

八王之乱开始爆发的内乱，
使晋朝灭亡，
中国再度陷入分裂时代。
在华北有异族建立的小国家不断轮替兴亡，
江南同样由短命王朝接连更替

■ 晋朝灭亡与异族国家的兴亡

晋朝鉴于过去的魏不重视身为王室的曹氏家族，就连在面临亡国危机之际，皆无近亲支持，为怕重蹈覆辙，所以便将司马家族在各地封王，且各自拥有军队。

290年，晋武帝司马炎过世，晋惠帝司马衷即位。当时朝政被皇后贾氏所左右，赵王司马伦便决定讨伐贾氏一族，同时逼迫惠帝退位，自己登基(301)。对此，齐王司马冏、成都王司马颖、长沙王司马乂、河间王司马颙则举兵杀了司马伦，让惠帝复位。

齐王司马冏曾经进入洛阳且掌握实权，他后来被长沙王司马乂所杀，而长沙王也被东海王司马越杀害。之后，实权又从成都王司马颖转移至河间王司马颙手上，然而再度从山东上京的东海王杀了成都王与河间王，重新拥立惠帝，并确立自己的霸权。终在306年，东海王杀惠帝，拥立其弟怀帝司马炽即位。

这16年史称"八王之乱"，顾名思义晋朝诸王长达数十年斗争，不仅是洛阳、长安等都市，整个华北全告荒废，许多农民因此变成贫穷的流民。

因为战乱而荒废的华北各地，逐渐成为从西北边境陆续南下的外族（非汉族）的势力范围。原本从东汉开始，已有匈奴卷土重来，并集体移居至中原。经过东汉末年到三国的对抗时代、八王之乱的混乱时期，华北各地在政治上都出现空白，也使匈奴、鲜卑、氐、羌、羯（称为五胡）等各民族开始在此地出没。同时，在八王之乱中，诸王还向五胡借调兵力，这也成为外族南下的契机之一。

在五胡当中，匈奴从很早之前就开始跟汉人交流，文化也逐渐被同化，他们在山西一带以刘渊为天子成立了汉国，并且不时进攻晋朝首都洛阳。刘渊死后，由刘聪继承，他以匈奴的刘曜与羯族的石勒等人为主将，攻下河南各地。311年，洛阳遭到攻陷，晋怀帝被俘。

当时晋朝的太子司马邺（愍帝）在长安即位，却已无力压制异族。316年，刘曜终于攻陷长安，抓走愍帝，晋朝统一的36年祚就此灭亡。

灭了晋朝之后，刘曜在长安自立为赵国，过去曾与刘曜并肩作战的石勒也在河北独立，同样以赵国为号。历史上为了区别这两个赵国，称刘曜为前赵，石勒为后赵。就这样，在短命的统一帝国晋朝灭亡之后，中国再度陷入分裂。就长江以北而言，从304年刘渊建立汉国开始算起的136年间，直到北魏太武帝平定北中国的439年为止，曾经出现过由五胡或是汉族建立的政权，只算国家就有16个，并交互轮替兴亡。

■ 南北对峙的形成

当洛阳、长安落入刘曜手中，晋怀帝、愍帝成为俘虏时，司马懿的曾孙琅邪王司马睿，避开了华北的混乱，逃至长江南岸的建康（今江苏省南京市）。当愍帝在长安被抓后，司马睿成为晋王组织政权(317)，而在翌年传来愍帝死讯之后，他正式于建康即位（晋元帝），宣布继承晋朝。这个晋朝已不能算是拥有全中国版图的统一王朝，而只是一个统治长江以南的地方政权，因此在华北的晋朝称为西晋，移至江南的晋朝则称东晋。

东晋政权是由从北方移居而来的世族王氏、谢氏，以及常居江南的世族朱氏、张氏、顾氏、陆氏等有力人士支撑，到420年为止持续了将近百年。从表面上来说，东晋的国策为恢复被五胡所夺的华北领土，以期再度统治整个中国，故曾数次尝试北伐。虽然桓温曾时夺回洛阳(356)，甚至进攻至长安郊外，不过因后继无力，未能确保补给，终究无法成功收复中原。

同时，就华北政权来说，他们若想南下进攻东晋国土，就必须渡过长江。可是，对于不谙水战的五胡士兵来说，进行渡河作战可说是相当困

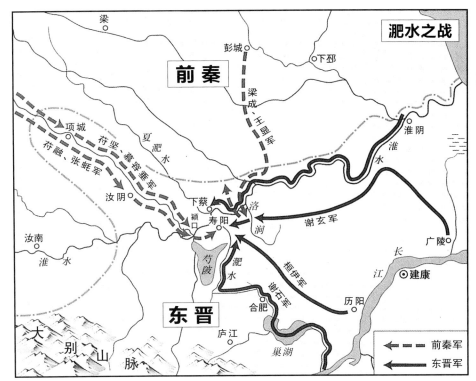

淝水之战

西晋因为异族南下灭亡之后，在江南成立了东晋政权。而几乎已统一华北的前秦苻坚，为了消灭东晋统一全中国，在383年率领90万大军南下。项城、寿阳被攻陷之后，东晋朝廷陷入一片恐慌，命谢玄等将率领8万部队迎战。两军在淝水对峙，最后因为苻坚战术错误，前秦军大败

难。即便如此，以长安为根据地，几乎统一华北的前秦苻坚，还是在383年率领步兵60万、骑兵27万、羽林军（近卫兵）3万，从汉水进入淮水，展开进攻江南的作战，使得东晋曾一度面临灭亡的危机。

当时，苻坚的大军攻陷东晋的项城（今河南省项城市），并从淮水北岸的颍口（今安徽省颍上县东南）推进至淝水（淮水支流）西岸的寿阳（今安徽省寿县），这个消息使得东晋陷入恐慌当中。此时，东晋的宰相谢安派出弟弟谢石与名将谢玄领兵8万，再加上胡彬的5000水军，于寿阳迎战苻坚部队。

淝水之战是中国史上最著名的一场南北战争，东晋军的渡河急袭作战成功，而败逃的苻坚军队，最后仅有10万人回到长安。

苻坚的前秦因为在淝水一战中大败而转衰，后来被鲜卑慕容氏建立的后秦取代，使得华北依然持续分裂。而东晋虽然在淝水之战中获得胜利，不过也没有余力进一步收复中原，于是形成了南北对峙的形势。

南北朝的兴亡

后来，东晋国内接连发生农民起义，出身下级士人的刘裕则借着镇压的机会，掌握东晋实权，重新组织北伐军，开始进攻华北，消灭了南燕、后秦。420年，刘裕接受东晋禅让，在江南建立宋国。另一方面，在黄河流域则有鲜卑拓跋部的北魏消灭夏、北燕、北凉，统一了华北(439)，开启了南方的宋与北方的北魏对立的南北朝时期。

接着，江南的王朝由宋换成齐、梁、陈，而这些都是汉族政权，首都皆位于现今南京，因此以南京为首都的朝代，加上三国的吴及东晋即有六朝。

另外，北方的北魏则持续了百年，并于534年分裂为东魏与西魏，而东魏后来又演变成北齐(550)，西魏则演变为北周(557)，北齐与北周对立，争夺华北的霸权，后来由北周获胜(577)。北周的武帝宇文邕原想趁着统一华北之势，跨过长江进攻江南的陈，可惜在正式发动攻击之前即病逝(578)。最后，北周被外戚杨坚所夺(581)，而中国再度南北统一，那就是杨坚建立隋朝之后的事了。

隋

6～7世纪

压制华北动乱的，
是靠着确实的兵制组织、
拥有强大军事力量的北周，
而篡夺北周帝位的杨坚则建立了隋，
最后终于消灭南朝，完成中国统一

■统一华北

消灭北齐统一华北的北周宇文邕过世之后，宣帝宇文赟即位，不过他相当愚昧，整天沉溺于饮酒而不管政务，只在位两年就让位给太子宇文阐。太子即位后成为静帝，只有8岁，跟他父亲一样无法掌政。

在这种状况下，依照惯例，权力集中在外戚手上。而静帝时代实力最大的人，就是外戚杨坚。杨坚的长女嫁给宣帝当皇后，因此少年静帝称杨坚为外祖父。

杨坚自称东汉名臣杨震的后代，不过这点倒是无法确定。自五胡十六国开始一直到北朝时代，有一些汉族会到华北地区活动，他们除了与外族进行协调，有时还会以通婚的方式扩大势力，成为新兴的名门，杨坚的家族就是其中之一。杨家首先在后燕与北魏出仕，后来出了一位名为杨桢的北魏将军，其子杨忠随侍在宇文泰（北周太祖）身边，为北周的建国功臣，而杨坚便是杨忠之子。

杨坚身为外戚，从宣帝开始辅佐天子，不过宣帝不希望杨坚坐拥权力，改让亲信郑译、刘昉等汉族臣子辅佐，并让杨坚去担任地方官。宣帝让位给静帝之后，便于翌年过世，虽然在遗诏中似乎提到必须让杨坚远离政治核心，郑译却捏造出假遗诏，让杨坚回到宫中，并让他夺得实权。

当然，北周的家臣中也有不支持杨坚的人，如尉迟迥等。尉迟迥是宇文泰姐姐的儿子，相对于宇文泰属于鲜卑族的拓跋部族，尉迟迥则是鲜卑族的尉迟部。尉迟迥的叛军规模达数十万人，不过因杨坚的声望较高，所以无法完全统合五胡的各部族，并于邺城战败。另外，静帝的外戚司马消难也起而呼应尉迟迥，决定打倒杨坚，不过下场一样，兵败亡命陈国。

局势发展至此，杨坚只等着因循古法接受静帝禅让的仪式。如同东汉到魏，再由魏到晋般罢了！

581年二月，杨坚接受了北周的禅让，改以隋为国号，为隋文帝。

■染上贵族文化的南朝政权

当华北从北周变成隋的时候，江南政权则是陈。在南北分裂的时期，南方因为有长江下游丰富的农业生产力支持，贵族文化相当兴盛。就算当时南北争夺政权，但南朝被最大防御线——长江保护着，虽然一直改朝换代，基本上贵族阶层还能维持着稳定的生活。不过从梁末年开始，却因频繁爆发诸如侯景之乱等大大小小的武力冲突，江南的农业生产有所荒废。

陈是由出身下级士人阶层的陈霸先（武帝）在中国广东、越南地区方面进行军事行动累积势力，最后再回到江南登上帝位所建立的王朝。北朝因为北周（后来被杨坚篡夺帝位改称隋）平定了整个华北，所以北中国下一步自然便要越过长江往南推进。

在江南农村地带不断产生疲累的同时，北中国的军事压力与日俱增，但是陈朝的天子们依然视自己为六朝贵族文化的继承者，每天过着充满诗歌乐舞的奢华生活。尽管开国始祖武帝陈霸先是位豪毅果断的军人，国家得以兴盛，不过建国之后只隔了几代，他的子孙们即完全沉溺在风流文雅当中，仿佛是江南贵族文化的化身。

陈朝第五代的陈叔宝（后主）不仅在宫中聚集了多位佳丽，还以与当时文人相互赠送艳丽诗词为乐。他特别宠爱张贵妃与孔贵嫔，甚至还作出赞扬她们美色的《玉树后庭花》《临春乐》等乐曲。据说他在批阅奏折时，都把张贵妃抱在膝上。

■南北朝统一

平定华北的隋文帝杨坚，终于要着手实现北朝历代君主的共同心愿——征服南朝。

过去在陈霸先取代梁时，梁王室有一部分人逃至长江上游，持续维持亡命政权（后梁），不过

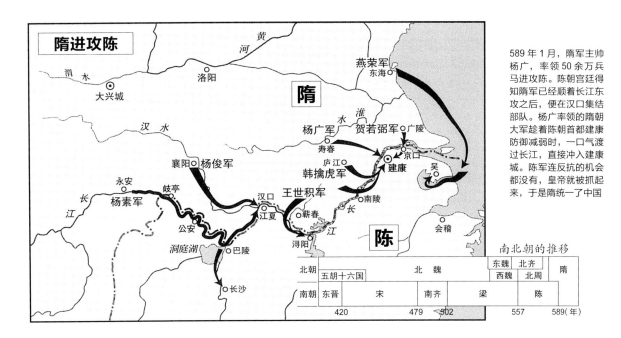

589年1月，隋军主帅杨广，率领50余万兵马进攻陈。陈朝宫廷得知隋军已经顺着长江东攻之后，便在汉口集结部队。杨广率领的隋朝大军趁着陈朝首都建康防御减弱时，一口气渡过长江，直接冲入建康城。陈军连反抗的机会都没有，皇帝就被抓起来，于是隋统一了中国

这其实是在北朝保护下所成立的傀儡政权，隋首先合并了他们，推进至长江中游流域。因此，主军设在寿春（今安徽省寿县），并让杨广率领本队驻扎于陈朝首都建康的对岸。589年元旦，江面被朝雾笼罩，隋军全军渡过长江，直驱陈朝宫殿。

陈朝军队几乎没有抵抗即告崩解。一月二十二日，建康遭攻陷，后主也被隋军俘获。当时听到敌军攻入城内的消息时，后主居然跑到后园中的井里躲起来，但到晚上即被发现，狼狈地从井里被拉出来，成为俘虏。

隋的南征主帅杨广持续在各地扫荡陈朝余部，并于589年三月带着后主与陈朝百官回到隋都大兴城（今陕西省西安市）。至此，始于东汉末年的群雄割据时代，除了中间有晋朝短暂统一之外，长达近四百年的分裂状态，终于在此画上休止符。

从五胡十六国到北朝时代，造成华北动乱的主角多为陆续从西北边境南下移居的游牧民族。这些非汉族的族群通称为"五胡"，他们带着家畜到处迁徙，过着逐水草而居的生活。虽然最初他们都具有战斗力，不过在进入华北之后，便开始跟汉族文化融合，许多游牧民族因此转变为农民。所以，为了确保战力来源，必须建立新的制度才行。6世纪中叶，西魏开始实施府兵制。

西魏的府兵制由24军构成，每军的领袖为开府，24位开府的上级则有12名大将军。一名大将军下辖两位开府，也就是统领着两个军。

大将军之上则有柱国，一名柱国下辖两位大将军。而这六名柱国，就是军团的最高指挥官。

因此，六柱国、十二大将军、二十四开府的军团制度便告完成，而各开府的士兵则称为府兵。府兵可以免除税赋与劳役，而一名府兵的马与粮食则由没有贡献士兵的六户百姓负担。通过府兵制的整备，士兵致力于专业，形成精锐的战斗集团。

协助北周平定华北的建国功臣杨忠就是六柱国之一，其子杨坚则建立隋朝统一中国。等于说，由于他掌握了华北的府兵军团，因而能够完成南北的统一。府兵制在之后虽然随着时代演进而变化，不过从隋朝到唐朝，都是兵制的基础。

历代皇朝 **175**

7～10世纪

隋炀帝的苛政引起民乱，
隋朝走向灭亡。
李渊再次统一中国后，
开始对割据于各地的群雄展开打击

■ 炀帝诞生

在杨坚建立隋朝，取代北朝的北周之后，仅仅用了八年就消灭了南朝的陈，让中国再度统一。不过在这时，隋朝内部却出现了很大的问题。

当时，在文帝杨坚之后继承皇位的，原本是其长子——太子杨勇，不过次子晋王杨广却在589年立下平定江南的大功凯旋而归，因此众臣便开始议论纷纷，认为最适合继承皇位的人，应是功勋出类拔萃的杨广。

杨广也对继承皇位抱着很大的野心，因此一直想办法讨隋文帝与独孤皇后欢心，最终让他们在600年废掉了长子杨勇，改立杨广为太子。新太子杨广虽然在隋文帝面前总是装成一位谨慎耿直的孝子，不过文帝将死之时，却还是看穿了杨广的为人，认为他不可信任。但是，此时他已病入膏肓，即使在临终时呼唤着前太子的名字"勇"，想将后事嘱托给被废嫡的杨勇，却依然无法如愿而离开人世。

604年，杨广顺利成为隋朝的第二任皇帝，是为隋炀帝。即位后不久，他便杀了杨勇。当时，杨勇的幺弟杨谅将这段经历活生生地看在眼里。因此，虽然他身居统治函谷关以东52州的汉王地位，却仍反对炀帝即位并发动战争。这场战乱最后由炀帝心腹、沙场老将杨素镇压完成。

■ 压迫民众的国家事业

原本，隋文帝将长安改名为大兴城，并置都于此。而炀帝则将大兴城改成西都，另在洛阳营造东都。为了建设这座东都，每个月要动员200万人，时间长达10个月。

之所以可以进行如此大规模的工程，主因是当时国家拥有前所未有的实力。在北朝末年北周消灭北齐的战争中，战祸并不很严重，而北周过渡到隋朝几乎也是无血的。另外，在隋灭陈平定江南时，也因为陈朝军队缺乏战意而未造成太大的战祸。因此，在统一天下之后姑且算得上稳定。以前北周时期的人口约有900万人，陈约200万人，到了隋朝建国26年后的大业二年，全国人口加起来总数已达4600万了。

隋朝在大兴城与洛阳两都建设完成后，物资光靠北方生产已不足应付消费，必须从生产力较高的江南地区运输物资，进而开始开凿运河。

早在文帝时代，便已开通了连接黄河与大兴城的广通渠，以及连接淮水与长江的山阳渎。而炀帝则又开凿了连接淮水与黄河的通济渠、自长江通往南边余杭（今浙江省杭州）的江南河，以及打通黄河与涿州（今北京一带）的永济渠。

接连不断进行这些全国规模的大工程，即使隋朝再富有，财政仍逐渐无法负荷。被驱使劳役的百姓，也开始对朝廷怨声载道。就在此时，一项称为远征高句丽的大事业，又如火如荼地展开了。

让高句丽臣服能使隋朝的统治获得稳定，因此在建国初始就已有计划。特别是北方还有突厥人蠢蠢欲动，若高句丽与突厥联手，将对隋朝北方的安全形成威胁。

612年正月，炀帝亲自从涿郡出兵，开始第一次进攻高句丽。此时隋军集结了113万多士兵，负责运输物资等工作的士兵更多于此。不过，这场战争中，隋军不仅在辽河遭遇高句丽的顽强抵抗，且深入敌军时也在萨水（清川江）吃了大败仗。

613年，炀帝再度进攻高句丽，但曾帮助炀帝夺取帝位的功臣杨素之子杨玄感此时却在河南发动叛乱，使远征高句丽的行动紧急中止。或许这是因为当时身居隋朝礼部尚书高官地位的杨玄感，已开始看到隋朝内部崩坏的迹象。

尽管遭逢两次失败，炀帝再度下令远征高句丽。此次远征因为高句丽派出使者向隋朝投降而作罢，不过表示臣属的朝贡却一直没有兑现，因

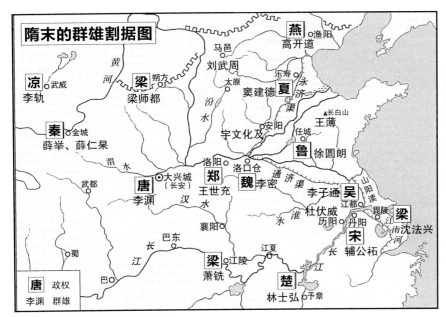

由于炀帝的苛政，农民陆续开始起义，地方豪族与将领也开始反抗，形成群雄割据的情势。举兵于太原的李渊攻陷隋都大兴城，而炀帝则被属下宇文化及杀害。李渊定国号为唐，其子李世民担任主将，在各地镇压群雄。李世民之后成为第二代皇帝，于628年平定了朔方的梁师都，完成统一

此整体来说，历经三次的高句丽远征其实全部宣告失败。再加上着手进行第三次远征时，隋朝国内各地已陆续爆发农民起义，天子威严可说是完全扫地。

唐统一中国

炀帝曾是远征江南且消灭陈的主将。可惜在之后，他便醉心于江南风光，到了晚年还在远离首都的江都（今江苏省扬州市）建设离宫。在各地不断发生起义时，他仍像过去南朝的诸位天子一般，在美女簇拥之下风流度日。

终于，613年，杨玄感率领十余万人攻击洛阳，炀帝只好赶紧让高句丽远征军掉头镇压，其后的大小叛乱仍接连不断，人们渐渐感觉隋朝的国祚已无法长久。

后来在山东一带，刘霸道起义，而担任杨玄感参谋的李密，也在洛阳近郊集结数十万兵马。炀帝从江都派遣王世充前去讨伐李密，不过对付李密并非易事，最后王世充军团也在洛阳拥立越王杨侗（炀帝之孙）形成自立的局面。另外，在河北有出身游侠的窦建德，率领十几万农民叛军自立一方。

至此，天下再度陷入有如东汉末年群雄割据的状况。此时，位居太原留守职位、掌握北方镇抚大权的李渊，则于617年脱离隋朝自立，进攻大兴城。

李渊是统领西魏府兵军团的柱国李虎之孙，不仅就家系以华北豪族来说，可与同为柱国的杨忠之子孙，也就是隋朝皇室的杨家匹敌，而且李渊与炀帝的母亲都来自独孤氏，所以他们是表兄弟的关系。

占据大兴城的李渊，首先拥立城内的代王杨侑为隋恭帝，并自行宣布炀帝已经退位。当然，这完全没有征得远在江都的炀帝同意，只是李渊的片面之词。618年，隋恭帝以"禅让"的方式让位于李渊，李渊即位后改国号为唐。

事情演变至此，主因是炀帝早已不再具有天子实质，以致各地群雄并起，皇朝崩坏。最后，身在江都的炀帝被掌握近侍士兵的宇文化及所杀。隋朝只经过文帝、炀帝两代，即宣告灭亡。

李渊虽然在北方号称继承隋朝建立唐，不过实际控制的只有大兴城附近地区，天下仍处于分裂状态。为此，李渊之子李世民等便陆续镇压各地的群雄。从618年李渊即位为唐朝皇帝（唐高祖）开始，一直到最后平定朔方的梁师都，唐朝完成中国统一，已过了10年（628），进入到唐太宗李世民时代之后的事了。

10 世纪

五代十国

太平盛世后的安史之乱，
使大唐帝国的根基大为动摇。
趁着动乱壮大自己势力的各个节度使，
在唐朝瓦解的同时纷纷自立为王，
使中国再度陷入分裂

■ 始自安史之乱的皇朝崩坏

唐朝在第二任皇帝唐太宗李世民时完成天下统一，其后23年进入"贞观之治"的太平盛世。此时律令得以整理，组织由三省六部构成的官制，依据让成年男子可以均等配得田地的均田法施行租、庸、调税制；军制则沿袭西魏以来的府兵制，而这些制度同时也成为东亚其他各国的模范。

从太宗李世民一直到玄宗李隆基开元年间（713～741）为止，在政治上除了因武则天与韦后的专横而产生一些混乱之外，唐朝的国力基本上并未出现衰退。唐玄宗的前半期，就像杜甫所追怀的"忆昔开元全盛日"一样，是大唐最值得歌颂的全盛时期。不过，在西北地区掀起的"安史之乱"，却让整个华北进混乱当中，不仅首都长安被攻陷，玄宗也被迫流落至蜀地去。

虽然"安史之乱"终被平定，但唐朝也因此开始走下坡。在动乱当中，农民变成流民，政府的户籍登记制度失去意义，建立于均田制之上的税制因而无法成立。

在兵制方面，府兵制中有一种称为"番上"，由府兵每年轮流负责防卫首都的规定。府兵除了为筹措上京经费所苦之外，如果边境遭到外族侵略，就必须得留守乡里无法上京。因此，为了防守边境，军队雇用流亡农民，让他们成为能长期驻扎的常备兵。这使得掌握地方兵力的节度使，最后逐渐转变成拥兵自重的藩镇割据，连行政权也一并掌握于手中。各节度使以世袭的方式延续自己的地位，不再听从中央的命令，不仅可随意任免地方官员，就连征收来的租税也不上缴朝廷。至唐代后期，藩镇各自有如独立国一般。

■ 农民起义扩大

地方上有藩镇陆续自立，朝廷内部也有不小的问题。9世纪以后的唐文宗、武宗、宣宗各皇帝，基本上都是由宫中宦官推戴即位，这代表当时的朝廷实权已全部掌握在宦官手中。

特别是唐僖宗从12岁即位开始，政务就被宦官刘行深、韩文约、田令孜全部揽去，僖宗除了玩耍之外什么事也做不了。

屋漏偏逢连阴雨，华北地区从873年开始连年歉收，因为饥饿而放弃家产的流亡农民遂转变成盗贼。875年，私卖盐与茶的商人王仙芝在长垣（今河南省濮阳县）聚集了3000人左右发起起义，并且迅速吸收盗贼化的流民形成庞大势力。除了濮州、曹州被攻陷之外，连河南15州都遭到攻陷。为了呼应王仙芝，私卖盐的黄巢也与王仙芝联手，爆发历时10年的大动乱。

朝廷虽然任命平庐节度使宋威担任讨伐军的主将，不过却一直无法成功镇压，结果朝廷居然转而赦免王仙芝等人的罪状，改采赋予其官位的招抚策略。876年十二月，农民军从河南一直席卷至蕲州（今湖北省蕲春县），只有王仙芝表明愿意招抚归顺，因此黄巢便与他分道扬镳，继续从河南、山东摧残至长江一带。之后王仙芝的动向并不十分清楚，只知道他暂时接受了朝廷的招抚，后来又再次起义，并于878年二月战死于长江中游的黄梅（今湖北省黄梅县）。

黄巢则继续率领大军进行起义，为了避免待在一个地区遭到朝廷军与藩镇军的包围，黄巢军采取在各地不断转移的策略。最后在湖北渡过长江，经由浙江、福建窜入广东。据说，当时黄巢一干人在广东屠杀了远道而来的阿拉伯贸易商人十几万人以上。

接着，他们再度从广东反转北上，通过湖南、江西，从安徽进入河南攻陷东都洛阳，并作势要进攻长安，使身在长安的唐僖宗赶紧逃至蜀，黄巢军则在都城多数居民的欢迎之下进入了长安城。黄巢之所以大受欢迎，是他自称与官吏和富商阶级为敌的缘故。

黄巢自行在长安宣布改国号为大齐，登上帝

朱全忠篡夺帝位之后建立了后梁，而在各地累积实力发展成独立国家的节度使，也纷纷自立为王，宣布独立。以太原为根据地的李克用并不承认后梁为正统王朝，自称晋王与之对立。而李克用儿子李存勖则消灭后梁，建立起后唐。华北地区有五个短命王朝交互轮替，而南方也有十个小国陆续兴亡。左图是十国当中的南唐、后蜀、北汉这三国尚未建立的时期

位，定年号金统。不过黄巢麾下朱温等人却接受了朝廷的招抚，再加上新政府缺乏行政经验，导致长安粮食调配困难，黄巢军势力日渐衰退。

唐僖宗虽然有对各地藩镇发出夺回长安的请求，不过却没人回应他。最后出身突厥沙陀族的李克用决定出兵攻打黄巢，花了两年多的时间，终于得以收复长安。黄巢往山东方向转战，于884年在泰山附近的狼虎谷自尽。

中国再度分裂

黄巢之乱波及范围之大、时间之长，在中国历史上只有清朝的太平天国可与其相提并论。唐朝命脉因为黄巢之乱，可说实际上已走到了终点。

趁着大乱，在华北地区有以太原为根据地的李克用，以及从黄巢麾下降唐，成为宣武节度使的朱温等人即开始争夺霸权。

朱温获得唐僖宗赐名全忠，以汴州（开封）为根据地，成为华北数一数二的势力。后来，继承僖宗的唐昭宗把朱全忠叫来长安，想借用他的武力来恢复朝廷实权，不过朱全忠却想自己当皇帝，反而将朝廷内的高官与宦官全数歼灭，就连昭宗也遭到杀害。907年，唐朝最后天子哀帝以"禅让"的形式，让位给朱全忠，唐朝正式灭亡。朱全忠改国号为梁（后梁）。

长达289年的唐朝灭亡之后，后梁存续不到20年就换成后唐的李存勖（李克用的长子），并接连有后晋、后汉、后周等短命王朝交替兴亡。在唐以后约半世纪出现的后梁、后唐、后晋、后汉、后周合称为五代，皆为仅限于华北地区的王朝，而在长江以南及长江上游则有四川王建的前蜀、浙江钱镠的吴越、福建王审知的闽等，由各地藩镇势力发展而来的地方政权，为数达到10国，这些合称为"五代十国"。

10～12世纪

赵匡胤建立了宋朝，
即将为动乱时代画下休止符，完成统一。
不过却在达成愿望前猝死，
赵光义继承其遗志，
终于统一中国

■ 短命王朝的兴亡

在唐朝灭亡之后的黄河流域，有后梁两代17年、后唐三代14年、后晋两代12年这些短命的非汉族王朝交互兴亡。10世纪中叶，在河北一带有突厥出身的刘知远建立一个称为汉（后汉）的王朝。刘知远虽然不是汉族，却自称汉高祖刘邦的子孙，并以汉为国号。

属于刘知远、支撑着后汉的家臣有史弘肇、郭威等人，他们都是从节度使发展为藩镇，前来帮助刘知远建国的。刘知远在当上天子的隔年即过世，由其子刘承祐（隐帝）继承帝位，但是朝廷大小事都掌控在史弘肇与郭威等手中，他们甚至在上朝时对隐帝说："有我们在，你就别多嘴了。"

950年，隐帝为了将政权夺回自己手中，在宫中发起扫荡，杀了史弘肇、杨邠等权臣。郭威因为刚好身在外地逃过一劫，但是他的家人都被隐帝所杀，因此郭威决定举兵反隐帝，与后汉朝廷军展开对决。

郭威战胜之后进入大梁城（今河南省开封市），杀了隐帝掌握大权，并且在形式上拥立高祖刘知远的弟弟刘崇之子刘赟为皇帝。由于该年正好有契丹（辽）军从北方进攻，郭威率领后汉军前往迎战，等回师大梁时顺势登上帝位。

综上所述，后汉只有刘知远（高祖）、刘承祐（隐帝）、刘赟三代共四年就宣告灭亡，由郭威（太祖）建立了大周（后周）。

由于后周太祖郭威的儿子与侄子都被后汉隐帝所杀，因此他便收皇后柴氏兄长之子柴荣为养子，让他继承天子。而他就是身为五代英主的周世宗。

后汉隐帝被郭威杀害时，隐帝的叔父刘崇逃至北方，与契丹联手以太原为中心自立，宣告继承后汉，此政权称为北汉。当刘崇得知后周太祖郭威去世之后，便在契丹支援下对后周展开攻击。

刚即位不久的后周世宗，对此决定身先士卒前往迎击。宰相冯道等人以"先帝才刚亡，人心易动摇"为由阻止世宗出阵，不过世宗依旧毅然决然亲自出兵。

北汉的刘崇亲自率领3万兵马，加上契丹援军1万余骑，在高平（今山西省高平市）布下阵式。而后周虽然在右翼配置有樊爱能、何徽的部队，不过他们在契丹骑兵面前却战意全失分崩离析。世宗因此亲自骑马进入战场督战，总算重整后周军且取得胜利。

高平之战获胜后，世宗认为军制有值得反省之处，因而挑选出强壮的年轻人组成近卫精锐兵团。另外，他采取减轻租税、奖励开垦、实施治水等政策，充实国力。他厌恶奢侈浪食之徒，断然禁止佛教。佛教界因而将他与北魏太武帝、北周武帝、唐武宗并列称为"三武一宗灭佛"。

■ 动乱当中的无血革命

959年，后周世宗年仅39岁便过世，由其子柴宗训（恭帝）即位，这位天子当时只有7岁。因此，当翌年契丹来袭时，后周的群臣便传出如果拥立幼帝，恐怕无法继续生存的耳语，众人产生了动摇。

当时担任指挥精锐近卫兵团的"殿前都点检"要职的是赵匡胤，他为了对付南下而来的契丹人，来到位于首都开封北边的陈桥。天亮之后，己方将士突然一拥而上，硬是把天子专用的黄袍披在他身上，请求他继承帝位。赵匡胤因此立刻返回首都，废了恭帝自行即位，改国号为宋（960），成为宋朝开国皇帝。

对于太祖赵匡胤成为天子建立新国家这一点，有人认为这是赵光义（赵匡胤的弟弟）与心腹赵谱等人在摸透赵匡胤的野心之后，联手演出的一出"禅让"戏码。不过以后周来说，赵匡胤原本就是高居近卫部队将军，有实力，把帝位让给他，实在也无须惊讶。

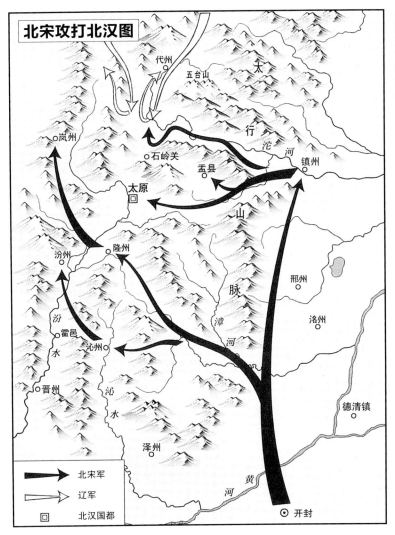

突然被拥戴为天子而建立宋朝的赵匡胤，逐步合并南方的小国，将分裂的中国推向统一。可惜赵匡胤在即将完成统一之前猝死，而第二代皇帝赵光义，于979年亲自率兵攻打北汉。他击败了前来救援北汉的辽军，攻陷北汉首都太原，使中国再度完成统一

▩ 统一中国

成为宋朝天子的赵匡胤，继承了后周世宗的遗志，致力于中国统一大业。宋朝开国之初，其版图仅限于承接自后周的华北与江北，而从四川、湖南至长江以南，还有几十个国家存在。

赵匡胤对于北方的契丹及契丹所支援的北汉，采取融和策略，让统治能够获得稳定，以便先向南方进军。他把有着丰饶经济支持的南唐与吴越摆在后面，先从外侧的国家开始着手进攻。963年，他趁湖北发生内乱，以慕容延钊为主将，消灭荆南与楚兼并了湖南、湖北。

965年他收服了后蜀，兼并四川地区。971年成功攻下南汉，让广东、广西也投向宋朝。如此一来，南唐四周的各国接连被消灭，975年以曹彬为将军，组成南唐讨伐军派遣至江南，俘虏南唐后主李煜，取得了胜利。

最后，南方就只剩下由浙江钱氏所建立的吴越，宋太祖赵匡胤却在即将完成统一之前的976年，以50岁的年龄猝逝。吴越王钱俶决定入朝，并将浙江地区献给宋朝，是978年第二任皇帝宋太宗时代的事了。另外，太宗在翌年亲自率领军队制服北汉，完成天下统一。而宋太宗，就是赵匡胤的弟弟赵光义。

由于北汉是后汉一族在契丹保护之下存续的政权，因此宋朝征服北汉之后，就要与契丹直接对决。对于刚统一的宋而言，契丹实在是个大威胁。

12～13世纪

金、南宋

企图夺回燕云十六州的宋与金联手，
成功消灭了宿敌辽国，
却也因此让金崛起。
在金军的进攻之下，首都开封迅速陷落，
政权只能移往江南

■控制兵权

宋朝开国之初，一方面要收拾五代十国的分裂状态，采取军事行动完成统一，一方面也在开始建构国家组织。由于五代十国大多都是各地节度使自立为藩镇后发展出来的王朝，为了避免重蹈覆辙，宋初在军制方面将军事力量尽可能集中在天子一个人手上。

首先要充实禁军（近卫军），并将其分为三军，各自任命将领。而各将领虽然有指挥作战的权限，但是却无法过问任免、赏罚等军政事务。另外，军政的权限由枢密院掌握，不过枢密院无法指挥士兵，而且规定所有决议必须经过天子裁定才行。

通过这种军制改革，事实上达到防止地方节度使藩镇化的效果，但缺点是当边境发生紧急事态时，人员调配的反应就会比较迟钝。特别是对北方辽国的外交上，就连边界的紧张情况，都得向天子报告才行，因此就会产生发至边境的军令常常都已不符合当下状况的情形。

■北方外患增强形成压迫

经过宋太祖（赵匡胤）、宋太宗（赵光义）两代，中国姑且算是完成统一。宋朝的下一个难题，就是夺回936年五代的后晋在建国时为了获得协助而割让给辽国的土地"燕云十六州"。

辽是由契丹族的耶律阿保机称帝（辽太祖），在10世纪初所建立的国家。契丹的各个部族原本是4世纪左右出现于内蒙古东部西拉木伦河流域的游牧民族，于9世纪末因唐朝势力在西北边境减弱而开始扩大，他们制服了党项、吐谷浑，又灭了渤海国，直逼华北而来。

如果能将燕云十六州夺回，并把辽赶回长城以北的话，就能确保宋朝北方的安全，并彻底达成中国统一。因此太宗便于979年、986年两度出动大军，但皆吃了大败仗，无法收复失地。

1004年，辽国先征服了朝鲜半岛的高丽，解除了后顾之忧，开始大举南下，进攻宋朝首都开封。宋真宗在宰相寇准的建议之下御驾亲征，终在澶州（今河北省濮阳县）挡住了20万辽军。

之后，宋、辽两国签订条约（澶渊之盟），宋虽称辽为弟，却每年赠辽白银10万两与绢布20万匹。以此获得暂时的和平。但事实上，宋朝未取回燕云十六州，辽还在经济上实际获益。

尽管没有收复失土，不过宋与辽的紧张关系却有稍微缓解，这时宋朝的烦恼换成来自西北边境由李元昊率领的西夏。西夏是由党项族所建立的国家，势力范围在内蒙古至甘肃一带，从11世纪中叶开始，存在了约200年。

宋朝认为若单纯以武力与西北边境的西夏对决，恐怕会有连长安都被占领的危险，因此最后还是与西夏缔结和约，每年赠予西夏大量白银、丝绢、茶叶等。

如上述般赠予邻国的财物称为岁币，对于宋朝来说，当然是项沉重的财政负担。

■被赶至江南的宋朝

12世纪以后，宋朝周围又有新局势产生。辽的北方有女真族建立了金国，这是从辽的统治之下独立出来的国家。宋朝认为这是施展"以夷制夷"策略的大好机会，便于1120年决定联金灭辽，合作进行南北夹击。

金接受了宋的提案，开始征战于辽，而宋也从南边往燕京（北京）展开攻击。不过辽在燕京拼死抵抗，宋军未能将之攻陷，最后打下燕京的是金军。

1125年，辽的天祚帝投降于金，辽国正式灭亡。后来金国见宋朝衰弱不堪，便借口攻宋，最后和议不成，金兵南下。1127年，宋都开封遭攻陷，包括天子在内的皇室成员都被抓到北方，史称靖康之难。至此，由第一任皇帝赵匡胤即位开始算起168年的宋朝，暂告灭亡。

宋朝的皇族几乎全都落在金手中，不过徽宗

宋金联手，成功消灭了宿敌辽国。虽然宋朝因此得以收复被辽夺取的土地，却因为政治外交上的疏失，遭到金军攻击。不仅宋都开封被攻陷，就连皇帝也被抓走。好不容易逃过一劫的赵构在应天府即位，却又在金军的进攻之下逃至江南。他在杭州建立新政权，从此形成南北对峙的形势

的第9个儿子赵构得以逃过一劫，因此宋朝遗臣们就在应天府（今河南省商丘市）拥立赵构，并对各地发出勤王檄文，呼吁对金展开反击，终使宋朝得以存续下来。

不过华北的战况已使得宋朝没有复活的余地，因此赵构就南下迁都至长江北岸的扬州（今江苏省扬州市）。而金军此时也追击至扬州，赵构继续越过长江，从杭州逃到温州。虽然金的南征军也推进至宁波附近，不过进入江南之后，便有韩世忠等人所率领的军队奋力抵抗，金军无法攻陷至长江以南，只好返回北方。在此期间，赵构于杭州组织了新政府，是为宋高宗，隔着长江与金对立，形成南北分裂的形势。逃至江南以后的宋朝史称南宋，之前的宋朝则称北宋，以做区分。

对于南宋来说，收复失去的长江以北领土，不用说当然是当务之急。岳飞等人率领自民间组织而成的义勇军，从湖北一直打到河南，却没有得到南宋政权的支援，因此无法继续向北反攻。

或许是高宗当时倾向议和于金，又加上朝廷眼前着重于江南的开发，所以将重心南移！

13～14 世纪

在南宋与金的对峙中，
蒙古已逐渐扩大势力，
驱使着骑兵军团建立起一个大帝国。
他们的势力从亚洲扩展至欧洲，
最后终于灭了金与南宋，征服全中国

■北方新威胁

在蒙古高原上，人们为了仅有的牧草地而不断争斗，蒙古族一直无法成为一股单一民族的大势力。12世纪末，出现了一位名叫铁木真的男子，他快速压制近邻各部族，将蒙古统一，而被称为成吉思汗。接着开始进攻西夏。

成吉思汗的骑兵军团陆续于山西、河北前进，最后攻陷了金中都（今北京）。金因此几乎失去了黄河以北全部的领土，只好将都城迁移至汴京（今河南省开封市），领土范围变为河南一带。

此后，蒙古暂时把兵力调至欧亚大陆，欲将欧洲逐一收入版图，连一个小城也不放过。看到金遭受新起的蒙古如此重大打击，南宋政权浮现出"以夷制夷"的策略。过去北宋曾想以联金灭辽的方式坐收渔利，最后反而被金所灭，可见南宋并没有因此得到教训。

蒙古在成吉思汗死后，由窝阔台（太宗）继承帝位，并且开始对金全面展开攻击。南宋理宗则派出使者，希望能与蒙古从金的南北两方进行夹击。根据约定，在灭金之后，南宋可以获得河南的土地，达成长久以来收复失土的心愿。

1234年，南宋军呼应从北方进攻的蒙古军，开始对金攻击，将败逃的金哀宗追击至蔡州（今河南省汝南县），终于把金给消灭。南宋军乘着胜利，想要一口气收复中原汴京、洛阳等地。

于是，蒙古以南宋背弃盟约为由大举南下。把南宋再度赶回长江以南，南宋在长江以北的据点则只剩下襄阳（今湖北省襄樊市）而已。1235年，蒙古军派出军队，对南宋展开全面进攻。不过此时的南宋军也骁勇善战，特别是在之前的蔡州追击战中打出名号的孟珙，在死守之下，终于击退了蒙古军。

靖康之难后，南宋能跟势均力敌的金持续对峙，且在江南维持独立政权，主因是依仗长江的天然屏障保护。而且出身游牧民族的金，其主力部队较擅长陆上骑马作战，不谙南方水战。同理，蒙古军也是一样。他们骑马作战在当时可算是所向无敌，不过若要进攻纵横水路交织的江南，就需要再三思量了。

■南宋重要据点陷落

蒙古帝国在成吉思汗之后，依序由窝阔台、贵由（窝阔台长子）、蒙哥（窝阔台侄子）、忽必烈（蒙哥的弟弟）继承。忽必烈即位时，拥有广大版图的几个汗国已经逐渐呈现分裂的状况。对于这个起自东亚，西至波斯和俄罗斯南部，横跨欧亚大陆的史上最大帝国来说，形成分割统治也是很自然的趋势。

忽必烈于1271年将国号改成元，并慢慢进攻南宋，欲将整个中国当作自己的根据地。他正式挥军南下，首要任务便是攻下襄阳。

此时，襄阳已由守将吕文焕拼死力守数年，当元军大军攻至，吕文焕苦撑许久后依然等不到援军，只好投降，至此襄阳沦陷。南宋末年，抵抗蒙古军进攻时虽然出了很多忠臣、义士，不过却未能同心协力合作，由此可见南宋的内部纷争、矛盾累积已久。

襄阳的沦陷，不只代表南宋抗战的军事重镇被夺去，让长江中游失去屏障，对于之后的战局有着莫大的影响。

■沉入南海的宋王朝

蒙古的南宋征讨军指挥官是伯颜。由于襄阳已经攻陷，蒙古军得以控制从汉水卜至长江的水路，因此伯颜便接连拿下江南诸城，一路逼近杭州。

南宋朝廷虽然赶紧招募勤王之师，不过回应的只有张世杰与文天祥等少数几人。而且这些将领彼此并无合作。

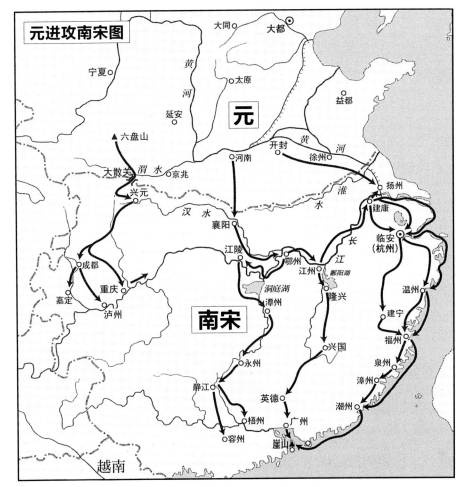

忽必烈决定进攻南宋之后，首先包围了要冲襄阳。虽然花了数年才把它攻陷，不过在吸收跟吕文焕一起投降的南宋军之后，以伯颜为主将的蒙古军便开始全面进攻南宋。伯颜率领的主力部队沿着汉水、长江前进，接连攻下南宋军的城池。1276 年，首都临安沦陷。逃至南方的朝臣拥立新皇帝继续抵抗，最后则是在广东近海的崖山全灭

1276 年，年仅 6 岁的南宋皇帝恭帝投降于伯颜军。靖康之难（1126）后，从宋高宗赵构为首任天子开始，持续了 150 年的南宋宣告灭亡。

在杭州陷落之前，恭帝的两个年幼兄弟逃至温州，陆秀夫、张世杰、文天祥原想拥立这两位皇子继续对抗蒙古。不过一行人经由福建一路往南逃至广东，光是逃避追击而来的蒙古军就已相当吃力。而在江西与福建的山中遭元军袭击的文天祥，最后也被蒙古军俘虏。

至于逃跑的两位皇子当中，哥哥端宗在败逃中病死，陆秀夫与张世杰便拥立弟弟赵昺，在广东新会县海边一个称为崖山的岛屿上建构据点。

之所以会特别跑到海上去，应该是考虑到蒙古不善于水战的缘故。不过蒙古军攻打至此已经有许多汉人加入，推测水战应已不是问题。

1279 年，南宋在崖山的海上打了最后一仗，南宋的船舰接连沉没。当胜负明显已定时，陆秀夫便背着赵昺纵身跳入海中。张世杰虽然想往南逃走继续抵抗，脱离战场时，船只却遭遇暴风，不幸溺死。

历代皇朝 **185**

14～17世纪

由于元朝施行种族歧视，
各地乱事频起。
贫农出身的朱元璋压制了割据的群雄，
推翻元朝，
重建汉民族的皇朝

■ 对元朝的强烈反感

由蒙古人忽必烈所建立的元朝，平定南宋之后取得中国全土，不过农民不断发生暴动，宫中的皇族与臣下之间也各怀鬼胎，政治并不算稳定。其中一个原因，是帝位继承并没有固定的方式。当时采用的是延续自游牧时代，从小部族中直接选出天子的做法，因此在更换天子时，宫廷中很容易产生纷争。在元朝末年，甚至还发生弟弟先继承第10代帝位（宁宗），死后哥哥才继任第11代皇帝（顺帝）。像这种在一般皇朝根本无法想象的继承顺序逆转现象，想必跟宫廷内部的混乱有很大的关系。

另外，元朝还将全国人民依据人种分成四个阶级：第一为蒙古人；第二是色目人，包括较早归顺蒙古的西域人以及其子孙；第三为原本金国领土内的华北汉族，称作汉人；而最下层的第四级，则是原本隶属南宋的汉族，称为南人。

根据这四种阶级，从朝廷到地方的官员几乎都是蒙古人，而色目人的待遇则次之，最后才会任用少数汉人。以官职来说，几乎不会任用任何南人，科举也遭到废止。

在这样的情况下，被称为读书人的知识分子大多失去了适当的职位，当然会对元朝统治者充满强烈的反感，更不用说对其忠诚了。

再加上元朝从初年开始就不断执行如两次远征日本等大规模的军事行动，需要时常增加国库收入，因此便向农民课以重税，使贫穷的农民更加不满，随时都有点燃起义火种的可能。

■ 人民相继起义

1348年，在浙江从事物资运输业的方国珍转变为海盗，不断掠夺沿海地区。而元朝中央重臣都在进行派系斗争，无法采取适当的对策，最后只好授予他官职让其归顺。以招抚来解决这件事，让人民清楚看见元朝统治者的无能。

无独有偶，这次换成一个以白莲教的宗教团体为背景的韩山童，在淮水一带掀起叛乱。韩山童自称为北宋徽宗皇帝的第八世子孙，要将外族赶出中国，成为天子。此意谓他将民族革命的气氛带进了叛乱当中。韩山童最后被元军所杀，而他的儿子韩林儿则聚集十几万民众持续叛乱。

另外，为了呼应白莲教的叛乱，各地都有人揭竿起义，长江中游流域有陈友谅，江南则有张士诚，几乎已经让朝廷陷入束手无策的状态。再加上元朝宫廷内部重臣因为派系分裂而不断斗争，使得混乱更加严重。举例来说，从朝廷派出去讨伐张士诚的指挥官脱脱，曾率领元朝正规军势如破竹地击败叛军，只差一步就能把张士诚逼死在高邮，但是却突然被冠以罪名而召回京城。

■ 汉民族王朝再起

起而响应白莲教叛乱的人当中，有一个人名叫郭子兴，以濠州（今安徽省凤阳县）为根据地。而被郭子兴所欣赏，甚至还把养女马氏嫁给他的人就是朱元璋。朱元璋原本是濠州贫穷农民的儿子，因为没饭吃而到寺庙出家，却变成流浪和尚，在淮水流域游荡了三年之久，而他似乎也是在这段时间与白莲教徒扯上关系的。

郭子兴很早就病死，朱元璋整合濠州、滁州（今安徽省滁县）的叛军并逐渐扩大势力。他在与元军激战后，于1356年占领集庆（南京），并将该地改名为应天府。此时应天府遭到西边陈友谅、东边张士诚的夹击，庞大的叛军势力沿着长江排列，并为对立关系。

陈友谅虽曾提议与张士诚一起从东西两个方向夹击朱元璋，不过张士诚不为所动，陈友谅就先与朱元璋交锋，两军在鄱阳湖上激战。在鄱阳湖之战中，陈友谅的水军号称60万，却遭朱元璋火攻吃了大败仗。陈友谅的士兵接连投降朱元璋，陈友谅也在败逃中战死。

朱元璋击败陈友谅之后，于1364年在应天

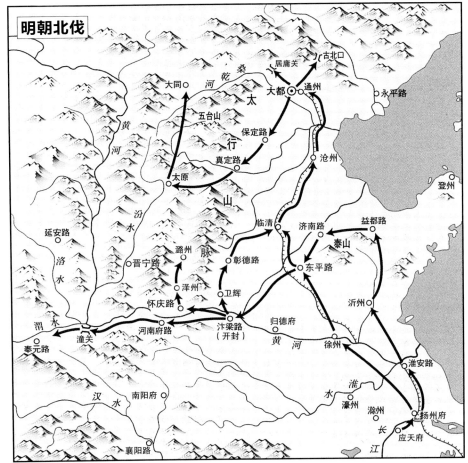

朱元璋扫荡其他反抗势力，取得了江南，并于1367年起兵讨元。主将徐达首先攻克山东，而后控制河南站稳脚步。1368年，朱元璋在应天府即位，建立了明朝，开始向元的首都大都进军。他在通州击败元军，元顺帝吓得北逃，元朝遂宣告灭亡

府自称吴王，准备建立新的王朝。而前一年，苏州的张士诚也自称吴王，所以这个时期在江南同时有两位吴王。最后，朱元璋派遣徐达担任主将，率领讨伐军向东前进，于1367年攻陷苏州，逼张士诚自杀。朱元璋完全掌控江南之后，决定开始讨伐元朝。他先命徐达平定山东，于1368年在应天府登上天子宝座，重新定国号为明，年号洪武。由于在朱元璋之后，每一代天子都习惯只用一个年号，因此朱元璋也称为洪武帝。

朱元璋为了消灭元朝统一天下，终于开始进行北伐了。当时在元朝宫廷中，有天子顺帝与皇太子争权，朝廷的重臣们也相互对立，不断重复上演着杀戮与放逐等戏码。因此，当明的北伐军攻陷通州，逼近大都时，顺帝深知已无法继续抵抗，便带着后妃逃离都城，跑到内蒙古的应昌府去。

1368年8月，原本已经准备进行最后一场大决战的北伐军，在主帅徐达的带领之下，浩浩荡荡开进了大都，同日元朝宣告灭亡。

逃至北方的元顺帝在应昌府去世，不过他的皇太子爱猷识里答腊则想在西北的沙漠地带复兴元朝，史称北元。明朝曾经数度派遣军队出兵北方，北元气势甚弱，已无法再对明朝造成威胁了。

历代皇朝 **187**

清

17～19 世纪

因为政治腐败，各地爆发农民起义，
势力逐渐扩大的李自成军，
攻陷了北京，灭了明朝。
明朝将军吴三桂知道北京沦陷后，便向清投降，
并引清军入关

■宦官引起的混乱

明朝开国皇帝朱元璋，先以南京为根据地建立皇朝，在该处即位，因此首都就是南京。死后，原本的皇太子朱标也已经过世，所以就由朱标的儿子，也就是洪武帝的嫡长孙朱允炆继承第二任皇帝（建文帝）。不过他的叔父燕王朱棣却发动叛乱并夺取皇位，成为永乐帝。这位燕王原本以北京为根据地，因此就把首都迁至北京，并使该地在之后成为中国朝代的首都。

明朝传至第十六代天启帝时，北京宫廷的实权被宦官魏忠贤所把持。天启帝并不关心政治，因此把所有事情都交给他所信任的魏忠贤去处理。传闻，魏忠贤因为赌博，输个精光，所以才跑去当宦官。由于他手中握有大权，甚至还在各地建起把自己当作神来拜的庙，相当猖狂。

明朝的臣子中，当然会有人对魏忠贤大加批判，其中有个称为东林党的读书人集团，即为批判魏忠贤的核心势力，很自然地遭到魏忠贤严重打压。与此同时，又有一批心向明朝的士人无法对东林党引起的骚乱坐视不管，朝廷党争之下，明朝政治陷入更严重的混乱。

最后，天启帝过世，由弟弟崇祯帝即位，他即位后的第一件事就是斗倒魏忠贤。魏忠贤自知无路可退而上吊自杀，他死后尸体则被拖出来千刀万剐。

崇祯帝之所以解决魏忠贤，是为了表示今后将肃正纲纪，重新出发，不过对明朝来说，为时已晚。

■北京城陷落

崇祯帝即位的 1627 年，旱灾频繁导致农业歉收，民不聊生。在陕西一带，有很多农民暴动。1628 年之后，贫农的暴动并未停止，并由王嘉胤带头，率领他们起义，其下则聚集有高迎祥、张献忠等人。

出身陕西延安的李自成，曾经当过驿站的驿卒，但因为政府删减经费，驿站被废除，李自成无处可去，只好投身于了农民军。虽然详细情形不得而知，不过他跟王嘉胤麾下的高迎祥似乎有亲戚关系。

发生于陕西一带的起义，终于发展到朝廷无法轻视的地步，明朝的正规军因为粮食与薪饷迟发，很多人一怒之下加入了农民军。后来，朝廷任命洪承畴为总帅，开始进行镇压，首先就拿王嘉胤开刀。

李自成跟着高迎祥的部队转战各地，高迎祥在 1636 年被明军俘虏，送至北京处刑。于是李自成整理高迎祥的残余部队，从陕西的山中逃往四川。

在这段时间，各地农民军因为与明军交战的关系，势力逐渐得到统合，而李自成与张献忠便是各自率领强大集团的两股势力。张献忠的部队最后也跟李自成一样被赶到四川去，因为明军在四川的战力配置相对较弱。

后来，明军的镇压部队终于进入四川，张献忠逃往湖北并攻下武昌，又再度回到四川，自称为大西王。李自成的部队则是从四川跑到河南去，由于河南当时正好在闹饥荒，因此许多贫农陆续加入李自成军，他的势力越来越庞大。

1641 年，势力强大的李自成攻陷了洛阳，继续进攻河南、陕西一带，并于 1644 年经由山西朝北京前进。北京城被包围之后，明军一点儿斗志都没有，干脆投降李自成。崇祯皇帝上吊自杀，明朝至此已算灭亡。

■中国最后的王朝

明朝混乱不已的同时，长城以北兴起由女真族所建立的清。女真族在过去所建立的金朝曾于 12 世纪灭了辽与北宋，而金朝被消灭之后，他们转而成为东北山中的狩猎民族。到了 16 世纪后半，出现了一个名为努尔哈赤的有能力之人，他

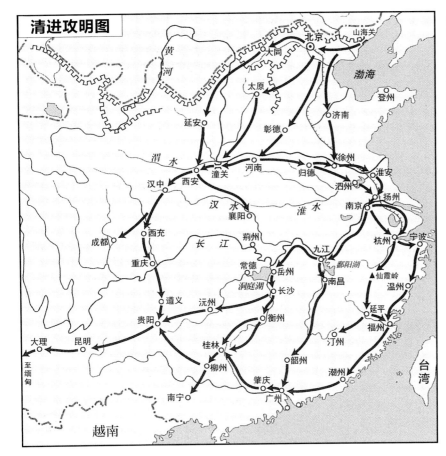

清进攻明图

终于得以入主中原的清军,继续征服中国全土。以江南为据点进行抗清活动的各方势力,在清军压倒性的攻势之下,被逼到南方去,而继承明朝最后皇统的永明王也在缅甸被俘。残余的抗清势力在1683年完全被消灭,清朝遂掌控整个中国

整合了女真的各个部族,建立大金国,史称后金。

努尔哈赤在1619年的萨尔浒之役中大破明军,进而想闯过山海关进入中原,却在攻击山海关外的宁远城(今辽宁省兴城县)时遭遇失败,努尔哈赤受伤身亡。后来,努尔哈赤的儿子皇太极完全掌握了长城以北,并改国号为清,最后实现了父亲入主中原的愿望。

北京被李自成攻陷之后,以持续防守宁远城、击退清军攻击而闻名的明朝将军吴三桂,改变心意让清军进入山海关,击败李自成并收复北京。李自成被清军赶出北京之后,从山西逃至西安,又转战至湖北的襄阳与武昌,最后在九宫山中自杀(1645)。算算李自成待在北京城内的时间,其实只有短短40天而已。

清军在以意想不到的方式实现入主中原的目的之后,陆续征服了全中国。崇祯皇帝在北京自杀后,明朝皇族中的福王(崇祯帝的表兄弟)则于南京即位,宣布继承明朝,史称南明。但在他即位的第二年(1645)清军就攻陷南京,福王被俘。

另外,跟李自成一样是由农民起义起家,于四川建起另一股势力的张献忠,最后也在与清军作战时被杀(1646)。

虽然在南方的台湾、福建地区还有郑芝龙的部队拥立明朝皇族,持续进行着反清活动,不过主要的反清集团在1659年之前已被扫荡一空,清朝得以扎稳根基。

继承明朝最后皇统的永明王朱由榔(永历帝)最后逃至缅甸,并于1661年被清军抓到,于翌年过世。郑芝龙的儿子郑成功效忠永明王,仍持续抗清活动,不过在永明王死后,他也很快追随其君主脚步离开了人世。

历代皇朝